Lehr- und Forschungstexte
Psychologie 6

Herausgegeben von
D. Albert, K. Pawlik, K.-H. Stapf und W. Stroebe

Gerhard Strube

Assoziation

Der Prozeß des Erinnerns
und die Struktur des Gedächtnisses

Springer-Verlag
Berlin Heidelberg New York Tokyo 1984

Autor

Gerhard Strube
Max-Planck-Institut für Psychologische Forschung
Leopoldstr. 24, D-8000 München 40

ISBN-13:978-3-540-13253-0 e-ISBN-13:978-3-642-69633-6
DOI: 10.1007/978-3-642-69633-6

CIP-Kurztitelaufnahme der Deutschen Bibliothek. Strube Gerhard: Assoziation : d. Prozess d. Erinnerns u.d. Stuktur d. Gedächtnisses / Gerhard Strube. – Berlin; Heidelberg; New York; Tokyo: Springer, 1984.
(Lehr- und Forschungstexte Psychologie; 6)
ISBN-13:978-3-540-13253-0

NE: GT

2126/3140-543210

V o r w o r t

Die Arbeiten, deren Ergebnis hier vorgelegt wird, nahmen ihren Anfang bei der Beschäftigung mit der Erfassung sprachlicher Bedeutungsfelder und kognitiver Strukturen, wobei Ähnlichkeitsurteile und freies Assoziieren als Methode herangezogen wurden. Kräftige Spuren davon sind im vierten Kapitel zu finden. Der Blickwinkel erweiterte sich mit der Erkenntnis, daß Wortassoziation als Paradigma der Assoziationspsychologie einen Weg eröffnet, einen bis heute an Relevanz kaum ernstlich geminderten Zentralbegriff psychologischer Theoriebildung in neuem Licht zu diskutieren.

Die Geschichte der Psychologie zeigt, daß "Assoziation" als theoretisches, das heißt: zur Erklärung von Erleben und Verhalten dienliches Prinzip von vielen Autoren verbunden wurde mit der Annahme, es gäbe Bereiche des Verhaltens, die direkte Manifestation vorgängig existierender interner Verknüpfungen seien. Diese historische Einheit von erklärungsbedürftigem Phänomen und seiner theoretischen Erklärung findet ihren markantesten Ausdruck im Assoziationsversuch. Gerade diesen empirischen Bereich einer "kognitivistischen", die Bedeutung kognitiver Prozesse hervorhebenden Rekonstruktion zuzuführen, ergab sich von daher als Desiderat.

Der Assoziationsbegriff steht seit Aristoteles (also schon lange, bevor er seine theoretische Ausformung erfahren hat) in engstem Zusammenhang mit dem Gedächtnis: Assoziation sei die Grundlage des Erinnerns. Dieser postulierte Zusammenhang läßt sich verfolgen bis in modernste Theorien des Gedächtnisses, die ja erheblichen Anteil haben an dem, was seit gut zwanzig Jahren als "kognitive Psychologie" zum beherrschenden Forschungsansatz in der Allgemeinen Psychologie geworden ist. Einer Rekonstruktion des Assoziierens in Kategorien kognitiver Prozesse kommt deshalb Relevanz zu für die Konzeptualisierung des Gedächtnisses und insbesondere dessen struktureller Grundlagen.

Zum Aufbau des Buches

Im ersten Kapitel wird ein kurzer Abriß der Assoziationspsychologie gegeben mit dem Ziel, daraus eine Systematik des Assoziationsbegriffs zu entwickeln und zugleich das Verhältnis von Beschreibungs- und Erklärungsbegriff zu klären. Dabei werden das Konditionierungsexperiment und der Wortassoziationsversuch als experimentelle Paradigmata der Assoziationspsychologie dargestellt. In der Konfrontation zwischen dem bedeutendsten Vorläufer einer assoziationistischen Theorie des Erinnerns, nämlich Aristoteles, und den assoziationistischen Aspekten heutiger Modelle des Gedächtnisses wird die Frage nach theoretischen Alternativen entwickelt.

Teil I (Kap. 2-5) bietet zunächst einen Überblick über die wesentlichen deskriptiven Befunde zur Wortassoziation und neue Ergebnisse zur zeitlichen und semantischen Gliederung des Verlaufs beim fortgesetzten freien Assoziieren. Das dritte Kapitel gilt der Analyse der inhaltlichen Prinzipien, durch die der Verlauf des Assoziierens charakterisiert werden kann. Die freie Interpretation einzelner Verläufe dient dabei als Ausgangspunkt für die Gewinnung von Hypothesen, deren Präzisierung und Überprüfung in Kapitel 4 anhand von Strukturanalysen aggregierter Assoziationsdaten erfolgt. Dabei tritt vor allem der episodische Charakter assoziativer Organisation zutage. Dieser Befund wird in Kapitel 5 weiter untermauert.

In Teil II (Kap. 6-8) folgt eine Diskussion bislang vorliegender Modelle des Assoziierens. Diese Modelle können unterschieden werden in statistisch-deskriptive (denen gleichwohl Prozeßannahmen inhärent sind - Kapitel 6), in empirisch begründete Strukturmodelle (Kapitel 7), und in einen auf linguistische Regeln rekurrierenden Ansatz (Kapitel 8). Aus der Darstellung dieser Modelle ergibt sich zugleich das Desiderat eines den Charakteristika individueller Assoziationsverläufe Rechnung tragenden Modells.

Teil III (Kap. 9-12) stellt neue, prozeßorientierte Ansätze dar und beginnt mit einer Diskussion der für ein Modell des Assoziierens anzunehmenden strategischen Prozesse (Kapitel 9). Daran anschließend behandelt Kapitel 10 die Frage einer dafür vorauszusetzenden Struktur des Gedächtnisses als Datenbasis, worauf ein Prozeßmodell für restringiertes Assoziieren (Aufzählen von Beispielen einer Kategorie) entwickelt und sein Erklärungswert anhand einer Computersimulation evaluiert wird. Es zeigt sich weitgehende Übereinstimmung zwischen der Performanz des Modells und den empirischen Daten. Ein weiters Kapitel (Kap. 11) ist der Erörterung neuronaler Gedächtnismodelle gewidmet, die als Grundlage des prozeßorientierten Erinnerungsmodells in Frage kommen. Abschließend werden (Kapitel 12) die gedächtnistheoretischen Implikationen des Modells für die Theorie des assoziativen Gedächtnisses erörtert.

Eine frühere Fassung dieser Arbeit wurde von der Fakultät für Psychologie und Pädagogik der Ludwig-Maximilians-Universität München als Habilitationsschrift angenommen. Es ist mir eine angenehme Pflicht, den Kollegen vom Institut für Psychologie der Universität München und vom Max-Planck-Institut für psychologische Forschung, München, zu danken für ihre Unterstützung und Hilfe. Besonders herzlich danke ich Wolfgang Marx, der mein Interesse an der Thematik anregte und mit dem ich viele Gespräche über die hier behandelten Fragen geführt habe; ihm und Franz E. Weinert danke ich auch für ihre gründliche Durchsicht der Erstfassung und weitere Anregungen, die dem jetzt vorliegenden Buch zugute gekommen sind. Monika Knopf, Julius Kuhl, Wolfgang Schneider, Werner Schubö und Michael Waldmann haben Teile des Manuskripts gelesen und kommentiert; auch ihnen danke ich herzlich für ihre Vorschläge. Mein Dank gilt auch Dietrich Albert, der zur kritischen Durchsicht des Manuskripts weit mehr Mühe aufgewendet hat, als dies normalerweise vom Herausgeber einer Reihe erwartet werden darf; durch seine kenntnisreichen Vorschläge hat das Buch sehr gewonnen. Daß für alle Unzulänglichkeiten der Darstellung oder etwaige Fehler der Autor verantwortlich ist, versteht sich von selbst. Hier ist er außerdem noch für das Erscheinungsbild des Textes verantwortlich, wie es in dieser Reihe des Springer-Verlags üblich ist. Ich habe mich bemüht, ein ansprechendes und lesbares Schriftbild zuwege zu bringen und bitte um Nachsicht, wo dies nicht gelungen ist. Für technische Unterstützung bei der Erstellung von Bibliographie und Register danke ich Bergit Dressler, Angelika Wagenhuber und Christoph Strunz. Schließlich danke ich von Herzen meiner Frau, nicht nur für ihre wertvolle Hilfe bei der Erstellung der Druckvorlage, sondern unendlich mehr für ihre liebevolle Unterstützung.

München, im November 1983 — Gerhard Strube

VORWORT DER HERAUSGEBER

Es gibt wohl kein theoretisches Konzept, welches die moderne Psychologie bis auf den heutigen Tag so nachhaltig beschäftigt wie das der Assoziation und gleichzeitig bis zu den philosophischen Wurzeln des Faches mehr als zweitausend Jahre zurückverfolgt werden kann.Erst der modernen Psychologie gelang es, die Entstehung von Assoziationen, ihre kognitive Repräsentation und ihre Funktion für das Erinnern durch Lern-, Gedächtnis- und Assoziationsexperimente "sichtbar" und theoretische Assoziationskonzepte empirisch prüfbar zu machen. Während der letzten Jahrzehnte kommt dabei der Methode fortgesetzten Assoziierens - sie ist Laien unter der Bezeichnung "brain storming" bekannt - besondere Bedeutung zu, nicht zuletzt als Instrument der Kreativitätsforschung.

In diesem Band der LEHR- UND FORSCHUNGSTEXTE PSYCHOLOGIE stellt Gerhard Strube - nach einem historischen Abriß zum Assoziationsbegriff - Befunde zum fortgesetzten Assoziieren dar und analysiert sie im Hinblick auf den Prozeß des Erinnerns und die Struktur des Gedächtnisses. Er gibt damit auch Antwort auf die Frage, welche Ausformung der Assoziationsbegriff in den gegenwärtigen Theorien des Gedächtnisses erfährt.

Dietrich Albert
für die Herausgeber

I n h a l t

ἀφ ὁμοίυ ἢ ἐναντίου ἢ τοῦ σύνεγγυς
διὰ τοῦτο γίγνεται ἡ ἀνάμνησις
(Aristoteles)

Assoziation: Prinzip und Forschungsgegenstand

Der Assoziationsbegriff hat in der Geschichte und Vorgeschichte der Psychologie immer eine Doppelrolle innegehabt; dies gilt bis heute. Seit John Locke hat Assoziation als das Prinzip gegolten, das die elementaren psychischen Inhalte verbindet. Hierin unterscheiden sich die älteren philosophischen Ansätze nicht von den modernsten, dem Bereich der künstlichen Intelligenz entsprungenen Modellen des Gedächtnisses. Die andere Rolle, die dem Begriff der Assoziation zugewachsen ist, ist die eines experimentellen Paradigmas, einer beispielhaften Versuchsanordnung für empirisch-psychologische Forschung. Der "Wortassoziations-Versuch" wurde vor ziemlich genau hundert Jahren erfunden. Seitdem hat er als eines der Mittel gegolten, durch welche die in uns verborgenen Assoziationen (im ersten Sinn, als theoretischer Begriff) fast unverstellt sichtbar werden können. Der Kritik dieser Annahme und der Gewinnung von generalisierbaren Alternativen sind die folgenden Kapitel gewidmet; einer Entfaltung der genannten Voraussetzungen gelten die folgenden Erörterungen.

Von der Assoziationspsychologie zum Behaviorismus

Obschon Assoziation, der Sache nach, bis in die griechische Philosophie sich zurückverfolgen läßt, gerät die Assoziationspsychologie weit jünger: Der Begriff selbst und seine

Ausformung als "association of ideas" treten erst bei John Locke auf, in dessen Essay concerning Humane Understanding, dem in 4. Auflage (1700) die einschlägigen Passagen eingefügt wurden (2. Buch, bes. §5).

Nun spielt Assoziation bei Locke eher die Rolle eines ergänzenden (aber um Dunkles, Verwirrendes ergänzenden) Prinzips. Der natürlichen Entsprechung und Verknüpfung der Vorstellungen, welche dem rationalen Denken offensteht, stellt Locke nämlich Assoziation als ein zweites Verknüpfungsprinzip gegenüber, auf das er Sympathien und Antipathien (Essay, §7), Ammenmärchen (§10), Haß (§11) und ganz allgemein "wrong Connexions" (§9) zurückführt:

"Besides this (d.h. der natürlichen, rationalen Verknüpfung) there is another Connexion of Ideas wholly owing to Chance or Custom, Ideas that in themselves are not at all of kin, come to be so united in some Men's Minds, that 'tis very hard to separate them, they always keep in company, and the one no sooner at any time comes into the Understanding but its Associate appears with it; and if there are more than two which are thus united, the whole gang always inseparable shew themselves together." (Essay, §5)

Als Ursache assoziativer Verknüpfung nimmt Locke an, daß die entsprechenden Ideen entweder absichtlich oder aber aus Zufall zustandekommen ("... the Mind makes in it self either voluntarily, or by chance...", §6): nicht nur Gewohnheit ("Custom"), sondern auch Erziehung (§10 über Gespensterfurcht), und nichts weniger als Prozesse der Konditionierung, wie sie heute von verhaltenstherapeutischer Seite zur Erklärung phobischer Reaktionen herangezogen werden. Am Beispiel desjenigen, dem die bloße Nennung von Honig Übelkeit bereitet (Essay, §7), erläutert er die Genese solcher Abneigung aus der frühkindlichen Erfahrung: "... by an over dose of Honey, when a Child..."

Es ist also offensichtlich, daß Locke (wie auch später Ebbinghaus, oder die Behavioristen) die Stiftung raumzeitlicher Nähe als die schlechthinnige Ursache von Assoziation betrachtet hat, daß er daneben aber auch eine rationale, "natürliche" Korrespondenz der Vorstellungen annimmt. Assoziation dient ihm zur Erklärung derjenigen Erscheinungsformen des geistigen Lebens, die ihn unvernünftig, widersinnig und dem verständigen Denken gegenüber defizitär dünken. Mit dieser Auffassung bleibt Locke ein bloßer Vorläufer des Assoziationismus. Denn dieser wurde - dann auch wieder unter gelegentlicher Bezugnahme auf die antiken Autoren - von den Vertretern einer empiristischen Doktrin entwickelt.

David Hume nennt Ähnlichkeit ("Resemblance"), Kontiguität ("Contiguity in time or place") und den Ursache-Wirkungs-Zusammenhang ("Cause and Effect") als die "qualities, from which this association arises" (Treatise of Human Nature, 1739, §1.4). Der Assoziationsbegriff ist somit auf die "natürlichen" Verbindungen der Vorstellungen erweitert, "Assoziation" zum allumfassenden Funktionsprinzip geworden. Aber erst bei David Hartley (1749) tritt uns der Assoziationismus in elaborierter Form gegenüber.

Bei Hartley sind alle Züge vereint, die heute als Kennzeichen des Assoziationismus angesehen werden (vgl. Anderson & Bower, 1973): (1) Sinneseindrücke sind die Grundlage der Vorstellungen ("... Sensations, by being often repeated, beget Ideas...", Prop. IX). (2) Diese einfachen Vorstellungen können durch Assoziation miteinander bis hin zu den komplexesten Vorstellungen verbunden werden (Prop. XII); diese Verknüpfung einfachster Elemente machen den elementaristischen und den mechanistischen Zug des Assoziationismus aus. (3) Schließlich wird Kontiguität, unterschieden nach Gleichzeitigkeit und Aufeinanderfolge, von Hartley als Hauptursache der Assoziation herausgestellt (Prop. X).

Als diese Grundkonzeption siebzig Jahre später durch Thomas Brown um die Spezifizierung der "Gesetze" der Assoziation erweitert wurde, war der Gipfel des Assoziationismus erreicht. Brown ersetzt Humes "Cause and Effect", was er als Spezialfall von Kontiguität versteht, durch "Gegensatz" ("contrast"), und gelangt so zu seinen drei "primären Assoziationsgesetzen", die im übrigen identisch sind mit den schon von Aristoteles genannten. In der 37. Vorlesung seiner Lectures on the Philosophy of the Human Mind (1820) ergänzt er diese primären Gesetze durch die Aufzählung nicht weniger als neun "sekundärer Assoziationsgesetze", welche er als modifizierende Rahmenbedingungen ("modifying circumstances") der Assoziation verstanden wissen will.

Wenngleich Browns Aufzählung nach seinen eigenen Worten lediglich eine Zusammenstellung bekannter Tatsachen sein will, stellt sie doch den Kanon assoziationistischer Prinzipien dar. Spätere haben daran nichts Wesentliches mehr verändert. Im einzelnen besagen die sekundären Assoziationsgesetze:

1. Dauer: Je länger die "Koexistenz" der originären Empfindungen ("feelings") andauert, desto stärker wird ihre assoziative Verknüpfung.

2. Intensität: Die Stärke der "original feelings" korreliert positiv mit der Stärke der Assoziation.

3. Die Häufigkeit der Paarung der Elemente beeinflußt ebenfalls die Assoziationsstärke.

4. Recency: Je länger etwas zurückliegt, desto schwerer wird es erinnert. Dieses Prinzip macht deutlich, daß Brown die assoziationistische Theorie eindeutig als eine Theorie des Gedächtnisses versteht, und daß er, auch wenn

seine Aussagen strikt auf funktionale Zusammenhänge sich beschränken und er nirgends von "Gedächtnisspur" oder etwas Ähnlichem spricht, doch eine zeitliche Variabilität der Stärke assoziativer Verknüpfungen unterstellt.

5. Die Eindeutigkeit assoziativer Verbindungen erleichtert das Erinnern: Wenn beide Elemente nie mit irgendeinem dritten verknüpft waren, ist die Assoziationsstärke am höchsten.

6. Konstitution: Individuelle Differenzen ("poetic genius" vs. "common mind") werden von Brown ausführlich gewürdigt; offenkundig bezieht er sich auf Erbanlagen.

7. psychischer Zustand: Zusätzlich macht Brown intraindividuelle Differenzen namhaft, "according to the varying emotion of the hour".

8. physischer Zustand: Als weitere Quelle intraindividueller Unterschiede benennt Brown die jeweilige körperliche Befindlichkeit.

9. Gewohnheit: Als letztes der sekundären Assoziationsgesetze führt Brown das "principle of habit" an: Nicht nur die Stärke der Assoziationen, sondern offenkundig auch die Auswahl der assoziierten Elemente unterliegen "general tendencies produced by prior habits". Als Beispiel nennt Brown berufsspezifische Eigenheiten ("professional peculiarities"), welche beispielsweise beim Hören einer Geschichte, beim Beobachten eines Ereignisses, beim Herangehen an dieselbe Sache sichtbar werden. Da der theoretische Status der "habits" keinesfalls expliziert wird, ist das Brownsche System grundsätzlich auch für Variablen offen, die bei modernen Theoretikern zum Teil als "Strategien" bezeichnet, zum Teil durch vorgegebene Organisationsstrukturen repräsentiert werden.

Es wird deutlich, daß der Brownsche Assoziationismus trotz erklärter Absicht nicht zwingend eine durch und durch auf Assoziation als alleiniges Prinzip beschränkte Interpretation nahelegt. Dafür ist sicherlich auch die Vagheit verantwortlich, mit der Brown den Begriff der Verbindung ("connection" bzw. "suggestion", gelegentlich auch "association") verwendet, denn dieser Begriff bezieht sich auf die später, beim Akt des Erinnerns feststellbaren Manifestationen der angenommenen Verknüpfung ebenso wie auf diese selbst. Hinweise auf zeitliche Änderungen wenigstens der Stärke der Verknüpfung (Nr. 4), die mit dem Konzept einer "Gedächtnisspur" durchaus verträglich sind, oder die in Nr. 6 bis 9 deutliche Offenheit seines Systems für theoretisch divergente Größen (Konstitution, quasi strategische "Tendenzen" usw.) stellen den Assoziationismus Thomas Browns weit über die kleinliche Enge, in welche manche Kritiker assoziationistischer Positionen ihn glaubten stecken zu können: Dem "terminal meta-postulate" (Bever, Fodor & Garrett, 1968), wonach in jeder Assoziationstheorie sich nur mechanisch Element mit Element verbinde (dies zudem ausschließlich per Kontiguität), fügen sich bestenfalls die Vorstellungen Hartleys oder die der Mehrzahl behavioristischer Autoren.

Dennoch wird man zugeben müssen, daß zumindest die Verlockung eines einfachen mechanistischen Konzepts viele psychologische Bemühungen im 19. Jahrhundert in Richtung des assoziationistischen Grundmodells "elementare Empfindungen und Wahrnehmungen werden zu komplexen Vorstellungen verknüpft" geführt hat. Dies gilt für englische Theoretiker wie James Mill (1829), der diesen Ansatz wohl am weitgehendsten formulierte; es gilt in Deutschland für die Vorstellungsmechanik Herbarts und seiner Schule, ja in Teilen selbst für die Psychologie Wundts, wenn dieser auch den Bereich der "höheren" psychischen Prozesse ausdrücklich ausklammert und ihn methodisch völlig anders behandelt wissen will.

Wundts Ansichten über "psychische Verbindungen" (so der Titel des 19. Kapitels seiner Grundzüge der Physiologischen Psychologie, zitiert nach der 5. Auflage, 1903) stimmen nur bedingt mit denen der britischen Assoziationisten überein. Aus dem weiten Abstand, der uns heute von beiden trennt, erscheinen die an den Sinnesempfindungen ansetzenden Forschungsinteressen, die auf die Elemente des Psychischen und ihr Zusammenspiel sich richten, als Gemeinsamkeiten Wundts und der Assoziationisten. Aus der Nähe betrachtet, überwiegen die Differenzen: Die Vorstellungen bestehen zwar auch für Wundt "aus Elementen, aus Empfindungen und einfachen Gefühlen" (1903, 521), aber er lehnt jede "Vorstellungsmechanik" à la Herbart ab (S. 520) und damit auch die sogenannten Assoziationsgesetze:

"Zu meinen, daß diese logischen Kategorien die Gesetze der Erscheinungen selbst seien, dazu gehört die ungeschwächte Macht einer Scheinpsychologie, die ... ihre Reflexionen über die Dinge mit den Dingen selber verwechselt" (1903, 520).

Wichtig ist für Wundt dagegen der (wie man sieht, nicht allein von den Gestaltpsychologen aufgegriffene) aristotelische Gedanke, "dass die Producte dieser Associationen niemals in einer bloßen Addition dieser Elemente bestehen" (S. 522). Daher entwirft Wundt eine differenzierte Phänomenologie der psychischen Verbindungen, von denen nur eine einzige Variante, die "successiven Erinnerungsassociationen" sich den von den Assoziationisten getroffenen Aussagen fügen. Diese Art der Assoziationen tritt im Wortassoziations-Versuch zutage, worauf noch einzugehen sein wird.

Bis hierher ist die Assoziationstheorie eine Theorie der Verknüpfung mentaler Elemente. Selbst der "Connexionist" Thorndike, im allgemeinen eher als Vorläufer des Behaviorismus betrachtet (z.B. Hill, 1963), hat im Zusammenhang des "associative shift" (d.h. ein Tier hat A-B und B-C gelernt, worauf ohne weiteres Lernen die Verbindung A-C zustandekommt und zu beobachten ist) betont, daß dieses Phänomen jeglichen Zweifel daran beseitige, daß auch Tiere über Vorstellungen verfügten (Thorndike, 1911, 112). Doch wird von Thorndike - und hierin ist er in der Tat Vorläufer der Behavioristen - das Prinzip der Verknüpfung ("connection") auf externe Elemente erweitert: Die Assoziation zwischen einem (extern definierbaren, experimentell kontrollierbaren) Stimulus und einer (beobachtbaren) Reaktion wird dabei zur grundlegenden Verknüpfung; die Assoziation mentaler Elemente tritt als untergeordnetes Prinzip zurück ("mediation of associations"). Diese Aussagen werden bei Thorndike in späteren Jahren (bes. 1935) unter dem Einfluß des inzwischen in Blüte stehenden Behaviorismus wesentlich klarer getroffen als in seiner frühen Periode, in der er immerhin für die menschliche Assoziation die unmittelbare S-R-Verbindung als nicht notwendig ansah (1911).

Zumindest für die amerikanische Psychologie - denn in Deutschland hatte z.B. Ebbinghaus (1905) versucht, alle Assoziationen auf zeitliche Nähe zurückzuführen - ist durch Thorndike ein Zweites in die Wege geleitet worden, was die in seiner Nachfolge entstandenen behavioristischen Theorien durchgängig prägt: Die Bedingungen der Möglichkeit von Assoziation werden auf die Kontingenz (jetzt: Kontingenz von Reiz und Reaktion) reduziert. Einleuchtend begründet wird dieses Verfahren durch das experimentelle Paradigma der "Lerntheorien": In sämtlichen Konditionierungsexperimenten, gleich ob sie im Rahmen der Theorie des klassischen oder des operanten Konditionierens durchgeführt werden, ist Kontingenz (von Reiz und Reiz, oder von Reaktion und Konsequenz) die hauptsächlich vom Untersucher variierte Variable. Wer die Veränderung von Verhalten unter experimentellem Einfluß untersucht, dessen Blickfeld wird zumindest forschungsstrategisch auf das Beeinflußbare gelenkt (vgl. Skinner, 1953, 26), wenn es nicht schon ideologisch verengt ist (Watson, 1913).

Assoziation als explikatives Konstrukt

Die philosophische Tradition des Assoziationismus, deren hauptsächliche Entwicklungslinie (die angelsächsische) soeben skizziert worden ist, hat "Assoziation" als Konstruktionsprinzip des Psychischen etabliert. Mehr noch: Insofern der Assoziationismus allgemeine anthropologische Gültigkeit beansprucht (was für die englischen Assoziationisten wohl behauptet werden kann), verleiht er dem Konzept der Assoziation den Status des generell anwendbaren, alle Erscheinungen des Bewußtseins erklärenden Prinzips schlechthin: "Assoziation" gewinnt den herausragenden Status des alleinigen Erklärungsbegriffs.

Dieser Assoziationismus im strengen Sinn (und sein seit Sechenov etabliertes "objektives" Gegenstück, die Reflexologie: vgl. z.B. Hugo Münsterbergs Grundzüge der Psychologie, 1900) sind es, welche die entschiedene Kritik so unterschiedlicher Gegner wie etwa John Dewey (1896) oder Wolfgang Köhler (1929) herausgefordert haben. Denn der strikte Assoziationismus faßt die Gesamtheit des Erlebens (bzw. im Behaviorismus: des Verhaltens) als durch die Verbindung von Grundeinheiten erzeugt auf. Die Konzeption der Verknüpfung verleiht dem Assoziationismus seinen mechanistischen Zug, die "Vorstellungen" (bzw. S-R-Einheiten) sind sein elementaristisches Kennzeichen, und die inhaltliche Rückbindung der Elemente an die sinnliche Wahrnehmung (z.B. als Vorstellungen, die wiederum als Niederschlag der Sinnesempfindung verstanden werden) gibt dem Assoziationismus sein sensualistisch-empiristisches Gepräge. Von besonderer Bedeutung erweist sich schließlich, daß der Assoziationismus - in modernen Worten - nicht nur kognitive, sondern auch motivationale Charakteristika für die

Assoziationen in Anspruch nimmt. Koffka hat dies als Kritiker des Assoziationismus mit aller Deutlichkeit herausgestellt:

"But there is still another side to associationism. In considering association as the cause of reproduction one considers it as a force, a force which starts a new process. The fact that A and B have become associated not only makes it possible for B to appear when A has been reinstated, it would even make it necessary if there were no other forces operative at the moment. Since, however, at any one moment numberless associations are operating, the association A B is only one component in the complex interplay of forces, the additive resultant of which will determine the result." (1935, 559)

Dem umfassenden systematischen Anspruch des Assoziationismus entspricht keinesfalls jedwede Verwendung des Assoziationskonzepts. Auch ohne den entsprechenden anthropologischen Hintergrund hat "Assoziation" in vielen psychologischen Theorien (z.B. im programmatisch theorielosen Ansatz Skinners oder bei den um deutliche motivationale Komponenten erweiterten neobehavioristischen Verhaltensheorien) den Status eines explikativen Konstrukts.

Das hauptsächliche Kennzeichen dieser "moderaten" theoretischen Verwendung des Assoziationskonzepts ist dessen teilweise oder gar völlige Entkleidung von motivationalen Anteilen. Historisch tritt uns ein derartiges Assoziationskonzept in der Willenspsychologie von Narziß Ach entgegen, der den assoziativen Verknüpfungen zweier Vorstellungen zwar motivationale Kraft beläßt, ihnen aber andere handlungsleitende Faktoren zur Seite stellt:

"Wird eine dieser (sc. miteinander assoziierten) Vorstellungen ... im Bewußtsein erlebt, so geht von ihr eine Reproduktionstendenz aus, auch die mit ihr assoziierte Vorstellung in das Bewußtsein zu holen, sie zu reproduzieren." (1910, 2) - "Es sind also nicht bloß die Reproduktionstendenzen, ... es sind vielmehr hier noch spezifische Wirkungen, die determinierenden Tendenzen zu berücksichtigen. Es wird durchaus nicht immer die am stärksten assoziierte Vorstellung überwertig, sondern diejenige, welche unserem durch die Determination geleiteten Gedankengange entspricht."(a.a.O.,3f.)

In einer berühmt gewordenen Reihe von Experimenten stellte Ach (1910 a) einer durch zahlreiche Lerndurchgänge aufgebauten assoziativen Reproduktionstendenz zwischen "sinnlosen Silben" unterschiedliche determinierende Tendenzen entgegen, die er per Instruktion aufgebaut hatte (z.B. die Silbe umkehren, eine Reimsilbe finden usw.). Tatsächlich konnte er Verlängerungen der Reaktionszeiten in den Fällen finden, wo die vermuteten Tendenzen im Widerstreit sein mußten, und Verkürzungen, wo sie in gleicher Richtung wirkten (wenn beispielsweise Reimsilben gelernt worden waren und die Aufgabe im Finden von Reimsilben bestand).

Die nicht minder berühmte Versuchsreihe von Lewin (1922), in der dieser die Grundidee des Achschen Experiments aufgriff, führte zu Ergebnissen, die im Widerspruch zur Annahme einer eigenständigen "assoziativen Reproduktionstendenz" standen. Den Assoziationen wird kategorisch abgesprochen, überhaupt motivationalen Charakter zu haben:

"Eine Assoziation (Gewohnheit) stellt keine bewegende Kraft dar, die beim Eintreten des einen Erlebnisses auf die Reproduktion des anderen gewöhnlich gefolgten Erlebnisses hindrängt, und zwar weder die 'Assoziationen', die für Tätigkeitskomplexe, noch solche, die für Kenntniskomplexe maßgebend sind. Vielmehr muß eine - z.B. auf einem Trieb oder einem willensmäßigen Akt beruhende - Tätigkeitsbereitschaft hinzukommen, wenn eine Reproduktionstendenz einsetzen soll." (1922, 138; Hervorhebungen im Original)

Für uns ist hier weniger wichtig, ob die Ergebnisse Lewins sich möglicherweise doch mit den Annahmen Achs vereinbaren lassen (vgl. Ach, 1935), als vielmehr deren historische Wirkung: Lewins Arbeit galt allgemein und gilt bis heute (vgl. aber Kuhl, 1983) als eindeutige Widerlegung Achs. Neu ist an der von Lewin eingenommenen Position, daß er, wie das Zitat erweist, die Natur der Assoziationen reduziert auf die einer Wissens-Struktur, die dem Handeln offen ist, ihm Möglichkeiten anbietet, es aber nicht antreibt (und, nach der Interpretation durch Lewin und die Gestaltpsychologen, nicht einmal steuert). Doch auch von der Position Achs aus müssen handlungsleitende Faktoren zusätzlich zu assoziativen Verknüpfungen berücksichtigt werden, um den Gang des Erlebens und Handelns vorhersagen zu können.

Als Wissensstruktur werden assoziative Verknüpfungen auch in der "Kognitiven Psychologie" der letzten Jahrzehnte konzeptualisiert. Solche Strukturen werden als Inhalte des menschlichen Langzeitgedächtnisses begriffen. Zahlreiche Vorschläge liegen in Gestalt von Modellen des assoziativen Gedächtnisses vor (z.B. Quillian, 1968; Anderson & Bower, 1973; Norman & Rumelhart, 1975). Auch der Gedanke einer zusätzlichen motivationalen Komponente ist in Gestalt der Hypothese einer sich entlang den assoziativen Verknüpfungen ausbreitenden Aktivierung vorgetragen worden ("spreading activation": Collins & Loftus, 1975). Allerdings sehen solche Modelle keine spezifisch handlungsleitenden Faktoren vor, als welche sowohl Achs "determinierende Tendenzen" als auch Lewins "Tätigkeitsbereitschaft" gelten müssen.

Auch im Behaviorismus läßt sich eine Ergänzung des Verknüpfungskonzepts feststellen. Zwar wird entsprechend der grundlegenden Forschungslogik, sich streng auf beobachtbares Verhalten zu beschränken, Assoziation rein funktional gefaßt und nicht strukturell verstanden (oder gar als "Gedächtnisstruktur" verdinglicht: Watson, 1930, wendet sich ganz entschieden dagegen, überhaupt den Begriff "Gedächtnis" zu gebrauchen). Aber das Problem der Korrelation des durch Konditionieren aufgebauten organismischen Zusammenhangs zwischen Reiz und Reaktion mit dem beobachtbaren Zusammenfallen von Reiz und Reaktion bleibt einer Lösung zuzuführen, deren ursprüngliche Formulierung (nämlich als statistische Gesetzmäßigkeit) bald als unzureichend empfunden wird. So erscheint die Einbeziehung explizit motivationaler Konstrukte im Neobehaviorismus als historisch unabhängige Parallele zu der Entwicklung, die in der Bewußtseinspsychologie mit Ach und Lewin verbunden ist.

Zusammenfassend dürfen wir festhalten, daß der Begriff der Assoziation auch in der Psychologie, die sich vom philosophischen Assoziationismus entfernt hat, als wesentliches explikatives Konstrukt zu gelten hat. Umstritten ist dabei vor allem, inwieweit Assoziationen ein handlungsleitendes Moment zukommt (wenn wir die von Gestaltpsychologen vorgetragene radikale Gegenposition einmal außer acht lassen, wonach es keine "Elemente des Psychischen" gebe und demzufolge auch keine Verknüpfungen zwischen solchen Elementen geben könne). Wir wollen daher für die Entwicklung eines eigenen Modells (Kap. 10) den Gesichtspunkt übergeordneter handlungsleitender Faktoren besonders berücksichtigen und auch bei der vergleichenden Diskussion verschiedener Modelle (Kap. 6-8) solchen Vorschlägen gegenüber skeptisch sein, welche eine direkte Korrelation des beobachtbaren Verhaltens mit angenommenen assoziativen Strukturen postulieren.

Assoziation als empirisches Phänomen

Kein zur Erklärung von irgendetwas erdachter Begriff bleibt ohne die Beispiele, die seinen Erklärungswert am besten ins Licht rücken, und ebenso der Begriff der Assoziation. Solche Beispiele nehmen die Gestalt eines Handlungsparadigmas an, also die exemplarischer Versuchstechniken (vgl. Strube, 1977), oder vereinigen sich zu einem für die Anwendung des gewählten Erklärungsansatzes in herausragender Weise geeigneten empirischen Bereich. Als dem Erklärungsbegriff der Assoziation zuzuordnende empirische Bereiche finden wir in der Geschichte der Psychologie zwei herausragende Versuchsanordnungen: das auf die Schaffung neuer Assoziationen hin angelegte Lernexperiment und den auf die Offenlegung existierender "natürlicher" Assoziationen gerichteten Wortassoziationsversuch.

Die Stiftung assoziativer Verbindungen im Lernexperiment

Ebbinghaus' ausgedehnte Selbstversuche, 1885 publiziert (zitiert nach dem Nachdruck, 1971), gelten mit Recht als der Anfang experimentalpsychologischer Gedächtnisforschung. Um sicherzustellen, daß keine anderen Prozesse außer der reinen Leistung des Gedächtnisses zum Tragen kommen, konstruierte er nicht weniger als 2299 "sinnlose Silben" (engl. CVC = consonant vowel consonant), wie "gok", "paf", "lit" usw. (1971, 19). Durch Verwendung dieses Lernmaterials beabsichtigte Ebbinghaus syntaktische und semantische Faktoren auszuschließen, wie sie bei "normalem" sprachlichem Material wirksam werden, und überdies Bezüge zu bereits vorhandenen Gedächtnisinhalten ("hin- und herspielende Assoziationen, ... Rückerinnerungen ... usw.": 1971, 20) auf ein Mindestmaß zu reduzieren. Ebbinghaus stellte aus seinen Silben hunderte verschiedener Listen zusammen, die er auswendig lernte und dabei Lernerfolg, Aufwand und zeitliche Faktoren erfaßte; sein Hauptergebnis ist heute als "Vergessenskurve" bekannt: ein durch eine logarithmische Funktion beschreibbares Abnehmen der "Lernersparnis" beim Wiederlernen der Liste (Ebbinghaus, 1971, 67 f.).

Ebbinghaus' Approximierung des Ideals völliger experimenteller Kontrolle verfolgt ganz andere Ziele als die heutige Gedächtnispsychologie: Ebbinghaus ist an der Ausschaltung allen Vorwissens interessiert, seine Aufmerksamkeit ist ausschließlich auf die willentliche Herstellung assoziativer Verknüpfungen gerichtet, und sein Ziel ist nicht eine strukturelle Beschreibung von Gedächtnisinhalten oder ein Modell der auf ihnen operierenden Prozesse, sondern die sorgfältige Beschreibung funktionaler Zusammenhänge zwischen Lernbedingungen (bes. Zahl der Lernwiederholungen), Listenlänge und zeitlicher Distanz einerseits, und andererseits der meßbaren Behaltensleistung oder Lernersparnis.

Diese Charakterisierung der Zielsetzung trifft im großen und ganzen auch auf die auf ganz anderen Voraussetzungen als Ebbinghaus aufbauende Richtung zu, die durch die Arbeiten Pawlows und seiner Mitarbeiter begründet wurde. Das klassische Konditionieren ist ja nichts anderes als eine Technik zur Herstellung bisher nicht bestehender Verknüpfungen auf der Grundlage einer bereits bestehenden, in der Regel biologisch fundierten Verbindung, nämlich dem "unkonditionierten Reflex". Am bekannten Beispiel des Pawlowschen Hundes besteht der unkonditionierte Reflex in der Verbindung von Futter ("unbedingter Reiz") und Speichelabsonderung des Tieres ("unbedingte Reaktion"). Durch die im Experiment durchgeführte mehrfache Paarung des unbedingten Reizes mit einem bisher neutralen, nicht mit der Reaktion verbundenen Reiz (z.B. einem dem Futter voraufgehenden Glockenton) wird eine neue Verbindung zwischen diesem "bedingten" Reiz und der Reaktion hergestellt, so daß der bedingte Reiz nun auch ohne den unbedingten die Reaktion auslöst. Pawlow hat dies sehr anschaulich in einem seiner Vorträge dargestellt (Pawlow, 1917).

Das experimentelle Vorgehen in diesem Fall und grundsätzlich bei allen Konditionierungsexperimenten (auch denen der "operanten" Richtung) ist ebenfalls auf die Funktionalanalyse neuer Assoziationen gerichtet. Es geht darum, wie neue Verbindungen herzustellen sind, und welche Einflußgrößen dabei eine Rolle spielen, und es geht um das Schicksal solcher experimentell hergestellten Verknüpfungen unter dem Einfluß der Zeit und weiterer experimenteller Maßnahmen. Dabei ist immer genau spezifiziert, welche Elemente miteinander verknüpft sind, und beide, Stimulus (S) wie Reaktion (R), stehen dem Blick eines Beobachters offen. "Assoziation" wird also, wie wir schon zu Thorndikes Theorie bemerkten, auf die Verknüpfung externer Elemente bezogen, und zugleich wird das Prinzip der Verknüpfung auf Kontiguität reduziert.

Die Untersuchungen, die im Gefolge der Ebbinghausschen Experimente im Rahmen des Behaviorismus unter der Bezeichnung "verbal learning" durchgeführt wurden, zeichnen sich eben dadurch aus, daß der Forschungsgegenstand Ebbinghaus' sozusagen externalisiert wurde: Zum bevorzugten Paradigma dieser Forschung wurde das Paar-Assoziations-Lernen, in dem die Aufgabe der Versuchsperson darin besteht, auf die Vorgabe eines Reizwortes (S) mit einer zu lernenden verbalen Antwort (response, R) zu reagieren. Damit ist die Zahl der jeweils verknüpften Elemente auf zwei reduziert, die zudem per experimenteller Handlung eindeutig den Kategorien von Reiz und Reaktion zugeordnet werden können und, da es sich ja um vom Versuchsleiter vorgebene oder von der Versuchsperson genannte Wörter handelt, dem behavioristischen Kriterium der objektiven Beobachtbarkeit genügen. Weiterhin überwiegen funktionelle Analysen, wenngleich etwa in den Arbeiten Postmans und Underwoods (z.B. Underwood & Schulz, 1960) Ansätze für eine Prozeßtheorie des Paar-Assoziations-Lernens zu finden sind, beispielsweise in der Unterscheidung von Erlernen des Reaktions-Repertoires und Erlernen der Reiz-Reaktions-Verbindungen als experimentell trennbarer Teilprozesse.

Das Paradigma des Paarassoziationslernens ist von Greeno, Carlton, da Polito und Polson (1978) einer Rekonstruktion im Geiste der "Artificial Intelligence" unterzogen worden. Diese Autoren stellen, gestützt auf empirische Daten und Modellsimulationen, der einfachen, bereits von Selz (1913) kritisierten Gleichbehandlung aller assoziativen Verbindungen das Konzept qualifizierter Verbindungen gegenüber, welche die Grundlage bilden für einen sequentiellen Prozeß, der in Anlehnung an das Computermodell "EPAM" (Feigenbaum, 1963) gefaßt ist. "We believe that complex ideas are probably relational structures, rather than bundles of component ideas linked by undifferentiated connections" (Greeno et al., 1978, S. 92).

Die Analyse sprachlichen Verhaltens entzieht sich vollends den Kategorien von Reiz und Reaktion, sobald ein Paradigma von der Beschränktheit des Paar-Assoziations-Lernens verlassen wird. Schon Pawlow hat dies erkannt und symbolische Prozesse einem anderen, dem "zweiten Signalsystem" zugeordnet, während andererseits Skinner in seinem Bemühen, den strikten S-R-Ansatz auf verbales Verhalten in dessen Gesamtheit anzuwenden, umso deutlicher die Grenzen dieses Ansatzes sichtbar machte (Skinner, 1957; Chomsky, 1959). Die sogenannten Neo-Behavioristen, besonders die Schüler Hulls, haben die Forderung nach Ausschluß aller nicht äußeren, beobachtbaren Grössen aus der Theorie fallenlassen und vermittelnde (sog. mediierende) Größen postuliert, die im Inneren des Organismus wirken und daher der direkten Beobachtung verschlossen sind. Unter Heranziehung mediierender Verknüpfungen wird es wieder möglich, von "Bedeutung" zu reden. Die Abkehr von den Restriktionen des klassischen Behaviorismus läßt sich an den neo-behavioristischen Theorien des Spracherwerbs verdeutlichen. Bousfield beschreibt den Erwerb von Wortbedeutungen noch weitgehend traditionell in terminis des klassischen Konditionierens:

"Suppose a naive and naughty child hears the word bad and is spanked. The US (= unconditional stimulus, unbedingter Reiz) is a pain stimulus which elicits its conditionable representational response. The CS (= conditional stimulus, bedingter Reiz) is the word bad which elicits its representational sequence. This includes the representational response which involves the child's saying bad either implicitly or out loud. Its consequent representational stimulus is what becomes conditioned to elicit the representational response to the pain stimulus." (1961, 82)

Bousfield geht also aus von der unkonditionierten Verbindung von Schmerzreiz und unwillkürlicher Reaktion, die in einen beobachtbaren Anteil (z.B. Schreien, Weinen usw.) und in den von Bousfield hervorgehobenen internen Anteil ("representational response") geschieden wird. Von den pädagogischen Fragwürdigkeiten einer solchen "Spracherziehung" einmal abgesehen, sind die theoretischen Schwierigkeiten dieser Konstruktion offenkundig. Ein besonderes Problem stellt die den klassischen behavioristischen Ansätzen (Watson, 1913) verpflichtete Annahme dar, daß die 'representational response' das laute oder doch wenigstens leise Aussprechen des Wortes einschlösse - Osgood entgegnet darauf: "There is not one shred of positive evidence in that whole literature" (1961, 94). Grundlegender ist die Beschränkung auf den Mechanismus des klassischen Konditionierens: Auch wenn man, wie Bousfield es tut, sekundäre Konditionierungsprozesse annimmt (z.B. beim Lernen der Bedeutung von evil), bleibt die Anbindung an biologisch "unkonditionierte" S-R-Verknüpfungen unabdingbar. Es ist aber schwer einzusehen, wie die höchst komplexen Differenzierungen sprachlicher Benennungen, zumal bei abstrakten Gegenständen (z.B. mathematischen Begriffen), auf der Grundlage von Konditionierungsprozessen entstanden sein sollen (Fodor, 1965).

Bei Osgood (1961) wird daher der Erklärungsanspruch deutlich zurückgenommen; der Kritik exponierte Punkte der Theorie werden modifiziert: Osgood verzichtet auf einen motorischen Anteil der 'representative response', läßt sie allein "Bedeutung" (meaning) sein. Er hütet sich auch vor der von Bousfield noch getroffenen Gleichsetzung von unkonditionierter (Schmerz)-Reaktion und konditionierter Reaktion auf das Wort bad hin. Und Osgood separiert die "Bedeutung" eines Wortes in verschiedene Komponenten, deren drei - "Evaluation", "Potency" und "Activity" - er empirisch in zahlreichen Studien untersucht hat. Diese Beschränkung auf die (ab Osgood, 1962) als "affektive Bedeutung" bezeichneten Komponenten war indes nicht von Anbeginn intendiert:

"The word zebra is understood by most six-year-olds, yet few of them have encountered ZEBRA objects themselves. They have seen pictures of them, have been told that they have stripes, run like horses, and are usually found wild. ... this new stimulus pattern, zebra ... acquires portions of the mediating reactions already associated with the primary signs." (Osgood, Suci & Tannenbaum, 1957, 8)

Zur Beschränkung auf gerade affektive Bedeutungskomponenten zwingt der Umstand, daß der auch in den Mediationstheorien gebräuchliche Assoziationsbegriff der behavioristische ist: Kontiguität gilt als alleiniges Prinzip zur Schaffung assoziativer Verknüpfung, und die Verknüpfung selbst entbehrt jedweder inhaltlichen Spezifikation. Wie sollte bei solcher Erklärung einleuchten, daß Zebras (um bei Osgoods Beispiel zu bleiben) nicht einfach irgendetwas mit Pferden zu tun haben, sondern daß es sich um Ähnlichkeiten im Körperbau und im Verhalten handelt; wie könnte unterschieden werden, daß auch "Sattel" etwas mit "Pferd" zu tun hat, und zwar in ganz anderer Weise? - So ist es nur konsequent, daß die Forschungen Osgoods und seiner Mitarbeiter sich auf affektive Komponenten als relativ unspezifische Aspekte der Wortbedeutung konzentrierten, und es will dazu gut stimmen, daß Osgood auch eine biologistische Deutung dieser Komponenten liefert: Sie seien entscheidende verhaltenssteuernde kognitiv-emotionale Komponenten im Lebenskampf des Individuums zur Erhaltung seiner selbst und der Art (1962, 19 ff.). Somit kündigt bei Osgood sich die Blickrichtung auf vorhandene, natürlich entstandene und nicht experimentell erzeugte Assoziationen an, womit wir zu jenem Paradigma gelangen, das speziell auf die Erfassung solch vorgängig existenter Verknüpfungen sich richtet.

Der Wortassoziations-Versuch

Sir Francis Galton (1879) war der erste, der es unternahm, das alltägliche Phänomen der im Bewußtsein aufsteigenden "Ideen" (worunter er sowohl Wörter als auch bildhafte Vorstellungen begriff) einer exakte Analyse zuzuführen. Von ersten "Versuchsanordnungen" zur Auslösung freier Assoziationen - nämlich regelmäßig eine Strecke von 450 yards auf Londons Pall Mall zu spazieren - gelangte er rasch zu einem ersten Assoziations-"Test": Auf Zettel schrieb er 75 ausgewählte Wörter, die er nach geraumer Zeit einzeln las, und den Inhalt der ersten beiden Assoziationen sowie die Zeit, die er dazu benötigte, notierte. Galton teilt erste statistische Werte mit: 1.3 sec als durchschnittliche Zeit pro Assoziation, mehrfache Wiederkehr derselben Assoziationen bei späterer Wiederholung des Versuchs, zahlreiche Assoziationen aus der eigenen Biographie, knapp die Hälfte aller Assoziationen "purely verbal: names, phrases, quotations" (1883, 202).

Die bei Galton durchgängige "psychometrische" Orientierung fand ihre Fortsetzung in den zahlreichen Versuchen, das Wortassoziations-Experiment als Diagnosticum zu benützen. Schon 1884 benutzte Kraepelin Wortassoziationstechniken in der psychiatrischen Diagnostik. Unabhängig voneinander und nahezu gleichzeitig führten Jung & Riklin (1904) und Wertheimer & Klein (1904) den Assoziationsversuch als Methode der Tatbestandsdiagnostik ein: Der die Tat leugnende Verbrecher sollte sich verraten durch Auffälligkeiten beim Assoziieren auf Wörter hin, die nur für den Täter besondere Bedeutung haben konnten. Auch Freud hat 1906, in einem Seminar des Wiener Strafrechtlers Löffler, über diese Methode referiert (G.W. VII, 3-15). In den USA wurde von Kent und Rosanoff (1910) die erste große Erhebung von sogenannten Assoziationsnormen durchgeführt - in der Absicht, durch Wortassoziationen klinische Populationen von "Normalen" trennen zu können. In der Folgezeit sind noch viele Wortassoziationstests entwickelt worden (vgl. die Übersicht bei Hiltmann, 1964). Zusammen mit den sogenannten "projektiven Verfahren" (z.B. Deutung von Klecksbildern im Rorschach-Test) haben die Wortassoziations-Methoden vor allem von seiten der Tiefenpsychologie eine theoretische Interpretation erfahren; dabei liegt der Akzent auf unbewußten Strebungen und den Ich-Funktionen ("Abwehrmechanismen") des Probanden (Rapaport, Schafer & Gill, 1945/46; Schafer, 1954). Aber klinische Psychologen, die sich projektiver Verfahren bedienen, sind zunehmend seltener geworden, und zumal für die ohnehin im Schatten von Rorschach-Test und TAT stehenden Wortassoziationstests galt schon 1964, daß sie "im praktischen Gebrauch der deutschsprachigen Psychologen heutzutage ebenso unpopulär wie bei den Amerikanern ist" (Hiltmann, 1964, 537). Dafür sind projektive Verfahren zu wichtigen Instrumenten in der Motivationsforschung geworden.

Auch in der Allgemeinen Psychologie ist der Galtonsche Assoziationsversuch sofort aufgenommen worden, nämlich von Wundt und seinen Schülern. (Dort, im Leipziger Laboratorium, hat auch Kraepelin die Wortassoziation als experimentelle Technik kennengelernt und dann in die klinische Diagnostik eingeführt.) Auf Trautschold (1883) gehen die ersten Versuchsreihen und auch die ersten Verbesserungen der Versuchstechnik (Trennung von Versuchsperson und Versuchsleiter) zurück; McKeen Cattell konstruierte den ersten "Stimmschlüssel" zur präzisen Messung der Reaktionszeit. Bemerkenswert ist ferner die Beschränkung auf nur eine Antwort, an der auch in der Folgezeit die meisten Untersucher festhielten. Hörmann (1977, 73) zitiert die Standardinstruktion der damaligen Zeit: "Ich sage (oder bei optischer Darbietung: Ich zeige) Ihnen jetzt nacheinander einzeln eine Reihe von Wörtern. Sie sollen mir nach jedem Wort ansagen, was Ihnen als erstes Wort dabei einfällt."

Varianten des Assoziationsversuchs. Bereits das klassische Assoziationsexperiment kannte einige Abwandlungen. Dazu gehört die Art der Darbietung: mündlich oder schriftlich, und entsprechend die Antwortmodalität: schriftlich oder (bei Zeitmessungen im Einzelversuch) mündlich. Während diese Unterschiede dem Assoziationsversuch äußerlich bleiben und sein Ergebnis nicht beeinflussen, sind Art und Schnelligkeit der Antwort abhängig von dem Grad an inhaltlicher Einschränkung, die der Versuchsperson durch die Instruktion auferlegt wird. "Freie" Assoziation (vgl. die obige Instruktion) läßt jede Antwort gelten und gibt nur den formalen Rahmen vor, daß die Antwort aus einem Wort bestehen soll. "Kontrollierte" oder, wie zu sagen mir besser scheint, "restringierte" Assoziation stellt an die Versuchsperson auch Anforderungen inhaltlicher Art. Gebräuchlich ist z.B. die Einschränkung, daß die Antwort(en) einer bestimmten Kategorie zugehören sollen, etwa derselben, aus der auch das Reizwort stammt. (Beispielsweise bietet der Versuchsleiter das Reizwort "Pferd" dar in einem Versuch, wo die Versuchspersonen instruiert sind, nur Tiernamen als Antwort zu geben: Henley, 1969). Stärkere Restriktionen wurden besonders in den Anfängen der experimentellen Assoziationsforschung erprobt (Cattell, 1887). - Eine weitere wesentliche Variante des Wortassoziations-Versuchs ergibt sich, wenn die Beschränkung auf eine einzige Antwort fallengelassen wird und die Versuchsperson während einer vom Versuchsleiter bestimmten Zeit, meist eine oder einige Minuten, beliebig viele Antworten geben darf. Gemeinhin wird zwischen Einzelantwort ("discrete association") und fortgesetzter ("continuous") Assoziation unterschieden; einige Autoren (z.B. Marx, 1978) differenzieren bei Mehrfachantworten weiter nach "fortgesetzter" und "fortlaufender" Assoziation. Der Unterschied beider Varianten wird an der Instruktion deutlich (der unterstrichene Teil fehlt bei fortgesetzter Assoziation):

"Es soll festgestellt werden, wieviele Wörter Sie sich in kurzer Zeit einfallen lassen können. Sie bekommen im folgenden nacheinander 10 verschiedene Schlüsselwörter vorgelegt und sollen dann jeweils alle Wörter nennen, die Ihnen durch diese Schlüsselwörter <u>oder andere Wörter, die Sie bereits genannt haben,</u> ins Gedächtnis gerufen werden." (Marx, 1978, 25 und 44)

<u>Die Forschungsinteressen der ersten Untersuchungen</u> galten vor allem der Frage nach dem Inhalt, d.h. der Bedeutung der assoziierten Antworten, sowie der Zeit, die zwischen Darbietung des Reizwortes und Antwort verstreicht (Reaktionszeit). Die wesentlichen Befunde sind (vgl. die Übersichten bei Woodworth, 1938, und bei Woodworth & Schlosberg, 1954):

(1) Die Beziehung zwischen Reizwort und Antwort im Assoziationsexperiment ist keine zufällige; auch Wundt (1903) konzediert die Gültigkeit der von den britischen Assoziationisten formulierten "Assoziationsgesetze" für die Wortassoziation ("successive Erinnerungsassociationen"). Damit stimmt zusammen, daß die Antworten vieler Probanden zu einem Reizwort jeweils eine <u>Antwortverteilung</u> ergeben, in der wenige Antworten mit hoher, viele Antworten mit niedriger relativer Häufigkeit vertreten sind; zuweilen gibt es eine Antwort, die mit weitaus höherer Häufigkeit gegeben wird als alle übrigen

(Primärantwort: Thumb & Marbe, 1901). Solche Primärantworten sind "Mutter" auf "Vater", "heute" auf "gestern" usw. Es bestehen starke Unterschiede in den Antwortverteilungen zwischen Kindern und Erwachsenen (Kent & Rosanoff, 1910, und viele spätere Untersuchungen, die auch interkulturelle und schichtspezifische Unterschiede fanden: z.B. Szalay & Deese, 1978).

(2) James McKeen Cattell (1887) hat als erster Reaktionszeiten für restringierte Assoziationen publiziert. (Bei restringierter Assoziation ist der Versuchsperson nicht völlig freigestellt, mit welchem Wort sie antworten will, sondern es wird verlangt, daß die Antwort eine bestimmte Beziehung, etwa Teil - Ganzes, zum Reizwort hat.) Bei stärkerer Restriktion erwiesen sich die Antworten als schneller. - Thumb und Marbe (1901) wiesen auf, daß zwischen Reaktionszeit und relativer Häufigkeit der Antwort eine negative Beziehung besteht: Eine Antwort, die von vielen Probanden zu einem Reizwort gegeben wird, erfolgt im Mittel schneller als eine andere, die nur von wenigen genannt wird ("Geläufigkeitsgesetz").

Der Wortassoziations-Versuch ist nicht nur wegen seiner Unbrauchbarkeit als diagnostisches Instrument allmählich zur Seltenheit in psychologischen Untersuchungen geworden, sondern auch, weil das Interesse der experimentellen Psychologie sich entweder auf das Lernen und damit auf die Erzeugung neuer assoziativer Verknüpfungen verlagerte (so in Amerika, s.o.), oder aber (in der europäischen Psychologie) ganz vom Assoziationismus sich abwandte. So war fortan, was noch an Experimenten zur Wortassoziation betrieben wurde, dem Rahmen behavioristischer Lernpsychologie eingepaßt.

Eine gewisse Neubelebung erfuhr der Wortassoziations-Versuch, als die Sprache als besonders komplexer Verhaltensbereich in den Blickwinkel eines in seinem Kerngebiet, dem

Konditionieren, bereits saturierten Behaviorismus geriet. Dieser letztlich mißglückte Versuch, der zugleich die heftigste gegen den Behaviorismus gerichtete Kritik (Chomsky, 1959) hervorgebracht und damit ganz wesentlich zum Niedergang des behavioristischen Forschungsprogramms in der Psychologie beigetragen hat (vgl. Strube, 1977, Kap. 2), brachte mit der Notwendigkeit, einen Bedeutungsbegriff im Einklang mit behavioristischen Prinzipien zu formulieren, auch der Wortassoziation einen vorübergehenden Aufschwung.

Eine Definition der Wortbedeutung mittels der Wortassoziation vermeidet Nachteile, wie wir sie bei der Besprechung von Bousfields theoretischen Ansichten (s.o.) angemerkt haben. Durch Wortassoziation läßt sich, anders als bei der Methode Osgoods und nicht wie bei dieser auf affektive Bedeutungskomponenten beschränkt, präzisieren, welche Anteile die mediierende Reaktion auf ein bestimmtes Wort gemeinsam hat mit den anderen Wörtern zugehörenden. Erste, rein quantitative Ansätze stammen von Glaze (1928) und von Noble (1952). Für beide stellt die Bedeutung eines Wortes sich dar als Menge bzw. Mannigfaltigkeit der Antworten, die es im Wortassoziations-Versuch auslöst. Glaze gibt den "Assoziationswert" der von ihm untersuchten sinnlosen Silben als Prozentsatz der Versuchspersonen an, die innerhalb weniger Sekunden dazu eine Antwort produzieren. Nobles Vorgehen legt einen Versuch mit fortgesetzter Assoziation von einer Minute Dauer zugrunde; die Quantität an Bedeutung (Bedeutsamkeit, meaningfulness) definiert Noble dann als über Versuchspersonen gemittelte Anzahl verschiedener Antworten. (Einen Überblick gibt die Arbeit von Albert und Murch, 1968).

Von Deese (1962) stammt die Methode, die assoziative (Bedeutungs)-Ähnlichkeit zweier Wörter mittels der ihnen zugeordneten Antwortverteilungen im Wortassoziations-Versuch zu operationalisieren. Hier wird die Überlappung der beiden Verteilungen, d.h. der Anteil gemeinsamer Antworten zur

Grundlage der Ähnlichkeitsbestimmung gemacht (vgl. auch Marx, 1976; Strube, 1980; eine methodisch schwächere Variante findet sich bei Caffal & Feldman, 1962). Diese Technik kann auch zur Bildung von Modellen des assoziativen Gedächtnisses dienen (Marx, 1978) und wird in diesem Zusammenhang später genauer dargestellt werden.

Nicht nur in der Sprachpsychologie ist der Wortassoziations-Versuch als empirisches Korrelat theoretischer Konstrukte wie "Bedeutung" herangezogen worden; die Stärke der assoziativen Verknüpfung zwischen zwei Wörtern ist in der neobehavioristischen Psychologie als wichtige Variable bekannt (Cofer, 1969). Zahlreiche Untersuchungen, vor allem in den fünfziger Jahren (z.B. Bousfield, 1953), haben die Stärke der assoziativen Verknüpfung zwischen zwei Wörtern A und B, definiert durch die relative Häufigkeit, mit der B als Antwort auf A im Wortassoziations-Versuch gegeben wird, als unabhängige Variable benutzt und durch dieses Vorgehen zugleich impliziert, daß der Wortassoziations-Versuch ein unmittelbarer Zugangsweg zu den verborgenen internen assoziativen Verknüpfungen sei. Die offensichtliche Problematik einer solchen Unterstellung leitet uns über zur Reflexion des Verhältnisses zwischen Assoziation als Phänomen und Assoziation als zu dessen Erklärung herangezogenem Prinzip.

Prinzip und Forschungsgegenstand

Die Affinität, welche gemeinhin theoretische Grundannahmen mit paradigmatischen Forschungsgegenständen verbindet, ist im Falle der Assoziationen bis zur Identität hin gediehen, wie zahlreiche Kritiker der Assoziationspsychologie bemerkten:

"... the term association was used indiscriminately for cause and effect, the item reproduced through association being called an association as well as the bond which was thought to have caused its reappearance." (Koffka, 1935, 556)

Bis in die Negation hinein hat die Identifizierung des Erklärungsbegriffs mit der Bezeichnung fürs Phänomen sich weithin erhalten, indem nämlich beides, Wortassoziation bzw. verbal learning und deren assoziationstheoretische Erklärung, entweder als eher unwichtige und artifizielle Verhaltensbereiche an den Rand des abzusteckenden Gebietes relevanter Forschung gestellt wurden, oder mit der Ablehnung assoziationistischer Theorien auch die herkömmlicherweise damit erklärten Phänomene völlige Nichtbeachtung erfuhren (z.B. Metzger, 1968). Unter den Gegnern assoziationistischer Ansichten, die sich dennoch einen der beiden als paradigmatisch herausgestellten Phänomenbereiche zur Erklärung mit anderen Mitteln vornahmen, ragt Clark mit einer Arbeit hervor, in der er die im Wortassoziationsversuch beobachtbaren Sachverhalte als Ergebnis der Applikation linguistischer Regeln darzustellen versucht (vgl. auch Kap. 8):

"Unlike conversation or the other language games we play daily, the word-association game is an artificial, derivative phenomenon, important not because it is interesting in itself, but because it reveals properties of linguistic mechanisms underlying it." (Clark, 1970, 272)

Bei Clark meldet sich das Interesse, einen konkurrierenden Forschungsansatz in seinem Kerngebiet zu widerlegen. Seine Arbeit weist sich damit als die der siegreichen Position aus, nämlich der "Kognitiven Psychologie", während die berühmte Kritik Chomskys (1959) an der Sprachpsychologie Skinners (1957) den Behaviorismus dort packte, wo er sich am weitesten vorgewagt hatte (und dies markiert ja einen der Anfänge der "Kognitiven Psychologie", vgl. Lachman et al., 1981).

Das bedeutet aber nicht, daß die kognitivistische Psychologie moderner Prägung sämtliche assoziationistischen Züge abgelegt hätte. Gerade beim Aufbau von Modellen des menschlichen Langzeitgedächtnisses ist in reichem Maße von assoziativen Verknüpfungen als dem konstruktiven Element der Gedächtnisstruktur Gebrauch gemacht worden (so bei Quillian, 1968, und allen späteren Netzwerkmodellen des semantischen Gedächtnisses).

Assoziation in modernen Modellen des Gedächtnisses

Die Grundstruktur solcher Modelle ist die von verketteten Listen oder, was auf dasselbe hinausläuft (wie auch Collins & Loftus, 1975, im Anschluß um eine fruchtlose Debatte betont haben), die Struktur eines Netzwerkes. Die "Knoten" eines solchen Netzes stellen die Elemente dieser Datenstruktur dar. Die Assoziation dieser Elemente erfolgt über "Zeiger", die von einem Element auf ein anderes zeigen (gerichtete Verbindung). Abb. 1 zeigt aufs deutlichste diesen wahrhaft assoziationistischen Mechanismus für das Netzwerkmodell des semantischen Gedächtnisses, das von der Gruppe um Norman und Rumelhart (1975) entwickelt wurde.

Solche Datenstrukturen erlauben grundsätzlich die folgenden Prozesse: Prüfen, ob zwischen zwei oder mehr Knoten eine Verknüpfung besteht; neue Verknüpfungen eintragen oder alte löschen; neue Elemente in die Datenstruktur eintragen oder alte löschen. Bis auf den ersten handelt es sich um Prozesse, welche die Datenstruktur verändern; ihnen ist meines Wissens kein psychologischer Modellcharakter attribuiert worden. Der erstgenannte Prozeß hingegen (Prüfen, ob eine Verbindung besteht) hat Forschungsgeschichte gemacht in der kognitiven Psychologie. Mit seiner Hilfe läßt sich nämlich die Evaluation von Tatsachenbehauptungen bewerkstel-

Abbildung 1: Die Implementierung einer Netzwerkstruktur im Computer (aus: Norman & Rumelhart, 1975).

Das Lexikon (word index) enthält die Namen der "Knoten" des Netzwerks (d.h. der Elemente wie auch der sie verbindenden Relationen), sowie Adreßzeiger (pointer) auf die Knoten. Die Knoten selbst sind wiederum Listen von Adreßzeigern: cat etwa ist mit animal und zugleich mit der Relation isa verknüpft ("A cat is an animal.")

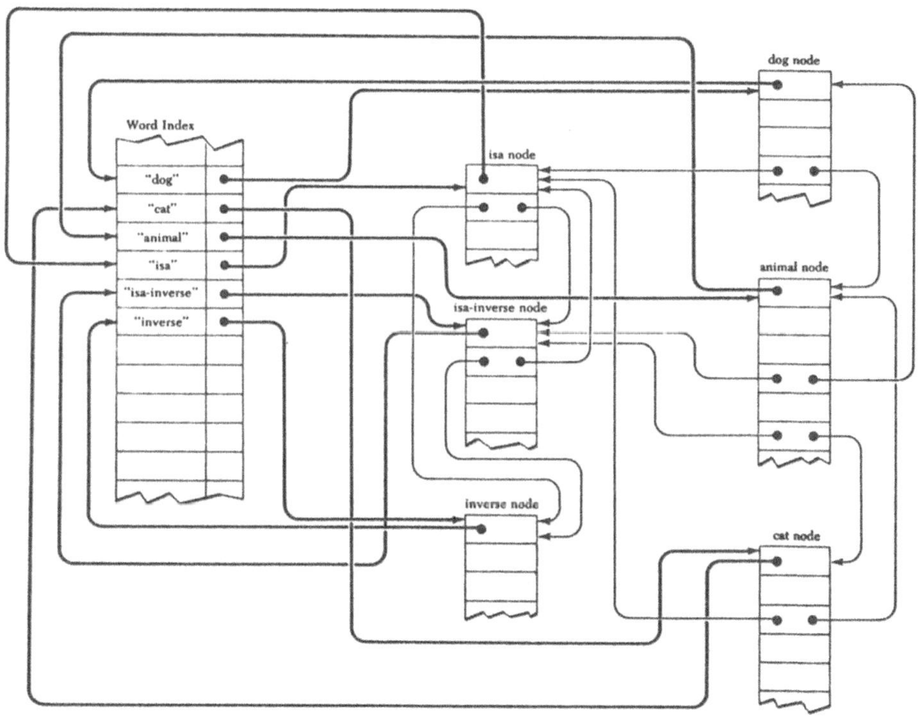

ligen. "The cat isa animal" läßt sich - sofern alle drei Elemente dieser Aussage, cat, isa (die Relation, welche die Klasseninklusion bezeichnet) und animal in der Datenstruktur enthalten sind - verifizieren durch das Auffinden einer Verbindung von cat zu isa, die von dort aus weiterläuft zu animal. (Die genauen Verhältnisse zeigt Abb. 1.)

Derartige Modelle finden sich auch kombiniert mit linguistischen Analyseprogrammen ("parser"), die beispielsweise die Neueintragung von Elementen mittels normaler Sätze erlauben, und nicht nur auf wenige definierte Befehle beschränkt sind (z.B. "connect x to y with z": Rumelhart & Norman, 1975, 173). Bekannte Modelle mit integriertem Parser stammen von Anderson und Bower (1973) und von Anderson (1976).

All diese Modelle können und wollen ihre Herkunft aus der Artificial-Intelligence-Forschung nicht verleugnen. Das historische Verdienst, die möglichen psychologischen Implikationen fortschrittlicher Datenbanksysteme erkannt und publik gemacht zu haben, gebührt wohl Collins (Quillian, 1968, stellt das Modell dar, aber erst Collins & Quillian, 1969, behaupten die psychologische Relevanz des Netzwerkmodells). Allerdings ist der anfängliche Optimismus, man habe hier sozusagen unmittelbar Zugang gefunden zur Struktur des Gedächtnisses, inzwischen vorsichtigen Formulierungen gewichen. Der experimentelle Nachweis, daß die Reaktionszeit bei Satzverifikationsaufgaben eine lineare Funktion der Anzahl der Knoten sei, die der postulierte Verifikationsprozeß im Netzwerkmodell zu durchlaufen hat (Collins & Quillian, 1969), erwies sich bald als auf bestimmte Aufgabenstellungen beschränkt (z.B. Conrad, 1972; Rips et al., 1973). Wesentliche, die intra-kategoriale Aufgliederung begrifflicher Information betreffende Forschungsergebnisse (z.B. Rosch, 1973; 1975) konnten nicht oder nur um den Preis drastischer Reduktion des empirischen Gehalts des Netzwerkmodells (Collins & Loftus, 1975) integriert werden.

Es ist deutlich, daß der Assoziationsbegriff in den Netzwerkmodellen des semantischen Gedächtnisses in seinem Erklärungswert eingeschränkt ist auf die Begründung der Leistungen des Gedächtnisses per Verweis auf dessen Inhalte und deren Struktur. Zugleich ist das Assoziationskonzept seiner Einengung auf Kontingenz ledig geworden und damit seiner früheren Fassung als Verknüpfung interner Elemente wieder angenähert (wenn auch die Elemente selbst nicht als "Vorstellungen" bestimmt werden). Es sind also gerade die neueren Modelle des Gedächtnisses mehr von der ursprünglichen Weise beeinflußt, in der schon bei Aristoteles von Assoziation die Rede ist, als von den Weiterungen und Verkürzungen, die der Assoziationsbegriff vom 18. bis zur Mitte des 20. Jahrhunderts erfuhr. Deshalb, und weil Aristoteles für gewöhnlich lediglich als Urheber der "primären Assoziationsgesetze" (Ähnlichkeit, Kontrast und Nähe) bekannt ist - eine Aussage, die sich in seiner Schrift eher nebenbei findet (Parva Naturalia, 451b, 19 f.; vgl. das Zitat zu Beginn dieses Kapitels) - ist die aristotelische Sichtweise und ihre moderne Rezeption einer näheren Betrachtung wert.

Ursprünglicher und moderner Assoziationismus

Aristoteles ist kein moderner Psychologe (trotz kenntnisreicher moderner Übersetzungen,* und dementsprechend fremd

---

*) Aristoteles hat nur eine gedächtnistheoretische Abhandlung geschrieben, nämlich den heute in die "Kleinen Schriften zur naturphilosophie" (Parva Naturalia) eingegliederten Abschnitt "Über Gedächtnis und Erinnerung" (peri mnemes kai anamneseos). Zitiert wird nach der von David Ross edierten Textfassung (Aristoteles, 1955); die Übersetzung berücksichtigt sowohl die Fassung von Rolfes

ist seine Terminologie für heutige Psychologen. Anders als wir gewohnt sind, bindet er die Verwendung von "Erinnerung" an das Bewußtsein der Erinnerung von Vergangenem, sozusagen an "Metagedächtnis" (vgl. Parva Nat., 451 b, 1-9). Die Gedächtnisinhalte werden von ihm demzufolge als in der Vergangenheit erlebte Wahrnehmungen verstanden; und ebenso, wie neuerliches Erleben des Gleichen die nämlichen Gedanken und Wahrnehmungen hervorrufen kann, kann auch Erinnerung dies tun (ebd., 9). Diese ans "Phantasma" als dessen "Besitz" (a.a.O., 451 a, 14 ff.) gebundenen "Bewegungen" (d.h. Gedanken und Vorstellungen) in dem Bewußtsein ihrer Vergangenheit neu zu aktualisieren ist das "Prinzip" der Erinnerung. Verblüffend genau entspricht diese Vorstellung der jüngst von Minsky vorgetragenen These "the function of a memory is to recreate a state of mind" (1981, 87). Auch die später zu besprechenden Modelle parallel arbeitender assoziativer Speicher entsprechen einer solchen Konzeption. Aristoteles elaboriert sie unter drei Gesichtspunkten: (1) Es gibt eine natürliche Abfolge von Bewegungen, (2) die absichtsvolle Schaffung von Verknüpfungen ist möglich, und (3) Erinnern vollzieht sich im Zusammenwirken gewollter und von selbst ablaufender Vorgänge.

Natürliche Abfolge. Daß ein Gedanke dem andern, eine Wahrnehmung der nächsten folgt, verdankt sich der Notwendigkeit oder Gewohnheit (Parva Nat., 451 b, 10 f.). Für die

---

(1924), welche allerdings bar jedweden Verständnisses der Sache ist, als auch diejenige von Beare (1931), die wiederum dem Text soviel hinzufügt, daß Aristoteles als moderner Assoziationist erscheinen mag. Die berühmt gewordene Stelle Parva Nat. 451b, 19f., enthält die später als "primäre Assoziationsgesetze" bekannt gewordenen Hinweise, wonach wir beim Erinnern ausgehen "von Ähnlichem, oder Gegenteiligem, oder von dem, was nah zusammen ist: durch all das entsteht die Erinnerung."

Inhalte des Gedächtnisses gilt dies schon darum, weil sie Abbilder sind ("gleich einem gemalten Bild", a.a.O., 450 a, 29 f.), Spuren wie der Abdruck eines Siegelringes (ebd., 31 f.). Die Abfolge der "Bewegungen" des Gedächtnisses ist also analog der ursprünglichen Bewegung sinnlicher Wahrnehmung konzipiert. Obgleich dieses Prinzip in der neueren psychologischen Aristoteles-Rezeption (bes. Anderson & Bower, 1973, Kap. 2) nicht besonders genannt wird, berührt es sich doch mit den meisten der modernen Gedächtnismodelle: Minskys Gedanken zur Reaktivierung und Verknüpfung vergangener "states of mind" (s. o.), und noch deutlicher seine zuvor (1975) detaillierter entwickelte Theorie der "Rahmen" ("frames") zur Repräsentation von Sachverhalten wurden ja am Problem "sehender" Maschinen entwickelt, d.h. am Beispiel computergestützter Bildverarbeitung. Weniger auf die Identität von Wahrnehmung und Gedächtnis-Spur bedacht, aber die Orientierung an natürlichen bzw. gewohnten Abläufen in den Mittelpunkt stellend, zeigen sich auch "script"-Modelle (Schank & Abelson, 1977) in der Tradition aristotelischen Denkens. Die Parallele reicht bis hin zu geläufigen Erzählmustern ("story grammars", z.B. Thorndyke, 1977). In all diesen Entwürfen wird das Prinzip einer (quasi)-natürlichen Abfolge zum Ausgangspunkt der Modellbildung gemacht. Daß das keine Selbstverständlichkeit darstellt, belegen die - zahlreicheren - Gedächtnismodelle, denen ein solches Prinzip fremd ist, die allein oder doch überwiegend nach begrifflich-logischen Gesichtspunkten die Ordnung der Gedächtnisinhalte konzipieren (Quillian, 1968, und viele andere). - Wir halten fest, daß im Gegensatz zu den Vorstellungen der britischen Assoziationisten die Wahrnehmungstheorie des (mittleren und späten) Aristoteles, das Perzept weitaus komplexer denn nur als Summe einzelner Teilsinneseindrücke faßt und es dem Wirken eines "Allgemeinsinnes" unterstellt, solchermaßen eine an Ganzheit und Struktur orientierte Betrachtungsweise nicht ausschließend: "Das Gedächtnis aber ... ist nicht ohne die Vorstellung (phantasma), und die Vorstellung eine Affektion (ÜS nach Rolfes) des

Allgemeinsinnes" (kai to phantasma tes koines aistheseos pathos: Parva Nat., 450 a, 13 und 10 bzw. 13 a).

Absichtsvolle Schaffung von Verknüpfungen. Auf der Abfolge der Gedächtnisinhalte beruht deren Wiederfinden, das Erinnern. Wo nun keine notwendige, gewohnheitsmäßige oder durch besondere Eindrücklichkeit zustandegekommene Abfolge (Parva Nat., 451 b, 11 ff.) besteht, kann der des Umgangs mit seinem Gedächtnis Kundige auch Ungeordnetes, beziehungslose Einzelheiten, erinnern, indem er sie an eine bestehende Abfolge bindet. Dies impliziert Aristoteles' Verweis auf die "Methode der Örter (loci)" (a.a.O., 452 a, 13). Es wird daran deutlich, daß Aristoteles die bewußte Schaffung assoziativer Verbindungen durch Kontingenz sowohl "extern", d.h. durch raumzeitliche Nähe von Wahrnehmungen, als auch "intern", durch absichtsvolles Vorstellen, in Betracht zieht.

Die Methode der Örter ist eine wirkungsvolle mnemonische Technik. Der Gedächtniskünstler, der sich ihrer bedient (vgl. Luria, 1968), greift dabei auf eine ihm wohlbekannte Reihenfolge von Vorstellungen zurück, die ihm fester Besitz des Gedächtnisses sind. Ein Gang durch das eigene Haus in stets derselben Reihenfolge wird dazu üblicherweise benutzt; daher hat diese Technik ihren Namen. Was nun im einzelnen gemerkt werden soll, wird in der Vorstellung des Gedächtniskünstlers eins um das andere an diesen "Örtern" abgelegt. Beginnt eine zu lernende Wortliste mit "Pferd", "Rose", "Uhr", so erstellt die Mnemotechnik daraus, daß man beim Öffnen der Haustüre einem Pferd gegenübersteht, um den Garderobenspiegel sich eine Rose rankt, und am Kleiderhaken schließlich eine Uhr hängt und die Stunde schlägt. Bewußt hergestellte Verknüpfungen bilden so die Grundlage einer nachfolgenden Reproduktion der Wortliste, wobei die Konstruktion dieser Assoziationen vor allem mit den Mitteln des visuellen Vorstellens und des Elaborierens geschaffen wird, Mitteln also, deren Wirksamkeit für das Erinnern experimentalpsychologisch erhärtet ist (Anderson & Reder, 1979). Die Technik der "Örter" ist auf dem Hintergrund moderner Gedächtnismodelle untersucht worden: Eine geübte Versuchsperson wird dadurch in die Lage versetzt, auch lange Wortlisten nach nur einmaliger Darbietung nahezu fehlerlos zu reproduzieren (Bower, 1970). Eine von Lea (1975) durchgeführte Prozeßanalyse ergab, daß die "loci" in linearer Folge "abgefragt" werden, und zwar mit einer Geschwindigkeit von ungefähr 0.6 sec je wohlvertrautem Ort. Entgegen einer Hypothese Kosslyns (1973) erwies sich dabei die räumliche Entfernung zwischen den "Örtern" als irrelevant; wichtig ist allein die Reihenfolge.

Strategische und automatische Prozesse. Nicht nur bei der Technik der "loci" (in welchem Zusammenhang Aristoteles auf den Startpunkt zu sprechen kommt), sondern bei allen Erinnerungsleistungen bedarf es, so sagt Aristoteles, der Wahl eines geeigneten Ausgangspunktes für die Durchsuchung des Gedächtnisses: "Man muß sich aber eines Anfangs versichern" (Parva Nat., 452 a, 12; ÜS Rolfes).

Aristoteles führt diesen Gesichtspunkt am Beispiel einer hypothetischen Reihung von Gedächtnisinhalten ("A", "B", "C" usw.) aus; er widmet dieser Erörterung einen ganzen Abschnitt (452 a), wobei er den Gedanken hervorhebt, daß man von jedem Gedächtnisinhalt zu jedem anderen kommen könne (452 a, 25 f.).* Eben dies kann aber auf Abwege führen, ohne daß wir

---

*) Rolfes (1924, 44) übersetzt hier, m.E. unzutreffend, 'epi pleio' mit "öfter". Hingegen scheint mir die Bedeutung mit "nach mehreren (Punkten, d.h. Gedächtnisinhalten)" richtig wiederzugeben, wie es auch Beare (1931) mit "in several directions" tut. Dennoch wird dadurch - gerade weil sich Aristoteles dazu nicht äußert - die

diesen Prozeß beeinflussen, korrigieren könnten. Denn der Ablauf der Suche wird als automatischer Prozeß dargestellt. Man komme leicht von einem Gedanken auf den nächsten, sagt Aristoteles (452 a, 14), und führt als Beispiel eine Assoziationsreihe an: "von 'Milch' zu 'weiß', von 'weiß' zu 'Luft', von da zu 'feucht', worauf man 'Herbst' erinnert..."**

Die Abfolge solcher Erinnerungen wird als "natürliche Ordnung" gedacht, wie es oben bereits diskutiert worden ist. Es findet sich kein Hinweis darauf, daß der sich erinnernde Mensch selbst hierbei steuernd eingreifen könnte.

Der bewußten Intention offen steht hingegen die Wahl des Ausgangspunktes für die Durchsuchung des Gedächtnisses. Hier

---

Möglichkeit nicht ausgeschlossen, daß die (Such)-Bewegung mit unterschiedlicher Häufigkeit, d.h. Wahrscheinlichkeit, zu verschiedenen Gedächtnisinhalten hin verläuft.

**) Die Übersetzung dieser Assoziationskette (Parva Nat., 452 a, 14 ff.) ist schwierig, da sie eine inhaltliche Deutung des Prinzips der Wortassoziation impliziert, ein Prinzip also, mit dessen Hilfe die Rekonstruktion der Assoziationskette gelingt. Rolfes (1924, 43) gibt die Wortfolge mit "Milch", "Weiß", "Luft", "Frucht" und "Spätherbst" wieder. Problematisch scheint dabei die Übersetzung von 'hygron' als "Frucht" (="Saftiges"?), was zwar zu "Spätherbst" (wörtl. "Der mit den Früchten") gut sich fügt, aber schlecht zu "Luft" passen will. Die Version von Beare, "milk - white - moist - mist - autumn" umgeht das Problem durch Umstellen von "Luft" und "feucht", so daß nunmehr "Nebel" (als Übersetzung von 'aer') das Bindeglied zwischen "Feucht" und "Herbst" darstellt.

ist der Punkt, an dem ein strategischer Prozeß angreifen kann. In späteren Kapiteln wird sich zeigen, daß auch in diesem Punkt die aristotelische Formulierung stimmig ist; allerdings wird sich erweisen, daß sich die Wirksamkeit strategischer Prozesse nicht auf die Wahl eines Ausgangspunktes beschränken läßt.

Zusammenfassend läßt sich festhalten, daß die Darstellung, welche Aristoteles vom Erinnern gibt, verblüffend aktuelle Gesichtspunkte enthält (oder doch wenigstens eine solche Interpretation zuläßt). Vor allem Anderson und Bower (1973, 17) haben dies hervorgehoben und damit Aristoteles energisch zum Ahnherrn der neueren Bemühungen um die Modellierung menschlichen Erinnerns gemacht. Daß dies möglich wurde, hat selbstverständlich auch damit zu tun, daß die Lehrmeinungen der Antike nicht dezidiert empiristisch sind wie die der englischen Assoziationisten oder der Behavioristen. Die Berufung auf Aristoteles verträgt sich so mit dem, was Anderson und Bower eine "neo-assoziationistische" Position nennen: "the neo-associationistic methodology tries to proceed simultaneously from an abstract characterization of the problem downwards and from the empirical data upwards" (1973, 64).

Eine solche methodologische Gleichberechtigung des empirisch orientierten "bottom-up"-Ansatzes mit dem rationalistischen Vorgehen des "top-down"-Entwurfs ist nicht bei allen neueren Autoren festzustellen. Dem rationalen Entwurf des Modells kommt in der Regel das größere Gewicht zu. Die Konsequenz solchen Vorgehens liegt in der dezisionistischen Bestimmung des intensionalen Gehalts assoziativer Verknüpfungen: Vorgängig wird von seiten des Modellkonstrukteurs festgelegt, welche Verknüpfungen möglich, und wie sie inhaltlich bestimmt sein sollen; daher die hierarchische, mengentheoretisch eindeutige Struktur vieler solcher Entwürfe.

Doch auch in dem im Vollsinn assoziationistischen Modell von Anderson und Bower wird deutlich die In-Eins-Setzung von erklärendem Konstrukt und empirischem Sachverhalt vermieden. Selbst aus aristotelischer Sicht stellen die Verknüpfungen ja nicht die einzige Ursache der beobachtbaren "Assoziationsketten" dar; willentliche Prozesse werden von ihm sowohl beim Aufbau (s. Mnemotechnik) wie bei der Aktivierung (s. Startpunkt) assoziativer Verknüpfungen in Rechnung gestellt.

Einige grundlegende Fragen sind zu diskutieren im Anschluß an die skizzierten aristotelischen Perspektiven. Die erste gilt der Natur der assoziativen Verknüpfungen, die zweite dem Verhältnis von Struktur und Prozeß in Modellen des Erinnerns.

Die Natur der Assoziationen. Keines der in den letzten Jahren vorgeschlagenen Modelle des Gedächtnisses kommt ohne ein Verknüpfungskonzept aus. Es ist an dem Grad von Bestimmtheit, den sie der Verknüpfung zumessen, worin die Modelle sich unterscheiden. Am verbreitetsten sind Verknüpfungsrelationen, die sich zu Propositionalstrukturen fügen (Quillian, 1968; Kintsch, 1974; Norman & Rumelhart, 1975). Deutlich ist bei allen Modellen die Absicht, die Anzahl der verschiedenen Relationen auf wenige fundamentale Beziehungen einzuschränken, etwa die Klasseninklusion ("isa": "A canary isa bird"), oder die aus der Grammatiktheorie bekannten Kasus ("cases") Agent, Objekt, Instrument usw. (Fillmore, 1968). Mit "Ähnlichkeit", "Kontrast" und "Nähe" hat all dies wenig gemein, so daß schon von daher die Frage nach den inhaltlichen Kategorien der assoziativen Bezüge sich nicht abweisen läßt. Wir werden dazu in den folgenden Kapiteln feststellen, daß die Organisationsstrukturen der assoziativen Produktion deutlich episodischen Charakter tragen. In späteren Kapiteln soll überdies gezeigt werden, daß die Festsetzung inhaltlich definierter, direkter Verknüpfungen ersetzt werden kann durch Strukturannahmen, welche variable Formen assoziativer Verknüpfungen ermöglichen, so daß die Verknüpfung selbst schon Produkt der Interaktion von Struktur und Prozeß ist.

Verhältnis von Struktur und Prozeß. Was an empirisch faßbarer Erinnerungsleistung uns gegenübertritt, ist immer schon das Ergebnis des Zusammenwirkens von assoziativer Struktur und dem ekphorischen Prozeß. Die klassischen Formulierungen des Assoziierens, von Aristoteles bis zu den Behavioristen, haben dabei die Bedeutung der im Gedächtnis vorhandenen assoziativen Struktur betont. Erinnern ist demzufolge die Aktivierung einer bereits vorhandenen assoziativen Verbindung als automatischer Prozeß: Wer X hört, muß auch Y denken. Dieser Ansicht entsprechen selbst komplexe Systeme wie z.B. Habit-Hierarchien (Hull, 1943). Der einzige Ansatzpunkt für strategische Prozesse liegt bei solchen Modellen in der Wahl des Anfangs, ganz so, wie es schon bei Aristoteles beschrieben ist.

Wir können aber nicht davon ausgehen, daß, was wir kraft unserer Erinnerung hervorbringen, reine Gedächtnisleistung ohne Zutat sonstiger, konstruktiver kognitiver Prozesse sei. Im Gegenteil muß es als wesentliches Ergebnis der experimentell arbeitenden Psychologie angesehen werden, daß überzeugende Hinweise gerade für die Wichtigkeit solch konstruktiver (und deutlich "strategischer") Prozesse gefunden wurden - von den hier schon genannten Experimenten Achs (1925) und Lewins (1922) über die Untersuchungen Bartletts (1932) bis hin zu Forschungen über "metamemory" (Flavell & Wellman, 1977). Unser besonderes Augenmerk wird bei den im folgenden darzustellenden Untersuchungen daher möglichen Ansatzpunkten solcher steuernden Prozesse gelten; und die Möglichkeit ist in Betracht zu ziehen, daß "Erinnern" eine höchst komplexe Leistung darstellt, erbracht durch das Zusammenwirken verschiedener strategischer Prozesse mit einem automatischen Prozeß eher untergeordneter Bedeutung, basierend auf relativ unspezifischen assoziativen Verknüpfungen und somit auf einer nur schwach strukturierten Datenbasis (im Gegensatz zur reichhaltigen Struktur von Netzwerken oder Propositionslisten).

Aus alledem erhellt, daß wir nicht unmittelbar an die gegenwärtige Hauptrichtung der Gedächtnispsychologie werden anknüpfen können, sondern uns zu besinnen haben auf die empirische Assoziationsforschung im engeren Sinne des Wortes. Daher soll als empirischer Gegenstand unserer Untersuchungen kein anderer fungieren als eben das assoziationistische Paradigma des Wortassoziations-Versuchs. Denn daß gerade dieser Phänomenbereich aus der Perspektive der neueren gedächtnistheoretischen Modelle verschwunden ist, scheint mir weder als notwendig noch als vorteilhaft anzusehen. Im Gegenteil können - und das soll in diesem Buch gezeigt werden - auf dem Weg einer Prozeßanalyse des Assoziierens fruchtbare Perspektiven für die Theorie des assoziativen Gedächtnisses überhaupt gewonnen werden.

Teil I (Kap. 2 - 5)

Der Verlauf des Erinnerns

Bereits die frühen experimentellen Untersuchungen zur Wortassoziation waren um Aufklärung der Gesetzmäßigkeiten bemüht, die das Phänomen des Assoziierens kennzeichnen. Neben den Bestimmungen formaler Parameter wie der relativen Häufigkeit bestimmter Antworten und der Schnelligkeit, mit der sie genannt werden (Thumb & Marbe, 1901), versuchte man sich an der Aufklärung inhaltlicher Regelmäßigkeiten. Schon Galton (1879) hatte seine Assoziationen klassifiziert; spätere Forschungen bedienten sich außerdem introspektiver Methoden (z.B. Aschaffenburg, 1895 / 1897; Ziehen, 1898). Wir wollen uns im folgenden den formalen und inhaltlichen Aspekten des Assoziierens widmen.

Die empirische Basis: Fortgesetztes Assoziieren

Es ist wohl einleuchtend, daß ein Einblick in die Gesetzmäßigkeiten des Assoziierens nur dort gewonnen werden kann, wo nicht bloß eine einzige Antwort der Versuchsperson, sondern deren mehrere auf ihre inhaltliche und zeitliche Reihung untersucht werden. Die freie Produktion der Versuchspersonen kann uns das Material liefern, aus dem die Charakteristika des Produzierens ersichtlich und Rückschlüsse auf dahinter verborgene interne Prozesse möglich werden. Diesen Ansatz haben auch (mit Ausnahme von Clark, 1970) alle Untersucher seit Bousfield und Sedgewick (1944) verfolgt.

Daß die Untersuchung des Assoziierens über eine einzige Antwort hinaus überhaupt so lange Zeit nach der Einführung des Assoziationsexperiments unterlassen wurde, hatte zumindest auch versuchstechnische Gründe. Denn bis vor einigen Jahrzehnten konnten weder Tonbandaufzeichnungen noch mehrfache genaue Zeitmessungen vorgenommen werden. Die Antworten der Versuchspersonen wurden aufgeschrieben, und die Zeit vom "Ansagen" des Reizwortes durch den Versuchsleiter bis zur ersten Antwort der Versuchsperson wurde mit der Stoppuhr gemessen. Als Bousfield und Segdewick 1944 erstmals längere zeitliche Verläufe bei restringierten Assoziationen erhoben, mußten sie noch den Kymographen benutzen: Ein Uhrwerk dreht ganz langsam und regelmäßig einen Messingzylinder, auf dessen berußter Oberfläche ein vertikal beweglicher Stift mit scharfer Spitze seine Spur hinterläßt. Dieser Schreibstift ist über ein Getriebe mit einer Morsetaste so verbunden, daß er bei jedem Tastendruck des Versuchsleiters ein kleines Stück höher einrastet (nach Art des Skinnerschen Registriergerätes, vgl. Skinner, 1930). Der Versuchsleiter drückt bei jeder Antwort der Versuchsperson mit der linken Hand auf die Morsetaste, während er mit der rechten die Antwort aufschreibt. Auf diese Weise war es möglich, kumulative Aufzeichnungen fortgesetzten Assoziierens mit wenigstens einigermaßen genauer Zeitnahme zu erhalten (Bousfield & Sedgewick, 1944, 158). Wir haben es heute einfacher (s.u.).

Im folgenden soll der Zeitverlauf beim fortgesetzten Assoziieren dargestellt und seine zeitliche und inhaltliche Gliederung erörtert werden. Die in den folgenden Kapiteln mitgeteilten Daten entstammen mehreren Erhebungen:

1. (Dezember 1978, Vl: der Verf.): Freie Assoziationen, Ähnlichkeitsurteile (Paarweises Rating) und Typikalitätsratings (vgl. Rosch, 1973) bezüglich einer Gruppe von 12 Säugetiernamen wurden von 44 Studenten (Psychologie, Erstsemester) erhoben.
2. (Februar 1979, Vl: der Verf.): Von 39 Studenten (Erstsemester Psychologie, die nicht an der Erhebung (1) teilgenommen hatten) wurden Aufzählungen von Säugetiernamen erhoben.
3. (Juli 1979, Vl: U. Flick, W. Hofmann, V. Troidl): Freie Assoziationen zu den 12 Säugetiernamen der Erhebung (1) wurden von 60 Studenten verschiedener Fachrichtungen erhoben.
4. (November / Dezember 1979, Vl: der Verf.): Freie Assoziationen zu den 12 Säugetiernamen der Erhebung (1) wurden - mit Zeiterfassung - von 30 Studenten (Erstsemester Psychologie) erhoben.
5. (Januar / Februar 1981, Vl: R. Bittner, R. Schwendner, S. Zierer): Freie Assoziationen auf 6 Adjektive wurden unter verschiedenen Instruktionen und mit Zeiterfassung bei 36 Studenten (keine Psychologiestudenten) erhoben.
6. (Dezember 1981, Vl: der Verf.): Freie Situationsbeschreibungen, frei formulierte Deskriptionen, sowie Urteile anhand eines semantischen Differentials über die 12 Säugetiere der Erhebung (1) wurden von 100 Psychologiestudenten (Erstsemester) erhoben.
7. (Mai 1982, Vl: der Verf.): Von 15 Studenten (versch. Fachrichtungen) wurden freie Aufzählungen von Tiernamen mit Zeitmessung erhoben.*

---

*) Ich danke allen, die sich als Versuchspersonen zur Verfügung gestellt haben, besonders aber den oben genannten Versuchsleitern, sowie den studentischen Hilfskräften W. Rasthofer und F. Fichtner.

Die folgende Darstellung bezieht sich auf die im Rahmen der genannten Erhebungen durchgeführten Experimente zum freien fortgesetzten Assoziieren.

Versuchsdurchführung. Bei den Erhebungen freier fortgesetzter Assoziationen wurde den Versuchspersonen eine im Anschluß an Marx (1978) formulierte Instruktion gegeben: "Sie bekommen jetzt ein Schlüsselwort genannt (gezeigt) und sollen dann alle Wörter nennen (aufschreiben), die Ihnen durch dieses Schlüsselwort ins Gedächtnis gerufen werden. Sie haben dazu zwei Minuten Zeit." - Die Darbietung erfolgte entweder visuell (Dia) oder mündlich; die Versuchspersonen gaben ihre Antwort entweder schriftlich oder (wann immer der zeitliche Verlauf gemessen werden sollte) mündlich, wobei Darbietung und Antworten auf Tonband mitgeschnitten wurden.

Aufzeichnung der Assoziationsverläufe. Soweit im folgenden Zeitverläufe aus eigenen Daten berichtet werden, erfolgte die Zeitmessung nachträglich, durch eine computergesteuerte Auswertung der im Versuch erstellten Tonbandaufzeichnung. (Meiner Erfahrung nach empfinden Versuchspersonen den bei gleichzeitiger Zeiterfassung notwendigen Stimmschlüssel, besonders das dann meist unabdingbare Kehlkopfmikrofon, als ausgesprochen störend.) Am Kopfhörerausgang des Tonbandgerätes war eine modifizierte "Stimmschlüssel"-Schaltung angeschlossen, die Beginn und Ende jeder Äußerung an den Computer übermittelte. Um Störgeräusche der Bandaufzeichnung (z.B. Räuspern der Versuchsperson) auszuschließen, wurde ein Ansprechen der Stimmschlüssel-Schaltung nur gewertet, wenn der Auswerter während eines Intervalls von einer halben Sekunde eine Taste zur Bestätigung gedrückt hatte. Obwohl die Zeiterfassung in Einheiten von einer Tausendstelsekunde erfolgte, wurden die Zeiten auf Zehntelsekunden gerundet.

Der Erfassungszeitraum wurde auf maximal zwei Minuten festgelegt. Dieser im Vergleich zu anderen Studien eher kurze

Zeitraum (Bousfield & Sedgewick, 1944: 15 Min.; Pollio, 1965: 4 Min.; Graesser & Mandler, 1978: 6 Min.; Marx, 1978: 2 Min.) bietet den Vorteil, daß ein bei längeren Zeiten häufig beobachtbares "Aussteigen" der Versuchspersonen aus der Assoziationsaufgabe nicht in die Zeitverlaufsmessung eingeht. (Ein solches "Aussteigen" nimmt oft die Form einer Diskussion mit dem Versuchsleiter an: "Mir fällt jetzt aber auch gar nichts mehr ein. Ist die Zeit denn noch immer nicht zu Ende?" usw...)

Die Ergebnisse solcher auf zwei Minuten begrenzter fortgesetzten Assoziationsversuche zeigen die in Abbildung 2 aufgeführten Protokolle.* Bereits bei oberflächlicher Betrachtung dieser Assoziationsverläufe fallen einige charakteristische Merkmale auf:

(1) Die Geschwindigkeit, mit der Assoziationen produziert werden, ist am Anfang relativ hoch (ca. 10 Antworten in den ersten 20 sec) und nimmt im weiteren Verlauf zusehends ab.

(2) Der zeitliche Verlauf des Assoziierens ist ungleichmäßig. Zumal nach der Anfangsphase, die in der Regel durch eine konstante Produktionsrate gekennzeichnet ist, werden längere Pausen sichtbar, durch welche die Kette der Antworten in Cluster geschieden wird.

---

*) Dabei ist zu berücksichtigen, daß die Genauigkeit der grafischen Darstellung aus technischen Gründen nicht annähernd die der Daten erreicht: Gegenüber der Abstufung der Daten in Schritten von Zehntelsekunden beträgt die Schrittweite der Abbildung eine oder gar zwei Sekunden.)

(3) Große individuelle Unterschiede werden deutlich: Die Menge der innerhalb von zwei Minuten produzierten Antworten reicht von sechs bis über vierzig. Aber auch die Aufgabenstellung (genauer: der Grad an Restriktion, den die Instruktion fordert) wirkt sich aus. Je mehr Anforderungen an "richtige" Antworten gestellt werden, desto weniger Antworten werden gemeinhin produziert.

Diese drei Befunde umfassen die wesentlichen Ergebnisse zum formalen Charakter des fortgesetzen Assoziierens. Wir wollen sie im folgenden etwas näher beleuchten, bevor wir zur Diskussion der Inhaltsaspekte des Assoziierens fortschreiten.

Abbildung 2: Charakteristische Assoziationsverläufe.
(freie fortgesetzte Assoziation)
Abszisse: Zeit; Ordinate: kumulative Häufigkeit d. Antworten.
Die Klammern markieren die von den Versuchspersonen als zusammengehörig bezeichneten Antworten; die Pfeile weisen auf "Übergangsstellen" (s. spätere Auswertung) hin.

(a) Stimulus "ängstlich" (Vp. 5-27)

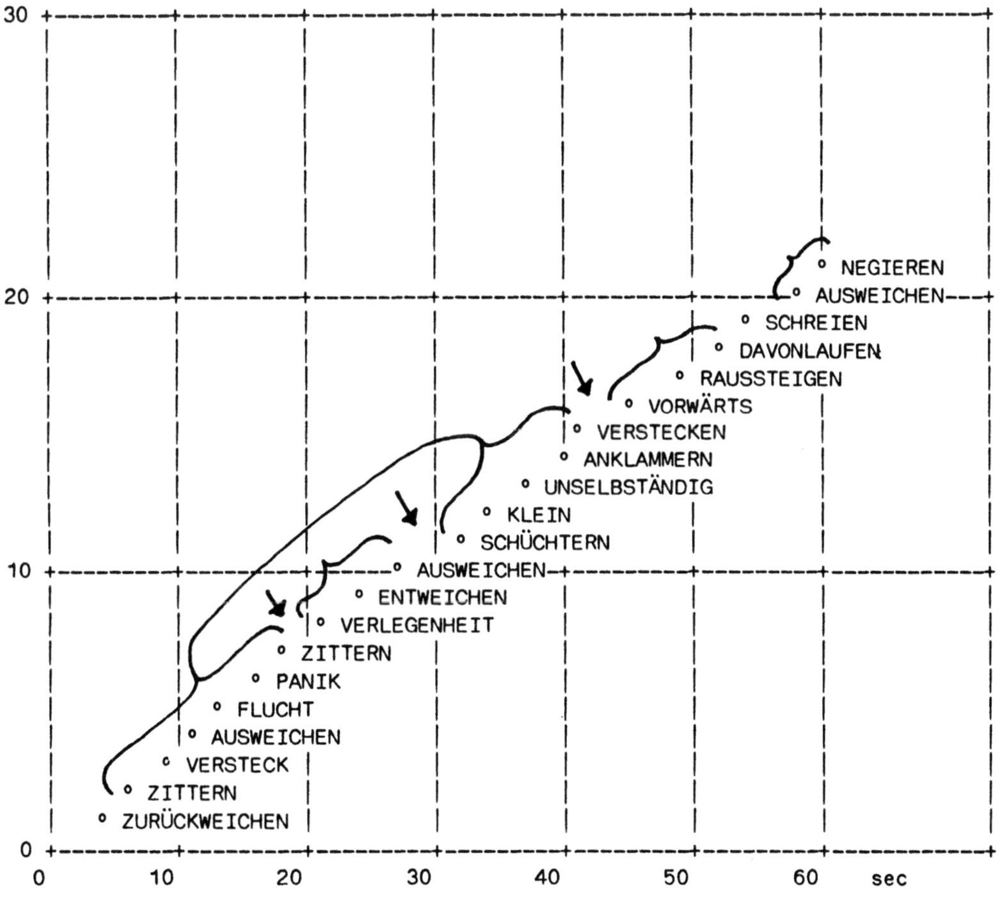

(b) Stimulus "grell" (Vp. 5-34)

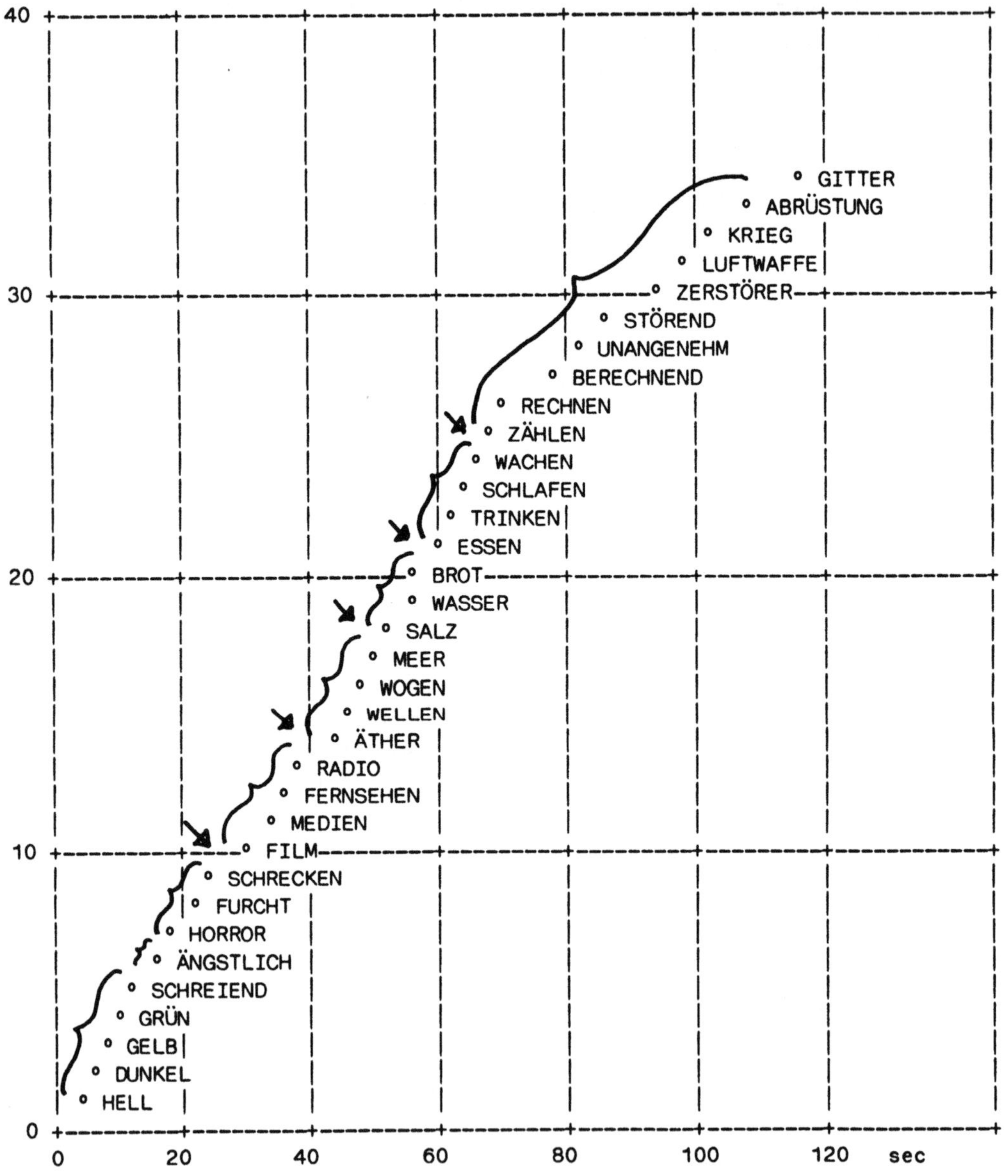

(c) Stimulus "weich" (Vp. 5-1)

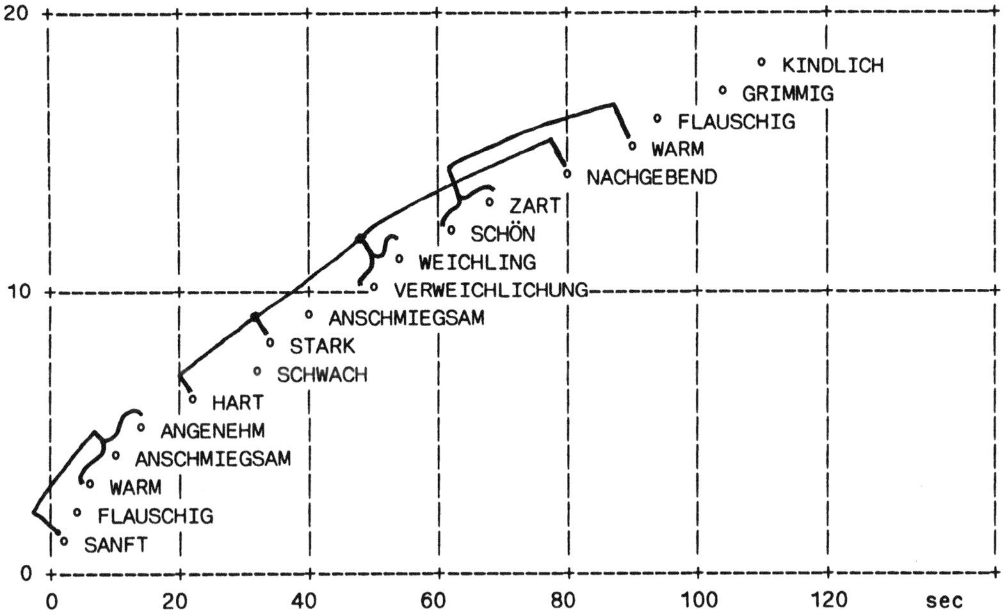

(d) Stimulus "grell" (Vp. 5-2)

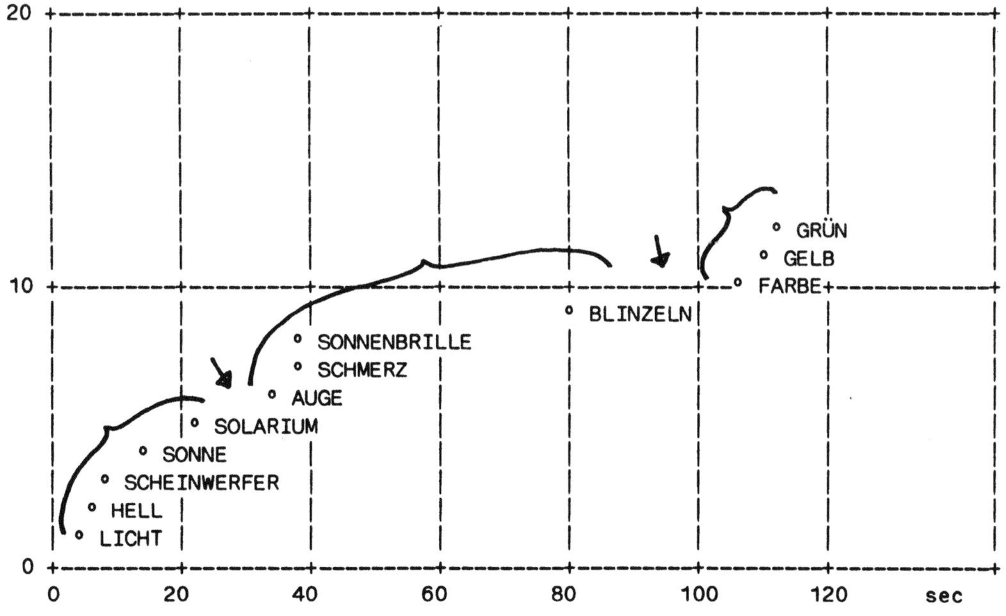

Formale Aspekte der Wortassoziation

Die Zeitverlaufsfunktion

Der generelle Verlauf des Assoziierens ist zuerst von Bousfield und Sedgewick (1944) für restringierte Assoziationen (d.h. Aufzählungen) ermittelt worden. Diese Untersucher ließen ihre Versuchspersonen, jeweils 9 bis 22 Studenten, Beispiele nennen für Kategorien wie "vierfüßige Tiere", "Städte der USA", "Namen von Kommilitonen" oder "Wörter, die M, T und D enthalten". Im Gruppenversuch schrieben die Versuchspersonen ihre Antworten auf und markierten auf ein Signal des Versuchsleiters hin alle zwei Minuten den Zeitverlauf durch einen Strich. Abb. 3 zeigt die Mittelwerte der in Abständen von 2 Minuten gezählten kumulierten Antworthäufigkeiten (Kreise in der Abbildung). Diesen Daten ließ sich eine negativ beschleunigte Exponentialfunktion (durchgezogene Linien in der Abbildung) recht gut anpassen. Ihre Gleichung ist (Bousfield & Sedgewick, 1944, 149):

$$n = c\,(1 - \exp(-mt)),$$

wobei n die Gesamtzahl der gegebenen Antworten bezeichnet, c als obere, asymptotisch angenäherte Grenze für die Zahl verfügbarer Assoziationen überhaupt stehen soll, exp die Potenzfunktion der Zahl e bezeichnet, und t die Zeit darstellt. Der Parameter m beschreibt die "Verzögerung" des Kurvenverlaufs, d.h. dessen zunehmende Abflachung.

Abbildung 3: Über Personen gemittelte Verläufe bei restringierter Assoziation und Annäherung durch eine Exponentialfunktion (aus: Bousfield & Sedgewick, 1944, 154).

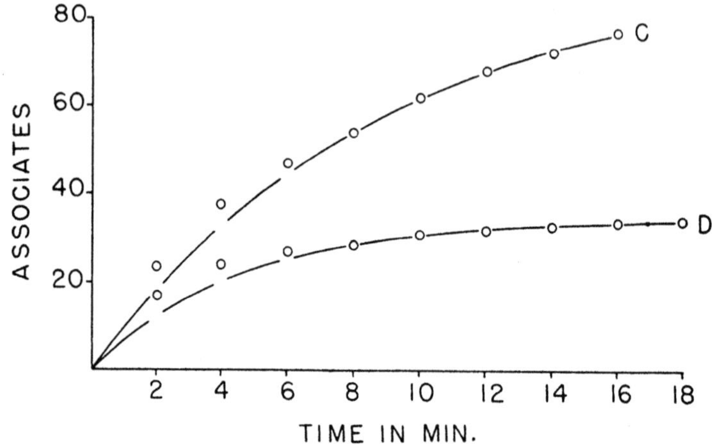

FIGURE 2

AVERAGE SEQUENCES SHOWING INITIAL DIVERGENCE WITH THEORETICAL CURVES

Plot *C* represents the average sequence obtained with instructions to name cities in the U. S., and Plot *D* the average sequence with instructions to list makes of automobiles. The broken lines depict the approximate theoretical curves. For Plot *C*, $c = 92$ and $m = .110$; for Plot *D*, $c = 34.3$ and $m = .219$.

Diese funktionale Charakterisierung ist in der Arbeit von Pollio (1965) ausgedehnt worden auf nicht restringierte Assoziation (fortgesetzte freie Assoziation). Anhand der über 4 Minuten nach der Methode von Bousfield und Sedgewick erfaßten Antworten konnte Pollio zeigen, daß auch der Antwortverlauf beim freien Assoziieren der oben dargestellten Exponentialfunktion folgt.

Einer einheitlichen funktionalen Beschreibung des Assoziationsprozesses unter allen üblichen Instruktionen steht allerdings die von Marx (1978) vorgetragene These im Wege, wonach fortlaufende Assoziationen einen linearen Fortgang anstelle des sonst üblichen exponentiell verlangsamten nehmen. Als "fortlaufend" bezeichnet man Assoziationen, bei denen der Versuchsperson gestattet wird, sich vom Reizwort zu entfernen ("Sie sollen ... Wörter nennen, die Ihnen durch dieses Schlüsselwort oder andere Wörter, die Sie bereits genannt haben, ins Gedächtnis gerufen werden..."). Nun ist die Unterscheidung von fortgesetzter und fortlaufender Assoziation nach dem Kriterium eines in der Instruktion enthaltenen Nebensatzes ohnehin nicht zwingend; auch Marx bemerkt, daß einige seiner Versuchspersonen unter der Instruktion, fortlaufend zu assoziieren, "offensichtlich fortgesetzt assoziiert hatten" (1978, 67). Unter Ausschluß dieser Versuchspersonen (ca. 30%, mdl. Mitteilung) paßte Marx den über den Rest der Personen gemittelten Antworthäufigkeiten für die ersten 30 Sekunden eine Exponentialfunktion vom oben genannten Typ an, für die Zeit ab 30 Sekunden dann eine lineare Funktion.

Es läßt sich allerdings zeigen, daß auch für diesen Fall eine Exponentialfunktion des bekannten Typs angepaßt werden kann, und daß diese Anpassung sogar eher besser gelingt als die Anpassung einer linearen Funktion. (Aus Gründen der Vergleichbarkeit folgen wir dabei Marx' Vorschlag, einen auf seine Versuchspersonenzahl von max. 50 bezogenen Chi-Quadrat-Wert als Maß für den Grad der Abweichung der empirischen won den theoretischen Werten zu verwenden.) Tabelle 1 zeigt für die von Marx (1978) verwendeten zehn Stimuli, wie die Parameterschätzungen für m und c ausfallen, und wie gut die Anpassung im Vergleich zu den von Marx angepaßten Geraden ausfällt. Wie man sieht, gelingt die Anpassung der Exponentialfunktion sehr gut. (Wie bei Marx weichen die theoretischen Werte nicht signifikant von den empirischen ab, der kritische Chi-Quadrat-Wert für $p=.05$ von 15.51 wird in keinem Fall erreicht; vgl. Marx, 1978, 61.) Dieses Ergebnis gibt den Weg frei, alle Assoziationsverläufe, ob "fortgesetzt" oder "fortlaufend", ob "frei" oder "restringiert", durch dieselbe Exponentialfunktion, mit lediglich wechselnden Parametern, zu beschreiben.

Tabelle 1: Fortlaufende Assoziationen.

Anpassung einer Exponentialfunktion und Abweichungen dieser Funktion und einer linearen Funktion von den von Marx (1978) erhobenen empirischen Werten.

Stimulus	Parameterschätzg. f. Exp.-Funktion c	m	Chi-Quadrat f. Abweichungen v. der Exp.-Funkt. (alle Vpn)	lin.Funkt. (alle Vpn) n. Marx	lin.Funkt. (Auswahl)* n. Marx
Buch	63.1	.0052	5.95	2.05	0.55
Fenster	48.9	.0076	3.72	10.30	2.35
Haus	53.1	.0079	1.19	12.25	k.A.
Schule	56.4	.0065	4.71	5.55	2.15
hell	49.6	.0068	6.12	3.35	2.15
klein	46.7	.0060	8.89	2.35	1.35
warm	50.0	.0066	6.11	5.10	0.20
essen	57.0	.0065	2.38	8.40	1.05
gehen	48.4	.0076	3.18	8.95	k.A.
schlafen	48.1	.0063	5.59	5.05	1.45
mittl. Chi-Quadrat (Median):			5.15	5.33	1.40*
max. Chi-Quadrat:			8.89	12.25	2.35*

*) Diese Spalte enthält die von Marx angegebenen Daten nach Herausnahme der nicht ins lineare Modell passenden Vpn.

Temporale Cluster

Die Funktion $n = c (1 - \exp(-mt))$ gilt für den durchschnittlichen, d.h. über viele Assoziationsversuche gemittelten Zeitverlauf des Assoziierens (und auch das nur unter der Annahme unveränderter Parameter). Jeder einzelne Assoziationsverlauf (vgl. Abb. 2.1) weicht entschieden davon ab. Die zeitlichen Abstände zwischen den Antworten sind ungleich groß, was vor allem bei länger andauerndem Assoziieren (mehr als 30 sec) deutlich wird. Dadurch erscheinen jeweils Gruppen von Antworten, die von den anderen Gruppen durch längere Zeitabstände getrennt sind. Diese Gruppenbildung ist bereits von Bousfield und Segdewick (1944) als "clustering" angesprochen worden.

Es erhebt sich dabei die Frage, ob diese allseits anerkannte Bildung von Clustern ein Nebenprodukt kognitiver Verarbeitung darstellt, oder ob ihr tiefere Bedeutung zukommt. Graesser und Mandler (1978) untersuchten die durchschnittliche Größe solcher Cluster bei restringierten Assoziationen und schätzten sie auf 2.5 bis 5 Antworten ("5 +/- 1" als maximale Clustergröße). Als den Zeitraum, durch den die Cluster identifizierbar getrennt werden, geben sie ca. 5 bis 8 Sekunden an (diese recht hohen Werte ergeben sich aus der langen Assoziationszeit von 6 Minuten, denn generell steigen die Pausenlängen im Laufe des Assoziierens an, wie sich auch aus dem generellen exponentiellen Verlauf schließen läßt). Wesentlich für die Interpretation dieser Clusterstruktur ist nun, daß Graesser und Mandler sie in Zusammenhang bringen mit der seit Miller (1956) wohlbekannten Kapazitätsgrenze des sogenannten Kurzzeitgedächtnisses. Die assoziierenden Versuchspersonen, so unterstellt diese Interpretation, übernehmen aus ihrem gespeicherten Wort- und Wissensschatz (den man gemeinhin als Langzeitgedächtnis bezeichnet) jeweils einige Antworten - höchstens soviele, wie der Kapazität des Kurzzeitgedächtnisses entsprechen -, die sie dann in relativ schneller Folge äußern. Diese Ansicht enthält zwar noch einige problematische Punkte (z.B., wieso auch die zeitlichen Intra-Cluster-Distanzen einigermaßen hoch sind); aber Graesser und Mandler machen uns darauf aufmerksam, daß die Clusterbildung auf unterschiedliche dem Assoziieren zugrundeliegende Prozesse verweist. Jedoch ist damit keinesfalls gesagt, daß die zeitliche Gruppierung der Antworten im Wortassoziations-Versuch anderes bedeute als eine sozusagen mechanische Beschränkung. Somit bleibt zu klären, ob dem Clustering auch inhaltliche Bedeutung zukommt.

Dieser Frage ist Pollio (1965) nachgegangen. Dazu sortierte er alle Antwortzwischenzeiten ihrer Länge nach und wählte das Viertel der kürzesten und das der längsten Zeiten zum Vergleich aus. Für jede Versuchsperson wurden dann "repräsentative" Wortfolgen aus ihren Antwortprotokollen ausgewählt, und die Versuchspersonen beurteilten diese Wörter mit der Technik des semantischen Differentials (Osgood et al., 1957; auf die zugrundeliegende Modellvorstellung eines dreidimensionalen "semantischen Raumes" werden wir in Kapitel 3 noch eingehen). Beim Vergleich der mittleren semantischen Distanzen (D-Werte nach Osgood et al., 1957, 90 ff.) erwies sich, daß durch kurze Antwortzwischenzeiten getrennte Wörter signifikant geringere D-Werte aufwiesen als Wortpaare, deren Antwortzwischenzeiten zu den längsten 25 % zählten.

Wenn aber Wörter, die im Assoziationsverlauf in rascher Folge geäußert werden, im Mittel geringere semantische Distanz (sensu Osgood) aufweisen als zeitlich weiter auseinanderliegende Antworten, dann ist dies ein deutlicher Hinweis darauf, daß die temporale Clusterstruktur des Assoziationsverlaufs semantische Ähnlichkeit der Antworten reflektiert. - Freilich wird man zugeben müssen, daß die Daten Pollios hier nicht mehr als einen Fingerzeig geben können, denn einmal forderte seine Versuchstechnik die Beschränkung auf relativ wenige Antwortsequenzen (vgl. Pollio, 1965, 44 f.), zum anderen war die Einteilung der Antwortzwischenzeiten recht grob (unteres gegen oberes Viertel der Verteilung der Zeiten), und schließlich ist die Methode des semantischen Differentials auch nach Ansicht ihres Urhebers (Osgood, 1962) auf affektive Aspekte der Wortbedeutung beschränkt.

Trotz dieser Einschränkungen sind Pollios Daten ein starkes Indiz für semantische Determinanten des assoziativen Verlaufs. Zudem liegen beweiskräftigere Daten für andere Gedächtnisaufgaben vor, nämlich für das freie Reproduzieren (free recall) von Wortlisten. Mandler und Deane (1969) verglichen die temporalen Cluster in den Reproduktionsreihen ihrer Versuchspersonen mit der Kategorisierung der Antworten, welche die Versuchspersonen selbst im Anschluß daran vorgenommen hatten, und konnten eine statistisch signifikante Übereinstimmung der temporalen mit der durch Sortieren ermittelten Clusterstruktur aufweisen. Ähnliche Ergebnisse werden von vielen Experimenten für die Technik der freien Reproduktion berichtet (z.B. Bousfield, 1953; Tulving, 1962; Wood, 1972, gibt einen Überblick über solche Untersuchungen, die allerdings lediglich die Reproduktionsreihenfolge - ohne Zeitmessung - als Grundlage der Analyse benutzten). - Es scheint also lohnend, die Frage der semantischen Bestimmtheit des zeitlichen Verlaufs beim Assoziieren weiter zu untersuchen.

Zu diesem Zweck habe ich den Wortassoziationsversuch für einen Teil der Datenerhebungen* um folgende Prozedur ergänzt: Während die Versuchsperson assoziierte (was zur späteren

---

*) Es handelte sich um die in "Teil 1" unter Ziffer 5 aufgeführten freien Assoziationen auf die 6 Adjektive "ängstlich", "grell", "kurz", "laut", "lieblich" und "weich".

Zeitmessung auf Tonband aufgenommen wurde), schrieb der Versuchsleiter die Antworten auf einem Blatt Papier mit, je eine Antwort pro Zeile untereinander. Im Anschluß an den Assoziationsversuch wurde die Versuchsperson gebeten, die von ihr geäußerten Antworten so zu gruppieren, wie sie ihrer Meinung nach inhaltlich zusammengehörten.* Die in den Verläufen der Abb. 2 eingetragenen Klammerungen geben diese Klassifikation seitens der Versuchspersonen wieder. (Wie man sieht, wurden keineswegs nur zeitlich benachbarte Antworten zu einer Klasse zusammengefaßt.)

Wenn nun, wie anhand der dargestellten Ergebnisse Pollios zu vermuten ist, die zeitliche Clusterstruktur semantische Aspekte reflektiert, so sollten sich die inhaltlichen Bezüge zwischen den Antworten (operationalisiert durch die Klassifikation seitens der Versuchspersonen) auswirken auf die Antwortzwischenzeiten. Um diese Hypothese zu überprüfen, wurden in den individuellen Assoziationsverläufen solche Stellen bestimmt, die zweifellos als Übergänge zwischen zwei verschiedenen "Inhaltskategorien" gelten dürfen. In die Auswertung einbezogen wurden alle Vorkommnisse der Struktur

---

*) Die Klassifikationen durch die Versuchspersonen selbst wurden hier einer Klassifikation durch Dritte (z.B. Inhaltsanalyse durch den Versuchsleiter) vorgezogen, um auch idiosynkratische Einteilungsgesichtspunkte berücksichtigen zu können. Wie in Kapitel 3 ersichtlich werden wird, gelangt man aber auch durch eine nachträgliche Inhaltsanalyse zu denselben Ergebnissen. Auch Gruenewald und Lockhead (1980), die 24 individuelle Assoziationsverläufe (restringierte Assoziation, nämlich Aufzählungen) durch vier Beurteiler klassifizieren ließen, erhielten Schätzungen der Clustergrenzen, die mit der zeitlichen Strukturierung der Assoziationsverläufe übereinstimmten.

"aabbb", d.h. mindestens zwei von der Versuchsperson als inhaltlich zusammengehörig markierte Antworten, die unmittelbar gefolgt wurden von mindestens drei weiteren, die ebenfalls als untereinander zusammengehörig markiert worden waren. Insgesamt 205 solcher Übergangsstellen ließen sich in den Protokollen (der Erhebung 5) identifizieren. Solche Übergangsstellen sind in den in Abb. 2 dargestellten Assoziationsverläufen durch Pfeile gekennzeichnet.

Wenn der Zeitverlauf nun semantische Bezüge widerspiegelt, muß erwartet werden, daß die Antwortzwischenzeiten an der Übergangsstelle größer sind als die jeweils darauf folgende Antwortzwischenzeit, also Zeit(aa/bbb) größer Zeit (aab/bb). Um auf der "sicheren Seite" zu bleiben, wurden nicht nur der Hypothese entgegengesetzte Unterschiede der Antwortzwischenzeiten, sondern auch minimale Differenzen im Sinne der Hypothese (Grenzwert 1/10 sec) als gegen die Hypothese sprechende Fälle gewertet. Dennoch ergab sich eine Verteilung von 135 Fällen für die Hypothese gegenüber nur 70 Fällen dagegen (p kleiner als 0.01 %). Wir dürfen damit als Ergebnis festhalten, daß der beobachtbaren Clusterstruktur individueller Assoziationsverläufe inhaltliche, d.h. semantische Bedeutung zukommt.

Parameter des Assoziationsverlaufs

In Absehung von der temporalen Clusterstruktur einzelner assoziativer Verläufe, bei Mittelung also über mehrere Personen oder Wiederholungen, ergibt sich die oben beschriebene Exponentialfunktion $n = c\,(1 - \exp(-mt))$ als eine gut anpaßbare Näherung an die kumulierte Häufigkeit der Antworten als Funktion der Zeit. Daran muß sich die Frage knüpfen, wie es mit der Variabilität der beiden Parameter c und m bestellt ist, und wie diese Parameter zu interpretieren sind.

Zunächst ist festzuhalten, daß die beiden Parameter in hohem Maße kovariieren (Johnson, Johnson & Mark, 1951, geben eine Korrelation von $r_{cm} = -.78$ für Bousfields & Sedgewicks Kategorie "Städte der USA" an, und $r_{cm} = -.48$ für Tiere; Marx, 1978, berichtet für seine Daten $r_{cm} = -.84$). Nach Indow und Togano (1970) kommt dieser Zusammenhang notwendig zustande, wenn man voraussetzt, daß die Versuchsperson jeweils eine konstante Anzahl von Items aus dem Speicher "zieht", wie es das einfache Urnenmodell (s. Kap. 6, Abb. 18) vorsieht. Man kann diese Korrelation aber auch aus der Technik der Kurvenanpassung herleiten: Je weniger nämlich die Verlaufskurve abflacht, desto "gerader" verläuft sie insgesamt (also kleines m). Eben dann aber ist in aller Regel die gesamte assoziative Produktion größer, so daß die Asymptote der Funktion (also c) höher zu liegen kommt. Niedrigere Werte von m gehen so mit höheren Werten von c einher und umgekehrt, wenn man den Daten die beschriebene Exponentialfunktion anpaßt.

Dies zeigt sich auch beim Vergleich der Werte beider Parameter für die Versuchsbedingungen "fortgesetzte" vs. "fortlaufende" Assoziation. Während Tab. 1 für c Werte von 46.7 bis 63.1 und für m von .0052 bis .0079 bei fortlaufender Assoziation ausweist, entnehmen wir der Untersuchung von Marx (1978, 36) für fortgesetztes Assoziieren Werte zwischen 24.0 und 51.0 für c und von .006 bis .013 für m. Zugleich läßt sich feststellen, daß die Produktion insgesamt (d.h. Gesamtzahl der Antworten nach 2 Minuten) außerordentlich hoch mit c korreliert. Tab. 2 veranschaulicht diesen Zusammenhang anhand der 10 von Marx (1978) herangezogenen Stimuli.

Wir entnehmen daraus, daß, bedingt durch die Methode, die Parameter der dem Assoziationsverlauf angepaßten Exponentialfunktion, c und m, beide vor allem von der bei konstanter Versuchsdauer (hier: 2 Minuten) insgesamt hervorgebrachten Zahl an Antworten abhängen (obwohl nach der Funktionsgleichung diese Antwortzahl von den Parametern abhängt - faktisch

Tabelle 2: Korrelation zwischen Antwortzahl und c für fortgesetzte und für fortlaufende Assoziation

		1	2	3	4
1	Antwortzahl (fortgesetzt)	1.00	0.86*	0.93*	0.54
2	c (fortgesetzt)		1.00	0.71*	0.47
3	Antwortzahl (fortlaufend)			1.00	0.63*
4	c (fortlaufend)				1.00

* Korrelation signifikant auf 5%-Niveau.

ist aber die Antwortzahl vorgegeben, und die Parameter werden angepaßt). Wir dürfen deshalb unsere eben begonnene Betrachtung des Assoziierens unter verschiedenen Instruktionen anhand der Gesamtzahl produzierter Antworten fortsetzen (Bousfield & Sedgewick, 1944, geben nämlich nur in wenigen Fällen Werte für c an, die zudem wegen der unterschiedlichen Versuchsdauer nicht vergleichbar sind).

Bei Aufzählungen, also unter einer im Vergleich zu freier Assoziation (gleich ob fortlaufend oder fortgesetzt) wesentlich restriktiveren Instruktion, zeigt sich die assoziative Produktion weiter vermindert. Nach Ablauf von 2 Minuten haben die Versuchspersonen von Bousfield und Sedgewick im Mittel zwischen 23.5 (Städte der USA) und 3.0 (Wörter, die die Buchstaben M, T, D enthalten) Beispiele der geforderten Kategorie aufgezählt. Diese Ergebnisse bestärken unsere Interpretation, wonach Art und Grad der Restriktion die assoziative Produktivität determiniert.

Nicht vergessen werden darf aber, daß die assoziative Produktion offenkundig auch von individuellen Gegebenheiten beeinflußt wird. Während einige meiner Versuchspersonen innerhalb von zwei Minuten an die fünfzig Antworten gaben, brachte es eine andere in der gleichen Zeit, und noch dazu bei freier, fortlaufender Assoziation, auf ganze sechs. Gerade solch drastische Abweichungen nach unten rufen theoretische Annahmen aus der psychodiagnostischen Ära des Wortassoziations-Versuchs in Erinnerung (s. Kap. 1). Es scheint allerdings möglich zu sein, auch solche Phänomene durch die Annahme einer (in diesem Fall habituell, nicht nur durch eine "restriktive" Instruktion) verstärkten Selektion der als "passend" und "sagbar" erachteten Antworten zu erklären (vgl. Kap. 10). Schließlich sind noch intraindividuelle Variationen durch Lernen (z.B. beim wiederholten Assoziieren auf denselben Stimulus) zu berichten. Indow und Togano (1970), sowie Marx (1978) berichten Veränderungen des Assoziationsverlaufs bei Wiederholungen. Eine ausgiebige Übersicht betreffs der Faktoren, die die assoziative Produktion beeinflussen, gibt der den Zeitraum von 1950 bis 1965 umspannende Forschungsbereicht von Cramer (1968), einen knappen Überblick über die Wortassoziationsforschung von ihren Anfängen an bietet Jung (1966).

Zusammenfassend ist für den zeitlichen Verlauf des Assoziierens festzuhalten, (1) daß er für gemittelte Verläufe durch eine Exponentialfunktion beschrieben werden kann, (2) daß aber in fast jedem einzelnen Verlauf Clusterstrukturen deutlich werden, die in Beziehung zum semantischen Gehalt der Antworten stehen, und (3), daß die Gesamtzahl geäußerter Antworten den wesentlichen Parameter des Assoziationsverlaufs darstellt, und daß sie ihrerseits von der Instruktion und von individuellen Gegebenheiten abhängt.

Semantische Aspekte der Wortassoziation

Inhaltlichen Aspekten des Assoziierens wurde schon in den frühen Studien viel Raum gegeben. Ziehen gibt etwa folgende Beispiele aus Nachbefragungen seiner Versuchspersonen:

"W. S. 3. III. 1898. 9 J. 5 Mon. Guter Schüler (...)

rot	Buch (dachte an ein rot eingebundenes Buch über den Krieg 70/71)
Baum	Obst (dachte an den Apfelbaum auf dem Spielplatz)
Asche	Haufen (dachte an den Aschenhaufen bei einem vor kurzem stattgehabten Hausbrand in der Nachbarschaft)
Axt	Holz (dachte an die Axt und das Holz zuhause)
Bach	Kahn (dachte an ein Kahnspielzeug, mit dem er 1895 auf einem bestimmten Bach, dem sog. Ziegelmühlenbach, gespielt hat)" (Ziehen, 1898, 32 f.)

Es fällt auf, daß hier wie in den meisten der von Ziehen angeführten Beispiele an ausgesprochen konkrete Objekte und Ereignisse gedacht worden ist. Die Gedächtnisinhalte, die "hinter" dem Assoziierten vermutet werden, scheinen demnach ausdrücklich episodischen Charakters (im Gegensatz zu dem "allgemeinen", nicht mit bestimmten Ereignissen verbundenen Wissen, das seit Quillian, 1968, als "semantisches Gedächtnis" bezeichnet wird). - Natürlich sind gravierende Einwände gegen die von Ziehen und seinen Zeitgenossen angewandten Methoden vorzubringen: Wird ein Schüler, z.B. Ziehens oben zitierte Versuchsperson, von einer Respektsperson (1898 gab es wohl solche) eindringlich befragt, woran er denn eben gedacht habe bei einer bestimmten Antwort, denn nicht eilfertig eine einleuchtende Begründung geben? Wird diese Begründung, dem Urteil des Schülers nach, nicht am besten als Angabe konkreter Ereignisse ausfallen? (Und, möglicherweise, der Versuchsleiter durch den Ausdruck seines Wohlwollens etwas zuwege gebracht haben, was man inzwischen als "soziale Verstärkung" kennt?) - Es ist ohne Zweifel so, daß derartige Einwände, welche schließlich auch besser kontrollierte introspektive Methoden zu Fall gebracht haben, den Angaben Ziehens und seiner Zeitgenossen (z.B. Aschaffenburg, 1895/97) so ziemlich alle Beweiskraft rauben. Wir wollen es daher lediglich als begründete Vermutung ansehen, daß der Wortassoziations-Versuch von episodischem Wissen Gebrauch macht. Dieser Vermutung aber soll nachgegangen werden.

Analysen individueller Assoziationsverläufe

Die Untersuchung ganzer Verläufe bietet auch in inhaltlicher Hinsicht Vorteile gegenüber dem traditionellen Verfahren, nur jeweils eine Antwort zuzulassen. Die Reihenfolge der verschiedenen Antworten ist von mehreren Autoren (Kiss, 1975; Marx, 1978) als Basis benutzt worden, um Strukturmodelle des Assoziierens zu konstruieren (s. Kap. 7). Darüber hinaus ist eines der wichtigsten der in Kap. 2 berichteten Ergebnisse unserer Untersuchungen gewesen, daß auch dem zeitlichen Verlauf inhaltliche Bedeutung zukommt.

Es liegt also nahe, einzelne Assoziationsverläufe zu untersuchen und dabei verschiedene Interpretationshypothesen zu erproben. Insbesondere geht es um die Frage, wie sich linguistische Erklärungen (s. auch die Diskussion des Modells von Clark, 1970, in Kap. 8) und auf episodisches Wissen abzielende Erklärungen zueinander verhalten. Außerdem muß untersucht werden, ob augenscheinlich "episodische", situationsbezogene Verbindungen zwischen Assoziationen auf das Konzept der "Nähe" (Kontingenz) reduziert werden können.

Wir beginnen unsere Diskussion mit der Betrachtung zweier durchaus typischer Assoziationsverläufe zum Reizwort "Schaf". Sie sind in ihrem zeitlichen Verlauf in Abb. 4a und 4b dargestellt. Beide Verläufe sind auffällig gegliedert; mehrere größere Pausen definieren temporale Cluster. Für beide Verläufe wird sich (in Ka. 8) zeigen, daß linguistische Modelle nur auf einen geringen Teil der Antworten anwendbar sind. Wie steht es mit "episodischen" Erklärungen?

Die Folge der Assoziationen in Abb. 4a beginnt mit einer echt paradigmatischen Antwort: Hammel ist Schaf mit zusätzlicher Spezifikation des Geschlechts. Bereits die nächste Antwort aber, essen, kann kaum mehr linguistisch interpretiert werden - zumindest wäre Hammel als Hammelfleisch zu werten und außerdem zu fordern, daß die jeweils vorausgehende Antwort einen Einfluß auf die nächstfolgende hat, wenn schon nicht den entscheidenden (vgl. Kap. 7). Unter diesen Annahmen freilich kann essen als syntagmatische Antwort verstanden werden. In ähnlicher Weise ließen sich dann die drei nächsten Antworten, alles "Dinge, die man essen kann", als syntagmatische Antworten zu essen auffassen - allein, was da genannt wird, ist nicht etwas Beliebiges zu essen, es handelt sich um ein komplettes Gericht: Schweinebraten, Kartoffeln und Bohnen (wobei die beiden letzteren auch zu Lammfleisch als Beilagen sehr beliebt sind). Es scheint also auch durchaus möglich, für die Interpretation die Situation des Essens in den Mittelpunkt zu stellen und die Antworten quasi als Aufzählung dessen zu begreifen, was auf den Tisch kommt.

Nun folgen Antworten anderen Inhalts, und es will gut dazu passen, daß davor eine längere Pause kommt. Weide, Wiese und Schäfer folgen in rascher Sukzession. Eine linguistische Verbindung von Schaf zu Weide wird sich schwerlich konstruieren lassen (vgl. Tab. 2.5). Aber ein neuer situativer Kontext könnte den Zusammenhang dieser Gruppe von Antworten leicht klären, er könnte sogar als bildliche Vorstellung formuliert werden: Schaf(e) auf der Weide (bzw. Wiese), dabei der Schäfer (bzw. Hirte) - eine, ja die typische Situation, die meinen Versuchspersonen zu Schaf eingefallen ist (eines der Ergebnisse aus freien Situationsbeschreibungen). Hier liefert allein die "episodische" Deutung ein brauchbares Ergebnis; vom linguistischen Standpunkt aus ist jedoch interessant, daß in der Einbettung dieses situativen Kontextes gleich zweimal synonyme Paare von Antworten auftauchen: Weide - Wiese und Schäfer - Hirte(n).

Die nächsten beiden Antworten wage ich nicht zu interpretieren, die Deutung möchte sonst zur freien Assoziation auf die Antworten unserer Versuchsperson geraten (was Gartenzaun mit dem vorigen verbindet, ist jedenfalls nicht eindeutig, und zu Woody Allen und Schaf fällt mir lediglich eine Episode aus einem seiner satirischen Filme ein).

Eine weitere, nun sehr lange Pause im Assoziationsverlauf deutet an, daß die folgenden Antworten wohl wenig mit dem bisherigen zu tun haben werden. In der Tat: (Schaf) - weiß - Schafwolle, und von da dann weiter zu Jacke und Pullover. Es scheint, daß Schafwolle (als syntagmatische Assoziation klassifizierbar), dieses temporale Cluster dominiert, sozusagen in der Figur "das Schaf hat weiße Wolle, woraus man Jacken und Pullover strickt". (Die Versuchsperson, von der diese Antworten stammen, hatte übrigens - in der Universität - ihr Strickzeug dabei.) An diesem Zusammenhang wird, auch wenn man ihn nicht genauso formulieren will, doch zweierlei deutlich: erstens, daß linguistische Regeln nicht hinreichen (das ist nun schon mehrfach deutlich geworden), aber zweitens auch, daß das "Weltwissen" (Hörmann, 1976) nicht einfach auf Kontingenz rückführbar ist (Wer hat schon je Schafe mit ihrer zotteligen, meist dreckigen Wolle zusammen mit strickfertiger Wolle gesehen? Und doch ist die Verbindung Schaf - Wolle - Pullover für jeden einleuchtend und nachvollziehbar.)

Abbildung 4 (a): Ein individueller Assoziationsverlauf (Vp 4-20) zum Stimulus Schaf.

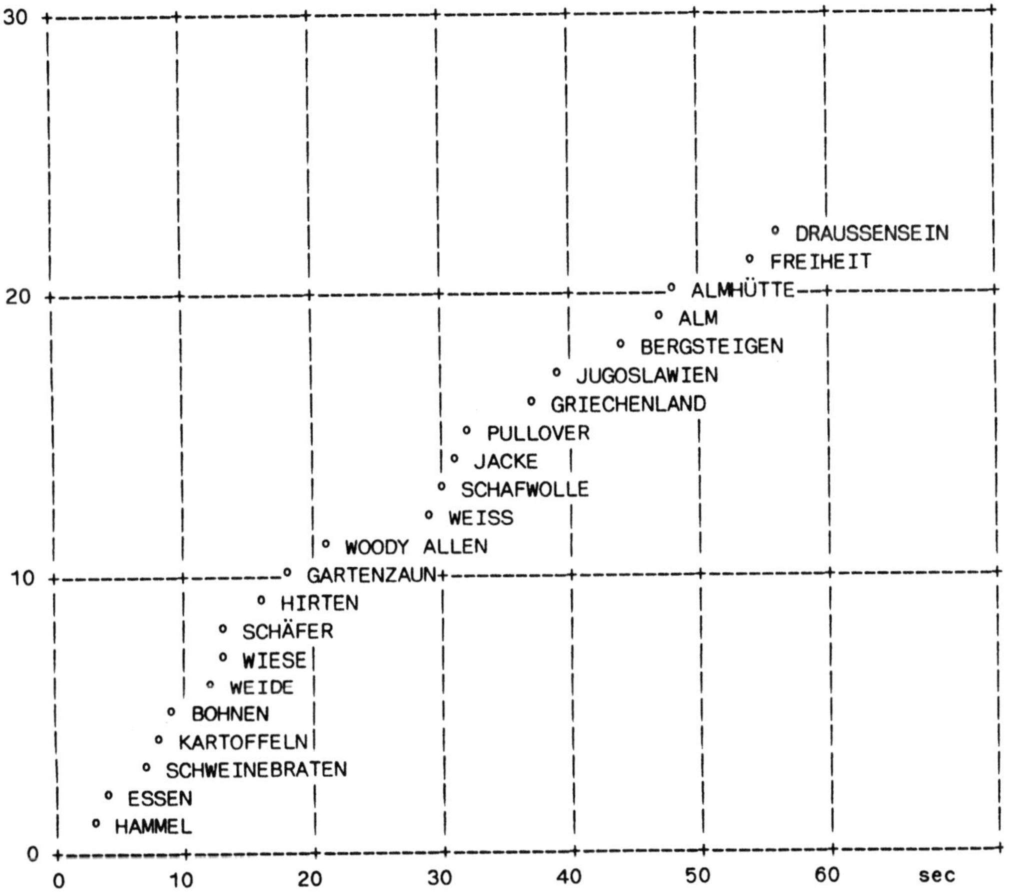

Abbildung 4 (b): Ein individueller Assoziationsverlauf (Vp. 4-21) zum Stimulus Schaf.

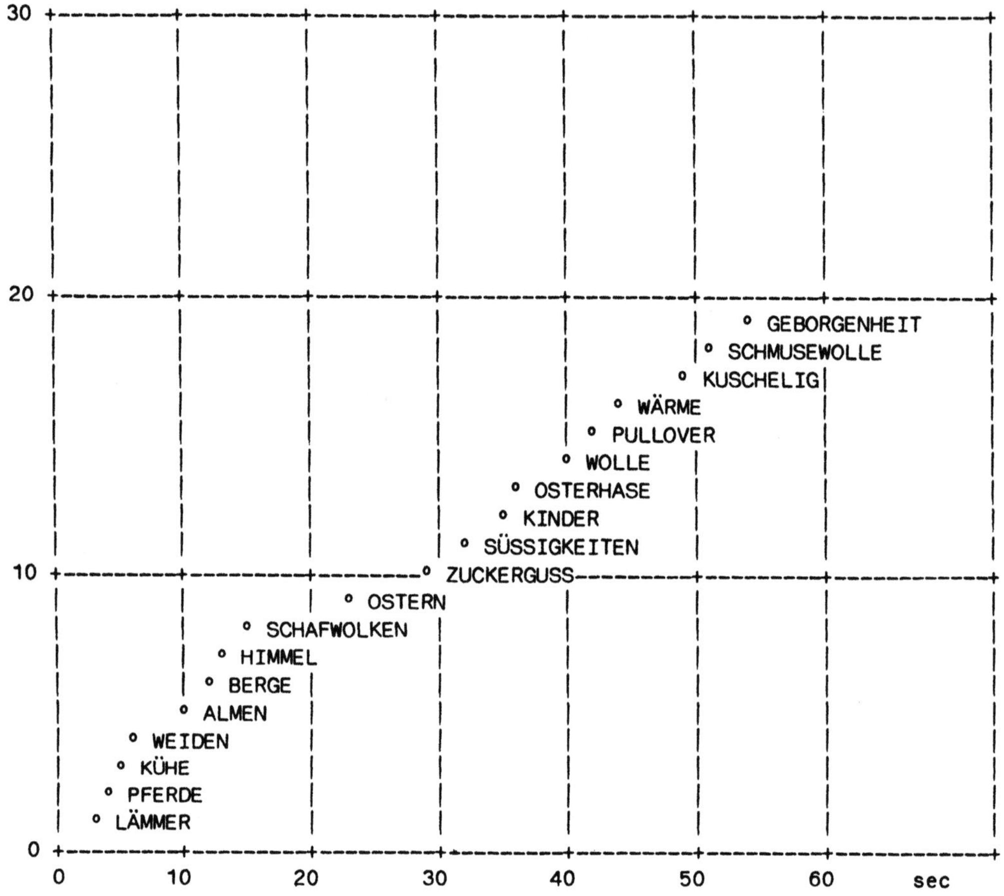

Es folgen nach einer kleinen Pause zwei Ländernamen und einige weitere Antworten, bei denen bestenfalls eine "Nachbefragung", wie wir sie bei Ziehen (1898) kennengelernt haben, Anhaltspunkte für eine Interpretation liefern könnte. Fest steht allerdings, daß die Strategie der Interpretation wohl keine linguistische sein kann. - Soweit also der erste Assoziationsverlauf.

Es ist bestimmt keine Überraschung, wenn wir die gemachten Beobachtungen auch beim zweiten Assoziationsverlauf zum Stimulus Schaf bestätigt finden. In aller Kürze also: Am Beginn stehen wieder paradigmatische Antworten, gefolgt von weiden, dessen Status möglicherweise ein syntagmatischer ist (Schafe, ... Kühe weiden). Das zweite temporale Cluster umschreibt (ähnlich dem Schluß des vorigen Assoziationsverlaufs, und deutlicher als dort) einen situativen Kontext: Almen, Berge, Himmel und, mit linguistischer Rückbindung an den Stimulus, Schafwolken. Nach einer größeren Pause folgt dann einzeln Ostern, was sich trotz darauf folgender Pause als inhaltlich zusammenhängend mit dem nächsten Cluster erweist, ja sozusagen dessen situativen Kontext darstellt. Das Schokoladenlamm mit Zuckerguß, wie es zur Osterzeit in unseren Konditorläden angeboten wird, ist selbst nicht genannt, obwohl es als Bindeglied dieser Gruppe von Antworten zum Reizwort Schaf zu werten ist. Nach wiederum etwas längerer Pause folgt mit Wolle und Pullover eine schon aus dem vorigen Assoziationsverlauf bekannte Gruppe von Antworten, die hier allerdings durch Wärme ergänzt und nach einer Pause in deutlich affektiv getönter Weise elaboriert wird. Stärker als im vorigen Verlauf ist hier also der Aspekt der Kontingenz betont; er beherrscht drei der vier inhaltlich unterschiedenen Cluster (wobei bis auf das letzte Cluster die inhaltliche Gruppierung wieder völlig mit der zeitlichen übereinstimmt).

Abbildung 5: Ein individueller Assoziationsverlauf (Vp. 4-2) zum Stimulus Bär.

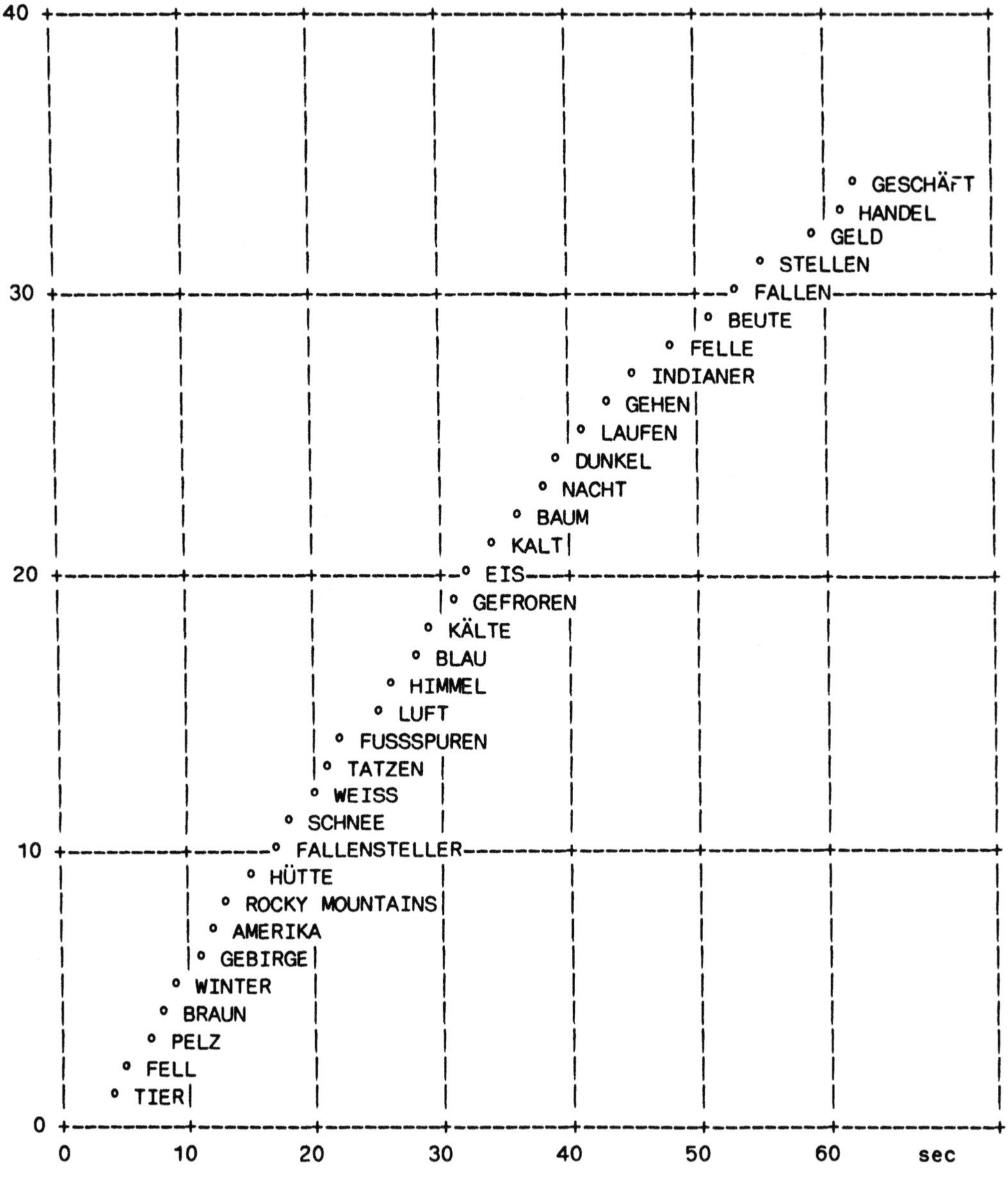

Wir wollen nun einen Assoziationsverlauf betrachten, der, wie Abbildung 5 zeigt, so gut wie gar nicht in temporale Cluster gegliedert ist (bestenfalls an der Stelle Fußspuren - Luft mit 2.3 sec gegenüber je 1.4 sec zuvor und danach, bei kalt - Baum mit einer Antwortzwischenzeit von 2.1 sec gegenüber 1.8 sec davor und danach 1.4 sec, und gegen Ende des Assoziationsverlaufs sind etwas längere Pausen erkennbar).

Zum inhaltlichen Verlauf will das aber gar nicht schlecht passen. Denn wenn man absieht von den paradigmatischen (Tier) oder beschreibenden Antworten (Fell und Pelz, braun) am Anfang, dann wird ab Winter mehr oder weniger der Kontext einer einzigen Situation durch die Antworten repräsentiert, nämlich der eines Trappers im hohen Norden, der vom Verkauf der Felle lebt: Zunächst wird eine allgemeine Bestimmung des situativen Kontexts vermittelt durch Winter und die Ortsangabe. Mit Hütte und Fallensteller wird die Situation wesentlich spezifischer konturiert und bis auf die Einfügung Tatzen/Fußspuren (die einen deutlichen Bezug zum Stimulus Bär hat) lediglich elaboriert; dies gilt wenigstens bis zur Antwort kalt. Innerhalb dieser Reihung treffen wir selbstverständlich syntagmatisch verbundene Paare (Schnee - weiß, Himmel - blau, oder Eis - kalt) an, wie sie auch später vorkommen (Nacht - dunkel, Fallen - stellen), jedoch keine synonymen Paare (vgl. aber später im Verlauf: laufen - gehen, oder Handel - Geschäft).

Ab Baum (möglicherweise beginnt hier auch ein neues temporales Cluster, s.o.) verschiebt sich die bisher kohärent skizzierte Situation (dunkle Nacht will schlecht zu blauem Himmel passen). Aber alles paßt gut zum "Fallensteller in den winterlichen Rocky Mountains". Im letzten Teil des Verlaufs (der mit einer 3.4 sec langen Pause vor Felle beginnt) tritt schließlich der situative Kontext zurück, und der Akzent verlagert sich auf die Tätigkeit des Fallenstellers unter abschließender Betonung ihrer kommerziellen Aspekte (Geld,

Handel und Geschäft bilden für sich ein temporales und auch inhaltliches Cluster).

Ich will diese Betrachtungen nicht abschließen ohne ein weiteres Beispiel, an dem nochmals die überragende Bedeutung des situativen Kontexts (oder gar szenischen Rahmens) deutlich wird. Abbildung 3.3 zeigt den Assoziationsverlauf eines 27 Jahre alten Studenten zum Reizwort Hirsch.

Dieser Verlauf zeigt wieder eine deutliche Gliederung in mehrere temporale Cluster. Die erste Gruppe besteht, wie auch bei den bereits besprochenen Verläufen, zunächst aus paradigmatischen Antworten (Reh, fast ein Synonym, dann Kalb und Kuh), worauf Verstand folgt (der Zusammenhang ist unklar: möglicherweise "Du Hirsch!" als im Münchner Raum geläufiges Schimpfwort?); mit Wald, Laub und grün ist schließlich eine inhaltlich zusammenhängende Gruppe von Antworten identifizierbar, die für den Stimulus Hirsch einen situativen Kontext darstellen.

Die nächste Assoziation, Jagd, darf als thematisches Zentrum der bis einschließlich Pferde folgenden Antworten gelten. Dabei lassen sich inhaltlich (und auch zeitlich durch eine besonders lange Antwortzwischenzeit von 5.4 sec getrennt) zwei größere Gruppen von Assoziationen ausmachen: eine, die mit dem Aspekt des Tötens zu tun hat, und eine andere, deren Antworten sich zu einem idyllischen Jagdbild zusammenfügen. In der ersten Gruppe finden sich einige linguistische Bezüge (paradigmatisch: Jagd - Mord, Erlaubnis - Jagdschein, syntagmatisch: Jagd - Gewehr und Jagd - Jagdschein), in der zweiten Gruppe dominieren situative Bezüge. Selbstverständlich stellt Jagd selbst einen situativen Kontext für Hirsch dar.

Abbildung 6: Ein individueller Assoziationsverlauf (Vp. 4-5) zum Stimulus Hirsch.

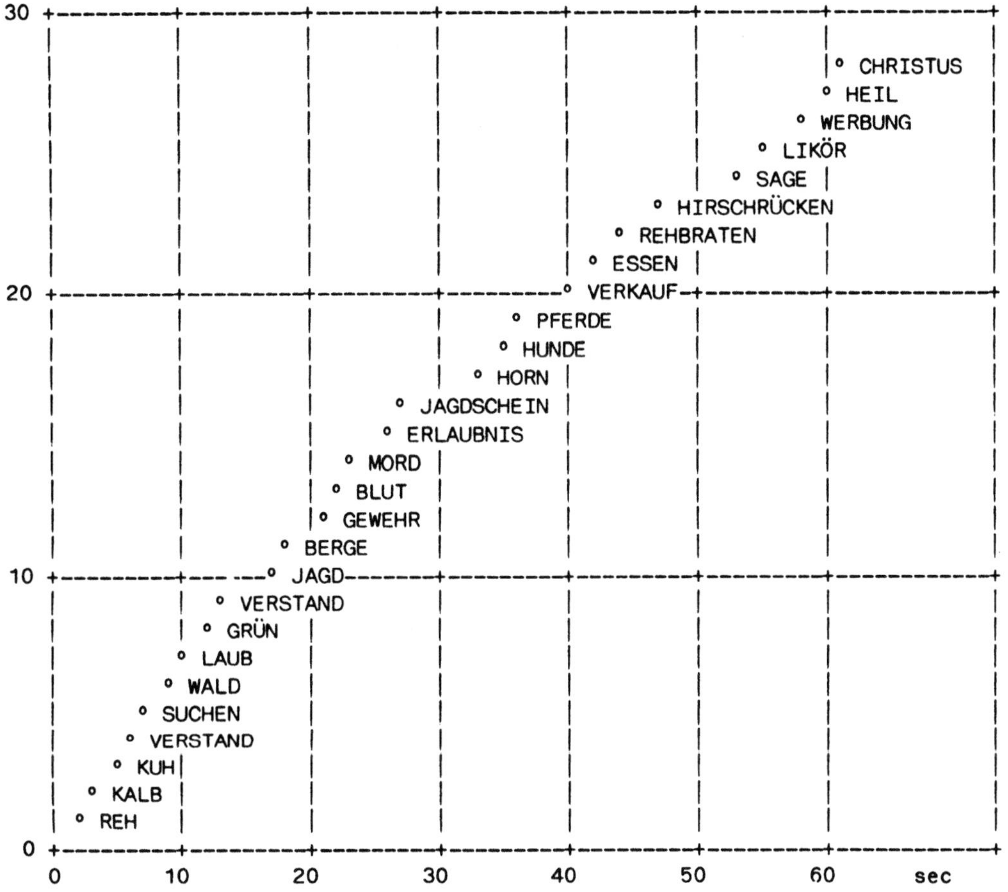

Im folgenden Cluster findet sich zwar eine deutlich syntagmatische Antwort (Hirschrücken) in einem jener synonymen Paare, wie sie uns schon einigemale aufgefallen sind (Rehbraten - Hirschrücken), aber die inhaltliche Einheit des zeitlich klar isolierten Clusters, das außerdem Verkauf und essen enthält, stellt wohl die regelhafte Ereignisfolge (jagen) - (ver)kaufen - essen dar, sowie der dadurch neu bestimmte situative Kontext. Jedoch ist der als situativ zu bezeichnende Einfluß geringer als wir es etwa beim Verlauf der Abb. 4 a (mit der Zusammenstellung eines kompletten Menüs) beobachten konnten.

Rätselhaft wirkt auf den ersten Blick das diesen Verlauf abschließende Cluster. Haben diese Antworten, wie es bei freier fortgesetzter (aber nicht fortlaufender) Assoziation sein sollte, denn überhaupt noch etwas mit dem Stimulus Hirsch zu tun? Und was haben Likör und Werbung im Kontext von Sage, Heil und Christus zu suchen? In der Tat reicht hier linguistisches Wissen nicht hin, sondern es bedarf des höchst spezifischen Weltwissens um das Etikett eines gewissen, in Deutschland sehr bekannten Magenbitters (vgl. Abb. 7), um diese Antworten deuten zu können.

Abbildung 7:

Ein spezieller "situativer Kontext"* (zum Assoziationsverlauf der Abb. 6).

Dann aber lassen sich alle Antworten direkt ableiten (Likör, Werbung) oder indirekt (über den auf den Kontext "Hubertussage", auf den das Etikett verweist).

Es ist - nicht nur in diesem Beispiel - erstaunlich festzustellen, wie stark die stereotypen situativen Kontexte, welche die Werbung oder die Produkte selbst herstellen, auf das Assoziieren und ähnliche Leistungen durchschlägt. Außer dem hier wiedergegebenen, besonders auffälligen Beispiel finden sich in den von mir erhobenen Daten zahlreiche Hinweise darauf. Um nur einen weiteren zu nennen: Von zehn Versuchspersonen, die eine (oder zwei) Situationen beschreiben sollten, in denen eine Kuh vorkommt, gaben nicht weniger als vier "die lila Kuh" im Zusammenhang mit der Schokoladenmarke "Milka" an; ähnlich gab es (bei zehn anderen Versuchspersonen) zweimal die Namensnennung der Zigarettenmarke "Marlboro" samt einer Beschreibung der in den zugehörigen Werbespots dargestellten Situation zum Stimulus Pferd.

Zusammenfassung

Das an diesem und den vorigen Beispielen Festgestellte läßt sich wie folgt zusammenfassen: (1) In der Regel stehen nur die ersten Antworten eines Assoziationsverlaufs zu dem Reizwort in einer linguistisch faßbaren, meist paradigmatischen Beziehung. (2) Die Mehrheit aller Antworten läßt sich am besten mittels des Konstrukts "situativer Kontext" interpretieren. Auch die zeitliche Gliederung des Assoziationsverlaufs stimmt mit den so bestimmten inhaltlichen Gruppen überein. (Vgl. auch Kap. 2, wo eine solche Übereinstimmung empirisch überprüft worden ist.) "Situativer Kontext" ist allerdings nicht auf das assoziationistische Prinzip der Kontingenz zu reduzieren, da in vielen Fällen auf regelhaftes Wissen (d.h. Wissen um regelhafte Abläufe von Ereignissen) rekurriert wird. (3) Auch zwischen benachbarten Antworten

Abbildung 8: Sonderphänomene beim Assoziieren.

(a) Stimulus Schwein (Vp. 4-16)

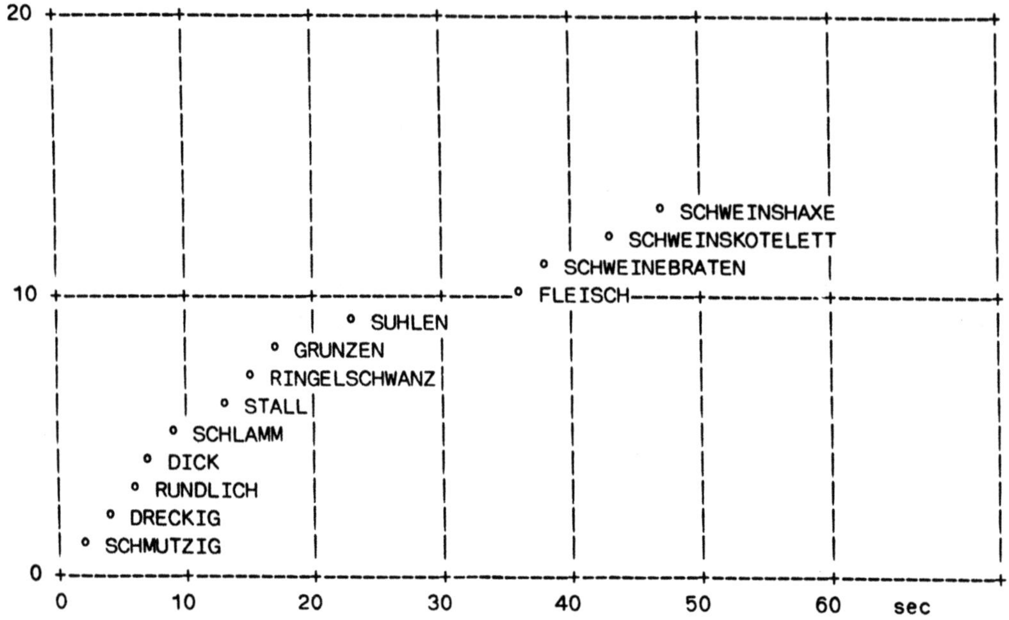

(b) Stimulus Hund (Vp. 4-28)

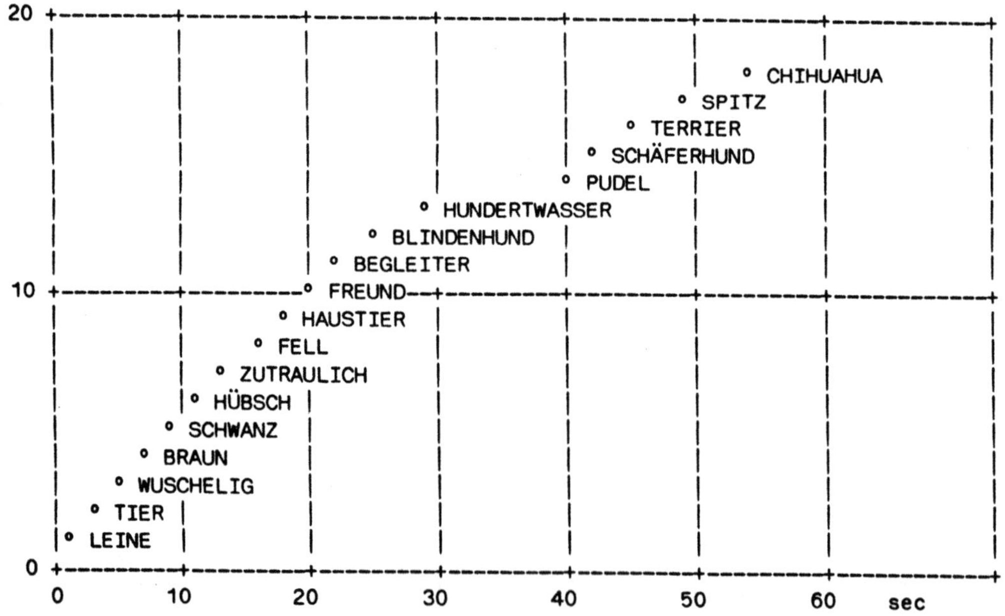

gibt es oft linguistisch relevante Bezüge, wobei "synonyme Paare" am häufigsten vertreten sind. - Das hier Gesagte gilt im wesentlichen auch für die hier aus Platzgründen nicht wiedergegebenen Assoziationsverläufe.

Ein Sonderphänomen

Auf ein besonderes, weil in etwa einem Viertel aller Assoziationsverläufe aufgetretenes Phänomen will ich noch kurz hinweisen. Es wird durch die in Abbildung 8 a und 8b dargestellten Verläufe beispielhaft verdeutlicht. Die Assoziationen nehmen zunächst einen gewohnten Verlauf: Bei Hund viele syntagmatische und paradigmatische Antworten, dazu zahlreiche das Tier beschreibende Antworten. Der situative Kontext spielt hier allerdings gar keine Rolle; dies gilt auch für den Verlauf zu Schwein (außer Stall). Bei Hund findet sich auch eine der seltenen Klangassoziationen (Hundertwasser). In beiden Fällen tritt nach etwa einer halben Minute eine Pause von ungewöhnlicher Länge ein. Die darauf folgenden Antworten lassen sich als Anwendung der paradigmatischen (bei Hund werden Subkategorien aufgezählt) oder syntagmatischen Regeln (zusammengesetzte Wörter mit Schwein) verstehen. Es ist also sehr wohl möglich, daß ganze Assoziationsverläufe ohne einen "situativen Kontext" auskommen; es ist, als sei das sonst unter "freier Assoziation" verstandene Schweifen der Gedanken durch eine weit engere Orientierung ersetzt, ja geschieden in diverse Aufgabenstellungen (Beschreibung des durch das Reizwort benannten Tieres, Aufzählung von Subkategorien, z.B. Hunderassen, oder Konstruktion von Wortzusammensetzungen).

Im ganzen hat unsere Betrachtung einiger assoziativer Verläufe eine Bestärkung der eingangs formulierten Hypothese erbracht, wonach das Assoziieren besonders von episodischem Wissen Gebrauch macht (und so das erzeugt, was ich als "situativen Kontext" interpretiert habe). Freilich muß eingestanden werden, daß die methodischen Schwächen einer solchen freien Interpretation (selbstverständlich ja bereits "im Lichte" der Hypothese) gewaltig sind. Es bedarf also weiterer, methodisch anders begründeter Anstrengungen, um Zweifel an der Bezogenheit des Assoziierens auf einen situativen Kontext auszuräumen. Zu diesem Zweck und zu dem weiteren, die Aufgabenstellung des Assoziierens mit anderen Aufgabenstellungen, besonders mit Beurteilungen, vergleichen zu können, habe ich eine Reihe empirischer Untersuchungen durchgeführt, über die im folgenden Kapitel berichtet wird.

Strukturen assoziativer Produktionen und anderer Leistungen im Vergleich

Strukturanalysen aufgrund von Ähnlichkeitsdaten haben in der Psychologie eine lange Geschichte; auch sind die meisten der dazu verwendeten Techniken anhand psychologischer Forschungsthemen entwickelt worden: dies gilt für die Faktorenanalyse nicht anders als für die moderneren (nichtmetrischen) dimensionsanalytischen Methoden. Die bemerkenswerte Beliebtheit von Strukturanalysen verdankt ihre Ursache aber leider auch einer gewissen Schwäche all dieser Verfahren: Gleich ob Faktorenanalyse, multidimensionale Skalierung, Clusteranalyse oder welche Technik auch immer auf welche Daten auch immer angewendet wird - es kommt eine Struktur heraus, die (verläßt man sich dann auf "freie" und also mehr oder minder einsichtsvolle Interpretation der Struktur) unter Umständen mehr irrige als stimmige Hinweise für die Theoriebildung liefert (vgl. etwa die drastische Demonstration, die Armstrong, 1967, gibt). Die folgende Darstellung wird daher bemüht sein, die methodischen Probleme nicht auszuklammern. Inhaltlich beziehen wir uns auf die Kategorie der Säugetiere als Beispiel.

Frühere Untersuchungen

Eine erste umfassende Studie führte Henley (1969) bei amerikanischen Studenten (undergraduates) durch. Henley benützte dabei vor allem eine Auswahl von zwölf Säugetiernamen, die auch unserer Untersuchung zugrundeliegen. Das methodische Vorgehen enthielt fast das gesamte Spektrum an Erhebungstechniken, die herkömmlicherweise zum Zwecke einer späteren Strukturanalyse herangezogen werden: direkte (Un)-Ähnlichkeitsurteile, Paarvergleichsurteile und Vergleichsurteile nach der Triadenmethode (Torgerson, 1958), restringierte Assoziation (Antworten eingeschränkt auf Säugetiernamen; Reizwort jeweils einer der zwölf Säugetiernamen) und Aufzählung (d.h. restringierte Assoziation auf das Reizwort "Tier"; Antworten eingeschränkt auf Tiernamen).

Nach Henleys Ergebnissen fällt die Struktur bei allen Urteilsmethoden fast völlig gleich aus (Korrelationen von r = 0.93 und höher). Diese Struktur wird von Henley mit Hilfe dimensionsanalytischer Techniken als zweidimensionale Raumstruktur beschrieben, wobei die Dimensionen als solche der Körpergröße (size) und der Wildheit (ferocity) interpretiert werden. Ihre Ergebnisse aus Assoziationen, vor allem die aus Aufzählungen von Tiernamen, stimmen damit nur wenig überein (r = 0.23).

Henley unternahm auch den Versuch, auf dem Wege des Paar-Assoziations-Lernens Aufschluß über die subjektive Ähnlichkeitsstruktur der zwölf Säugetiere (bzw. Säugetiernamen) zu erhalten. Ihr Lernexperiment erwies sich jedoch als Fehlschlag, da die Versuchspersonen die jeweils mit Ziffern gekoppelten Tiernamen einfach den Ziffern entsprechend ordneten. - Insgesamt wird der Wert von Henleys Untersuchung etwas gemindert dadurch, daß sie mit lediglich 21 Versuchspersonen arbeitete, die (was der entscheidende Punkt ist) nacheinander mit allen Erhebungstechniken "behandelt" wurden. Es ist schwer vorstellbar, daß dabei zeitliche Beeinflussungen, speziell Lerneffekte, ausgeblieben sein sollten.

Rips, Shoben und Smith (1973) replizierten die von Henley berichtete Struktur der Ähnlichkeitsratings mit den beiden Dimensionen "Größe" und "Wildheit"; auch für eine Gruppe von Vogelnamen präsentieren sie eine entsprechende Struktur. - Als Besonderheit verwenden Rips et al. Messungen der Reaktionszeit in Satzverifikationsaufgaben (vgl. Collins & Quillian, 1969) als Methode zur Bestimmung der Ähnlichkeit zwischen Kategorialbegriff und Name des Exemplars (sog. Typikalität, vgl. Rosch, 1973). Unter bestimmten Bedingungen fand sich ein Zusammenhang zwischen semantischer Ähnlichkeit (operationalisiert durch Distanz im geometrischen Modell) und der durch die Reaktionszeit operationalisierten Ähnlichkeit. Diese Interpretation der Befunde von Rips et al. setzt jedoch weitreichende Vorannahmen über Struktur und Funktion des Langzeitgedächtnisses voraus, und zumindest in einem Fall (Experiment III, a.a.O., 11 ff.) könnte eine "degenerierte" Konfiguration der Raumstruktur (vgl. Borg, 1981, Kap. 14) als Ursache mangelnder Korrelation zwischen Reaktionszeit und Distanz im Raummodell in Frage kommen.

Caramazza, Hersh und Torgerson (1976) untersuchten die semantische Struktur von je zehn Tiernamen der Kategorien Säugetiere, Vögel und Fische sowohl mit der Technik des Ähnlichkeitsratings als auch durch Analyse der Reproduktionsreihenfolge beim freien Reproduzieren. Die von ihnen mitgeteilten (vier)-dimensionalen Konfigurationen ebenso wie die berichteten Ergebnisse einer hierarchischen Clusteranalyse lassen jedoch kaum mehr erkennen als die "geglückte" Trennung der Gruppen "Fisch", "Vogel" und "Säugetier". (Als für den Prozeß des Urteilens interessantes Nebenergebnis können Caramazza et al. zeigen, daß die mittlere für das Beurteilen der semantischen Ähnlichkeit eines Paares von Tiernamen benötigte Zeit in U-förmigem Zusammenhang steht mit der eingeschätzten Ähnlichkeit des Paares: sehr ähnliche wie sehr unähnliche Paare werden schneller beurteilt als solche mittlerer Ähnlichkeit.)

Das weitaus umfangreichste Experiment über die Kategorie der Säugetiere hat Storm (1980) durchgeführt.* Der interes-

*) Ich danke Frau Storm für die freundliche Überlassung ihrer Daten zur vergleichenden Auswertung.

santeste Aspekt ihrer Untersuchung liegt darin, daß Kinder und Jugendliche aus vier Altersgruppen, Studienanfänger und Doktoranden der Zoologie (als Expertengruppe) untersucht wurden, insgesamt 144 Personen. Verwendet wurden Aufzählung, restringierte Assoziation, Distanzratings, und eine Sortieraufgabe; jede Versuchsperson führte jede Aufgabe durch.

Im Gegensatz zu den oben berichteten Untersuchungen tritt bei Storm allein die Dimension "Größe" in den Ähnlichkeitsratings in Erscheinung, sowie speziell für die Expertengruppe der Zoologen "Ernährungsweise" und "Fortpflanzungsrate" als deren Strukturierungsprinzipien. Bei Assoziationen und Aufzählungen unterschieden die Experten sich allerdings nicht von den übrigen Versuchspersonen.

Generell ergibt sich aus diesem kurzen Überblick, daß offenbar die Struktur der Urteile eindeutiger beschreibbar ist als die aus (meist restringierten) Assoziationen errechnete, und vor allem, daß die Urteilsstruktur sich ohne Mühe dimensional beschreiben läßt (wohingegen Storm von überaus schlechter Anpassung dimensionaler Modelle an die Assoziationsdaten berichtet). Daraus ergibt sich die Notwendigkeit, mit einem möglichst breiten, nicht lediglich auf eine bestimmte deminsionsanalytische Technik reduzierten methodischen Ansatz an die Untersuchung der Struktur assoziativer Produktionen heranzugehen. Unter inhaltlichen Aspekten muß uns vor allem daran gelegen sein, (1.) die von fast allen Autoren vorgetragene Interpretation, wonach "Größe" und "Wildheit" die entscheidenden Gesichtspunkte zumindest für das Ähnlichkeitsurteil darstellen, zu überprüfen, und (2.) den im ersten Teil dieses Kapitels herausgestellten episodischen Zug der Organisation typischer Assoziationsverläufe mit Hilfe statistischer Verfahren auf seine Relevanz hin zu testen.

Zur Methodologie der Strukturanalyse

Eine Struktur existiert für den empirisch Vorgehenden weder abgehoben von den untersuchten Personen und der ihnen gestellten Aufgabe, noch unabhängig von den vom Untersucher zu treffenden Entscheidungen bezüglich der Art der Datenerhebung und der Methode der Analyse. Gigerenzer (1981) weist darauf hin, daß Messung jedweder Art als eine fünfstellige Modellrelation zu begreifen ist, welche außer dem Gegenstandsbereich auch das empirische System umgreift, auf das der Gegenstandsbereich durch die Art der Datenerhebung reduziert wird, und das numerische System, welches als Modell des empirischen Systems entsprechend der gewählten Analysetechnik dient. Zu diesen drei Parametern (Gegenstandsbereich, empirisches und numerisches System) treten noch das forschende Subjekt und dessen Zielsetzung hinzu, unter der die Auswahl stattfindet. Entscheidende Konsequenz dieser Ansicht von Messung im Bereich des Psychischen ist die Berücksichtigung von Wechselwirkungen zwischen Gegenstandsbereich und empirischem System einerseits, empirischem und numerischen Systemen andererseits.

In unserer Untersuchung kann der Gegenstandsbereich aufgefaßt werden als die unter einer bestimmten Aufgabenstellung A generierte kognitive Produktion. Als verbale Produktion basiert diese auf der sprachlichen Kompetenz der untersuchten Personen, mithin auf einem Teilbereich des Wortschatzes eines Sprechers. Angesichts der Tatsache, daß alle bisher vorgestellten Modelle des semantischen Gedächtnisses - ganz abgesehen von einschlägigen linguistischen Arbeiten - eine Sammlung der Bedeutungsdefinitionen für den gesamten Wortschatz in Gestalt eines mentalen "Lexikons" annehmen (Katz & Fodor, 1963; vgl. das in Kap.2 zum Modell von Clark Gesagte), sei auch hier ein solches mentales System als L(i), d.h. "Lexikon des Sprechers i", unterstellt.

Der Sprecher kann unterschiedlichen Gebrauch von L(i) machen. Beim Verstehen von Sätzen etwa ist ein Zusammenspiel syntaktischer und semantischer Selektionsregeln zu veranschlagen (Chomsky, 1965). Bei einer so anderen Tätigkeit wie dem freien Assoziieren hingegen dürfen wir weitgehend die Abwesenheit syntaktischer Faktoren annehmen und zusätzlich zur semantischen die Wirkung z.B. phonetischer Ähnlichkeit von Wörtern rechnen. Die Konsequenz solcher Überlegungen ist, daß der Gebrauch, den ein Sprecher i von seinem Lexikon L(i) macht, bestimmt wird von der konkreten Aufgabenstellung A, unter der er statthat.

Die mittels einer zu wählenden Aufgabenstellung A aufgrund der Produktionen einer Gruppe von Sprechern i erhobenen Ähnlichkeiten zwischen Wortpaaren Ä(w1,w2) sind also eine Funktion des mentalen Lexikons des Sprechers L(i) und der Aufgabenstellung A. Wenn wir vereinfachend unterstellen, daß die Aufgabenstellung A eine gleichmäßige Wirkung auf alle untersuchten Sprecher hat, und weder absolute Unterschiede zwischen Sprechern noch mögliche Wechselwirkungen mit der Struktur des mentalen Lexikons L(i) berücksichtigen, so ergibt sich als der das empirische System konstituierende Zusammenhang:

$$Ä(w1,w2) = f(L(i), A).$$

Das numerische System wird definiert durch die Bestimmung der Distanzen zwischen Wortpaaren. Es gilt, daß d(w1,w2) = m(p1,p2), wobei d die Distanz für das Wortpaar (w1,w2) bezeichnet, p1 und p2 die den Wörtern w1 und w2 entsprechenden Repräsentationen im Modell (d.h. Punktkoordinaten in Raummodellen, Clusterzugehörigkeiten bei Clusteranalysen), und m die Metrik darstellt, durch welche das Modell charakterisiert wird (z.B. Euklidische Metrik im Raummodell).

Das Ergebnis einer empirischen Strukturanalyse ist die Darstellung der Elemente der Analyse (z.B. der Stimuli bei

Wortassoziation) im Modellraum, also in einer geometrischen Raumstruktur oder in einer Clusterstruktur. Diese Struktur entspricht derjenigen des gewählten empirischen Systems, sofern (1.) die Annahmen des numerischen Modells mit dem empirischen Systems vereinbar sind, und (2.) die Anpassung des numerischen an das empirische System geglückt ist.

Wir haben also darauf zu achten, daß die Annahmen des numerischen Systems von den empirischen Beziehungen gedeckt werden und nicht etwa "überschüssig" sind. Dieser Gesichtspunkt ist vor allem bei der Interpretation von Strukturen zu berücksichtigen. Beispielsweise ergeben dimensionsanalytische Verfahren mit Notwendigkeit Dimensionen, deren empirische Bedeutsamkeit aber keineswegs von selbst gegeben ist (Degerman, 1972; Gigerenzer & Strube, 1978).

Die Güte der Anpassung des numerischen Systems an die empirischen Daten zu bestimmen, ist gleichfalls keine einfach entscheidbare Sache. Zwar existiert für die Gruppe der dimensionsanalytischen Verfahren eine Schätzung für das Ausmaß, in dem die perfekte Anpassung verletzt ist, aber zufallskritische Absicherungen dieser "Stress"-Werte stehen aus. Noch schwerer fällt es bei Clusteranalysen, die Güte der Anpassung zu bestimmen, denn Cluster entstehen mit Notwendigkeit und scharf getrennte Clusterstrukturen können auch ein Indiz dafür sein, daß die Auswahl der Wörter mißraten ist (z.B. erhält Kolman, 1980, zahlreiche voneinander scharf geschiedene Cluster einfach deshalb, weil er Wörter aus verschiedensten Bereichen in dieselbe Analyse einbringt).

Schließlich bleibt noch zu bedenken, daß auch bei geglückter Anpassung des numerischen Systems an das empirische des letzteren Beziehung zum Gegenstandsbereich der Analyse noch keinesfalls eindeutig geklärt ist. Wenn wir, wie oben dargestellt, von der doppelten Bestimmtheit der Ähnlichkeit Ä(wi,wj) zwischen zwei beliebigen Wörtern wi, wj ausgehen -

einerseits die Bestimmtheit von der Struktur des mentalen Lexikons des Sprechers her, L(i), andererseits die Bestimmtheit seitens der Aufgabenstellung A -, dann ist uns die Gedächtnisstruktur L(i) immer nur durch A hindurch gegeben. Eine Reflexion über die formalen und inhaltlichen Auswirkungen der als Erhebungstechnik verwendeten Aufgabenstellung schafft daher erst die Bedingungen der Möglichkeit einer Interpretation der Ergebnisse (und umgekehrt erhoffen wir uns von den Ergebnissen der Strukturanalyse ja Anstöße für ein Prozeßmodell der Aufgabenstellung "Assoziieren").

Die Aufgabenstellungen (Erhebungsmethoden)

Zur Analyse des semantischen Bereichs "Säugetiere" (anhand der schon von Henley, 1969, benützten Auswahl von zwölf Tiernamen) verwenden wir neben der im Mittelpunkt stehenden Aufgabenstellung "freies Assoziieren" noch zwei weitere Erhebungsmethoden: direkte und indirekte Ähnlichkeitsurteile.

Die direkte Einschätzung der Ähnlichkeit erfolgt über ein Ähnlichkeits-Rating bei paarweiser Vorgabe der Tiernamen. Es ist dies das (auch für die Versuchspersonen) einfachste Verfahren; und wenn es auch einer meßtheoretisch begründeten Kritik (z.B. Dawes, 1972) kaum standhält, so wird die Unmöglichkeit des axiomatischen Beweises, daß das Rating wirklich "Messung" sei im strikten Sinn, für die praktische Anwendung stark relativiert (wenn nicht ganz aufgehoben) dadurch, daß die empirische Übereinstimmung mit meßtheoretisch "einwandfreien" Techniken (etwa Vergleiche über Paare von Paaren, s. Gigerenzer, 1981; Triadenmethode: Torgerson, 1958; Sortiertechniken: Miller, 1969) ausgesprochen gut ist: Typischerweise werden Korrelationen um 0.90 berichtet (vgl. Henley, 1969; Storm, 1980). Um einer eventuellen Antworttendenz "zur Mitte" (d.h. zu einer neutralen Antwort) entgegenzuwirken, wählen wir eine gerade Zahl von Abstufungen der Rating-Skala, und um für eine klare Abgrenzbarkeit der Skalenwerte gegeneinander Sorge zu tragen (d.h. dem begrenzten Unterscheidungsvermögen der Urteiler gerecht zu werden), beschränken wir uns auf sechs Stufen der Rating-Skala (vgl. auch Edwards, 1957; Koeck & Strube, 1977, zur Wahl angemessener Rating-Skalen).

Abbildung 9: Das in der Untersuchung verwendete semantische Differential.

wertvoll	1 . 2 . 3 . 4 . 5 . 6 . 7	wertlos
kalt	1 . 2 . 3 . 4 . 5 . 6 . 7	heiß
schnell	1 . 2 . 3 . 4 . 5 . 6 . 7	langsam
schmutzig	1 . 2 . 3 . 4 . 5 . 6 . 7	sauber
heiter	1 . 2 . 3 . 4 . 5 . 6 . 7	traurig
stark	1 . 2 . 3 . 4 . 5 . 6 . 7	schwach
stumpf	1 . 2 . 3 . 4 . 5 . 6 . 7	scharf
weich	1 . 2 . 3 . 4 . 5 . 6 . 7	hart
groß	1 . 2 . 3 . 4 . 5 . 6 . 7	klein
angenehm	1 . 2 . 3 . 4 . 5 . 6 . 7	unangenehm
wild	1 . 2 . 3 . 4 . 5 . 6 . 7	zahm
häßlich	1 . 2 . 3 . 4 . 5 . 6 . 7	schön
aktiv	1 . 2 . 3 . 4 . 5 . 6 . 7	passiv
grob	1 . 2 . 3 . 4 . 5 . 6 . 7	fein
bitter	1 . 2 . 3 . 4 . 5 . 6 . 7	süß
leicht	1 . 2 . 3 . 4 . 5 . 6 . 7	schwer
gut	1 . 2 . 3 . 4 . 5 . 6 . 7	schlecht

Für die indirekte Beurteilung der Ähnlichkeit wird die Technik des Semantischen Differentials benützt. Hier tritt an die Stelle der direkten Ähnlichkeitsschätzung die Einstufung der "Konzepte" (d.h. jeweils eines Tiernamens) in Relation zu einer bipolaren Adjektivskala. Aus diesen Daten wird durch eine Faktorenanalyse eine Abbildung der Konzepte auf üblicherweise drei faktorielle Skalen erzeugt. Die Theorie des durch die drei Dimensionen E (evaluation), P (potency) und A (activity) aufgespannten "semantischen Raumes" haben wir bereits in Kapitel 1 angesprochen (vgl. Osgood, Suci & Tannenbaum, 1957; Osgood, 1962; 1969; 1981). Das Semantische Differential ist also eine Erhebungstechnik, die mit einer semantischen Theorie aufs engste verbunden ist. Daher erschien es auch aus theoretischen Gründen wichtig, das Semantische Differential zum Vergleich mit den Assoziationsdaten heranzuziehen. Abb. 9 zeigt das verwendete Semantische Differential. Es enthält neben je fünf Skalen, die üblicherweise eindeutig den Dimensionen E, P und A zuzurechnen sind, noch die beiden in bisherigen Untersuchungen über die Säugetier-Kategorie (Henley, 1969; Rips et al., 1973; Hersh et al., 1976) herausgestellten Beschreibungsdimensionen "groß-klein" und "wild-zahm".

Freie Assoziation als Erhebungstechnik ist schließlich die Aufgabenstellung, die im Zentrum des Interesses steht. Deshalb, und weil diese Technik nicht so allgemein bekannt ist wie beispielsweise die des Semantischen Differentials, sei sie hier etwas eingehender beschrieben.

Die meines Wissens erste derartige Untersuchung stammt von Deese (1962), der das aus butterfly und den 18 häufigsten Assoziationen zu diesem Wort gebildete Wortfeld einer Strukturanalyse unterzog. Diese 19 Wörter dienten als Stimuli in einem Wortassoziationsversuch. Zur Konstruktion einer Ähnlichkeitsmatrix aus den Assoziationsverteilungen entwickelte Deese ein spezielles Maß (s.u.). Obwohl die weitere Analyse - mangels geeigneterer Verfahren zur damaligen Zeit - mit Hilfe der Faktorenanalyse erfolgte, haben die von Deese erzielten Ergebnisse im großen und ganzen auch einer Re-Analyse mit "modernen" (d.h. nicht-metrischen) Techniken standgehalten (Marx & Strube, 1980). - Deese hat sich dann erst sehr viel später (Szalay & Deese, 1978) wieder dieser Verfahren bedient, die in der Zwischenzeit bis auf einzelne Arbeiten (z.B. Clark, 1968) ohne Folgen geblieben waren.

Zur Bestimmung der Ähnlichkeit zwischen zwei Assoziationsverteilungen hat Deese (1962) einen "intersection coefficient" vorgeschlagen, der auf den beiden Verteilungen gemeinsamen Nennungen basiert: Je höher der Anteil gemeinsamer Nennungen, desto größer die Ähnlichkeit beider Assoziationsverteilungen. Dieser Koeffizient ist auch als "intersection coefficient" (IC; Deese, 1965), ähnlich als "Measure of Relatedness" (Marshall & Cofer, 1963), oder als "Common-Elements Correlation Coefficient (McNemar, 1962) bekannt geworden. Der C wird berechnet, indem die Anzahl der zwei Verteilungen A und B gemeinsamen Nennungen, n(AB), durch das geometrische Mittel der Listenlängen n(A) und n(B) dividiert wird:

$$IC = n(AB) \ / \ Wurzel(n(A)*n(B)).$$

Mängel dieses und anderer Koeffizienten hat Marx (1976) diskutiert und ein verbessertes Maß der assoziativen Ähnlichkeit vorgestellt. Sein "Überlappungskoeffizient" (ÜK) der Assoziationsverteilungen zweier Stimuli A und B ergibt sich als Summe der jeweils geringeren relativen Häufigkeit einer Assoziation in Verteilung A, pA_j, oder in Verteilung B, pB_j, über alle Assoziationen n:

$$ÜK_{A,B} = p_1 + p_2 + \dots + p_n , \quad \text{wobei } p_j = \min (pA_j, pB_j).$$

Wenn eine Assoziation also in der Verteilung A die relative Häufigkeit von 6 % hat, in der Verteilung B eine von 2 %, so trägt diese Assoziation 2 % zum Wert des Überlappungskoeffizienten bei. Für Assoziationen, die nur in einer der beiden Verteilungen vorkommen, ist min (pA_j, pB_j) gleich Null; sie tragen also nichts bei zum ÜK. Für direkte Assoziation wird min (pA_B, pB_A) gerechnet. (Ein ausführliches Berechnungsbeispiel gibt Marx, 1976a; Marx, 1976b, gibt ein Verfahren zur Prüfung der statistischen Signifikanz von Überlappungskoeffizienten an.)

Die statistische Analyse der Ähnlichkeitsdaten erfolgt für die Überlappungskoeffizienten aus Assoziationen ebenso wie für die abgegebenen Ähnlichkeitsurteile (die beide als ordinale Maße der semantischen Ähnlichkeit sub specie der gegebenen Aufgabenstellung betrachtet werden) durch Anpassung zweier unterschiedlicher numerischer Modelle, nämlich (1.) eines mehrdimensionalen metrischen Raummodells, und (2.) durch die Technik der hierarchischen Clusteranalyse nach Johnson (1967). Beide Methoden sind inzwischen wohlbekannt und in Lehrbüchern behandelt (vgl. v.a. Borg, 1981, für die NMDS = nonmetrische multidimensionale Skalierung; Sneath & Sokal, 1973, für clusteranalytische Techniken). Hinweise für die Anwendung dieser Verfahren auf die hier behandelten Probleme, sowie allgemein für Wortfeldanalysen geben Fillenbaum und Rapoport, 1971, sowie Strube, im Druck.*

---

*) Die im folgenden mitgeteilten räumlichen Konfigurationen wurden mit Hilfe der Programme MINISSA, MRSCAL und INDSCAL (alle in der Edinburgh-Version, 1975) berechnet, die Faktorenanalysen und multiplen Regressionen mit Hilfe des Programmpakets SPSS (Version 8, vgl. Beutel, Küffner & Schubö, 1980); diese Berechnungen erfolgten am Leibniz-Rechenzentrum der Bayerischen Akademie der Wissenschaften in München. Allen übrigen hier mitgeteilten Berechnungen und Darstellungen liegen vom Verfasser erstellte Programme zugrunde.

Analyse des Semantischen Differentials

Das Semantische Differential und seine Auswertung sind eine seit vielen Jahren eingeführte Technik, so daß wir mit ihm eine Grundlage gewinnen können für die Interpretation der beim Assoziieren produzierten Struktur. Wir beginnen die Darstellung der Ergebnisse also mit der fatorenanalytischen Auswertung des Semantischen Differentials.

Tabelle 3: Faktorladungen der Skalen des Semantischen Differentials in den drei Faktoren

	Potency	Activity	Evaluation
wertvoll	.448	-.036	.588
heiß	.382	-.021	.289
schnell	-.220	.662	.181
sauber	-.009	.294	.542
heiter	-.231	.222	.055
stark	.752	.312	.071
scharf	-.112	.734	.043
hart	.496	.373	-.253
groß	.828	-.043	.201
angenehm	.008	.121	.813
wild	.375	.702	.009
schön	.043	.430	.539
aktiv	-.063	.830	-.065
grob	.730	-.343	-.313
süß	-.165	-.193	.660
schwer	.800	-.335	.067
gut	.087	-.030	.644

Die Faktoren werden als Linearkombination aus den Skalen gebildet. Tab. 3 zeigt die für unser Beispiel errechneten Koeffizienten, die sog. Faktorladungen. Die Faktorladungen entsprechen der Korrelation zwischen Skala und Faktor; daher kann die Faktorladungsmatrix auch zur Interpretation der Faktoren dienen. Die inhaltliche Interpretation der Faktoren berücksichtigt sowohl "Leitvariablen", d.h. Skalen, die auf dem in Frage stehenden Faktor (und nur auf diesem) hohe Ladung aufweisen (z.B. "groß-klein" und "schwer-leicht" im Faktor 1 der Tab. 3), und zugleich als Gegensatz diejenigen Variablen, die mit dem Faktor "nichts zu tun haben" (sog. Hyperebenenvariablen, wie "angenehm-unangenehm" oder "aktiv-passiv" im Faktor 1). Demnach ergibt sich als Interpretation für die drei Faktoren des Beispiels, daß der erste Faktor dem entspricht, was Osgood "Potency" (Stärke, Gewicht) genannt hat; der zweite Faktor mit den Leitvariablen "aktiv-passiv", "scharf-stumpf", "wild-zahm" und "schnell-langsam" entspricht Osgoods "Activity" (Aktivität, Schnelligkeit); der dritte Faktor schließlich, der besonders durch "angenehm-unangenehm" gekennzeichnet ist, korrespondiert Osgoods Faktor "Evaluation". Interessant ist hier, daß der sonst meistens als bedeutendster Faktor sich ergebende, nämlich Evaluation, hier der unwesentlichste der drei ist (Eigenwerte der Faktoren: 3.31, 3.01, 2.78). Daß "Evaluation" vergleichsweise geringes Gewicht zukommt, hat natürlich auch damit zu tun, daß durch die Einbeziehung der Skalen "groß-klein" und "wild-zahm" die Faktoren P und A durch je 6 Skalen repräsentiert sind, E aber nur durch 5 Skalen.

Potency und Activity spielen offenbar bei der Einstufung von Tieren eine wichtigere Rolle. Insgesamt ist der durch die drei Faktoren erfaßte Anteil an der Gesamtvarianz der 17 Skalen mit 53.5% befriedigend und entspricht den von Osgood et al. (1957) mitgeteilten Werten.

Abbildung 10: Analyse des Semantischen Differentials. Ebene der Faktoren "Potency" (waagrecht) und "Activity" (senkrecht). Die Koordinaten entsprechen den Faktorwerten.

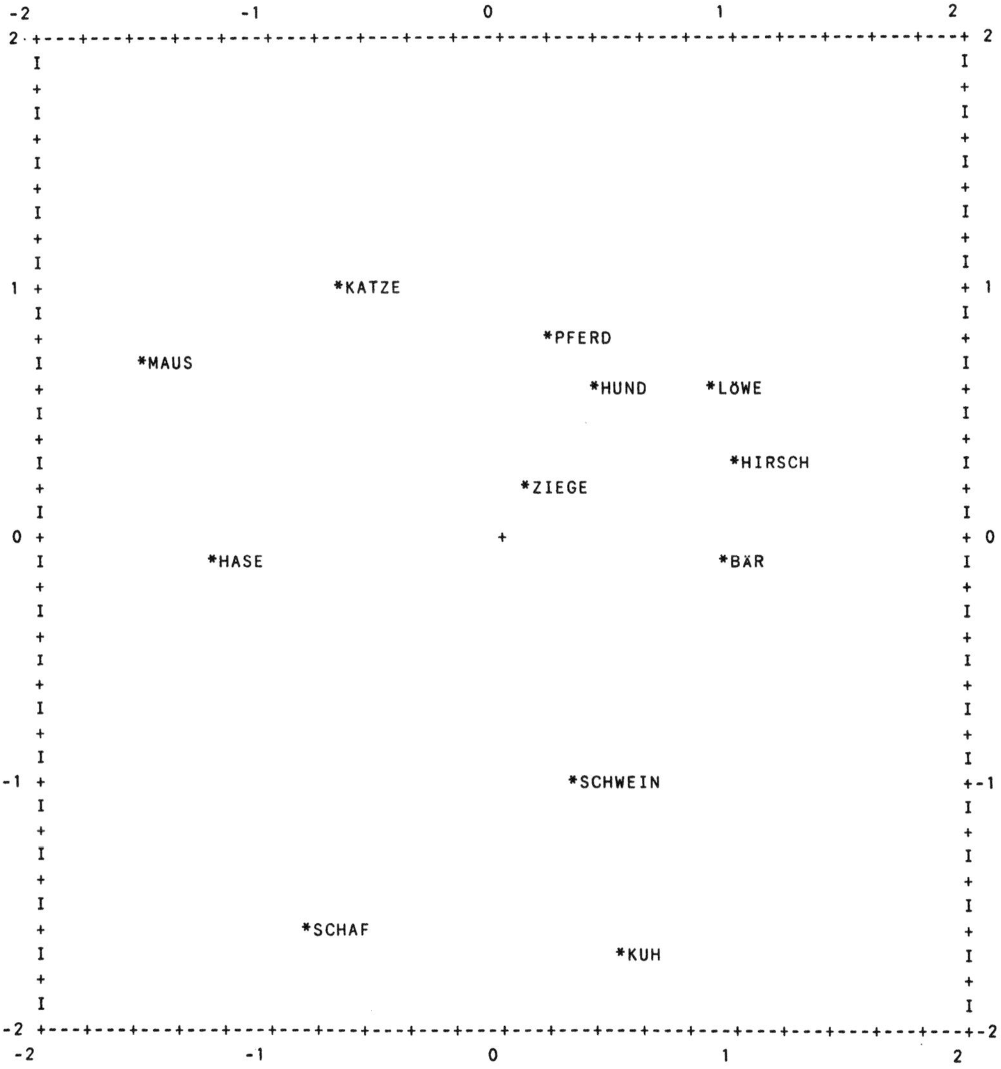

Die drei Faktoren E, P und A sind so berechnet, daß sie orthogonal sind. Man kann diese Faktoren als Dimensionen eines dreidimensionalen Euklidischen Raumes auffassen. Dies ist der von Osgood als "semantic space" bezeichnete Modellraum, in den nun die Konzepte (d.h. die zwölf Säugetiernamen) eingepaßt werden können. Abbildung 10 zeigt die Konfiguration der zwölf mit dem Semantischen Differential der Abb. 9 skalierten Säugetiere (allerdings nur die Projektionen auf die aus den beiden Faktoren Potency und Activity gebildeten Ebene). Aufgrund der inhaltlichen Bestimmtheit der Faktoren (im Gegensatz zu den rein formalen Dimensionen der MDS) kann gesagt werden: "Katze", "Maus" und "Pferd" werden - im Gegensatz vor allem zu "Kuh", "Schaf" und "Schwein" - als besonders aktiv, schnell, etc. beurteilt (Faktor Activity), und der Faktor Potency stellt die großen, starken Tiere ("Bär", "Löwe", "Hirsch") den kleinen und schwachen gegenüber (bes. "Maus" und "Hase"). - Osgood zufolge erfaßt das Semantische Differential vor allem affektive Aspekte der Bedeutung; die Gültigkeit dieser Aussage angenommen (Osgood, May & Miron, 1975, legen dazu viele Belege vor), dürfen wir annehmen, daß bei den übrigen Erhebungstechniken auch andere Bedeutungsaspekte in die Ähnlichkeitsbestimmung eingehen und somit auch andere Konfigurationen resultieren.

Die Ähnlichkeitsstruktur assoziativer Produktionen

Die nachstehende Abbildung 11 stellt das Ergebnis der nonmetrischen Dimensionsanalyse für die Überlappungskoeffizienten (s. Tab. 4) zwischen den Assoziationsverteilungen der zwölf Säugetiernamen dar.

Abbildung 11: Ergebnis der Dimensionsanalyse (2 Dimensionen, Euklidische Metrik) für die Überlappungskoeffizienten aus freien Assoziationen (Stimuli: 12 Säugetiere).

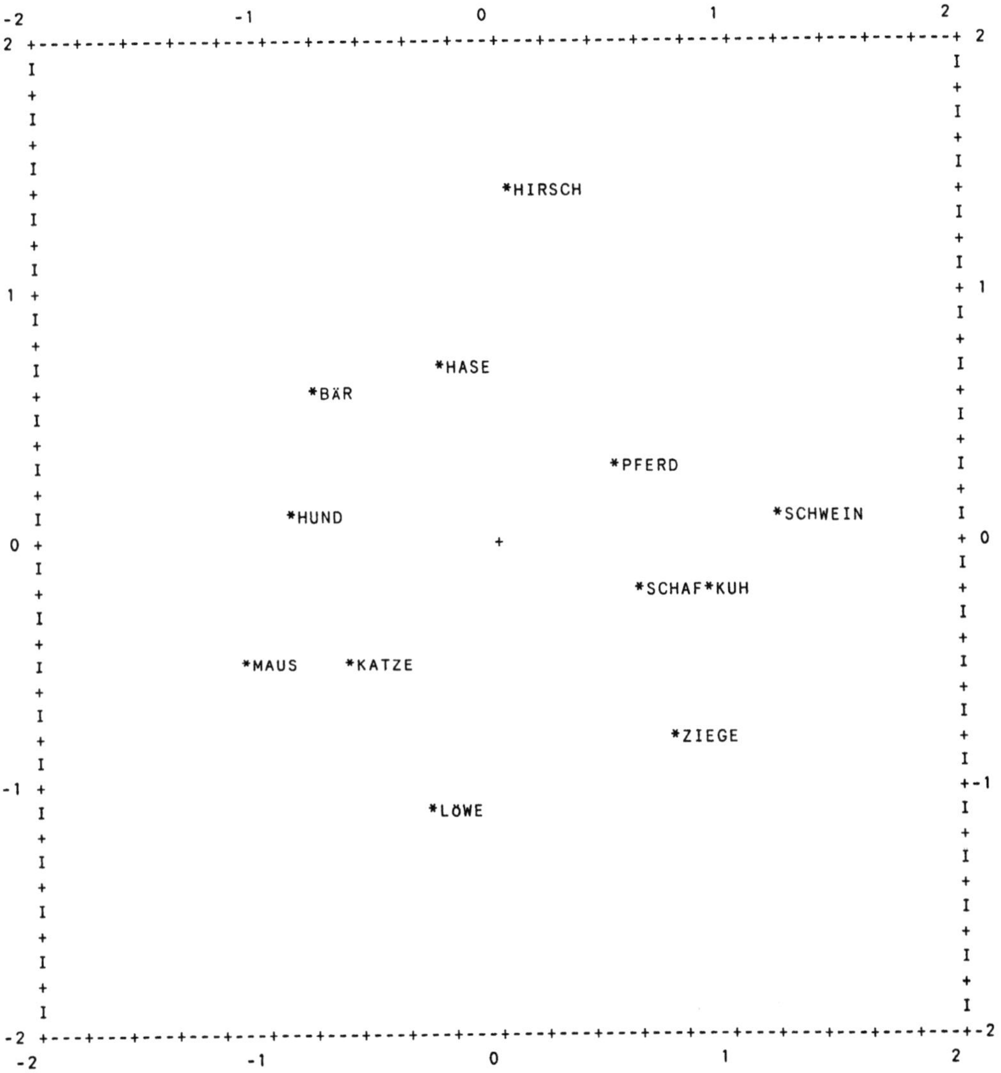

Tabelle 4: Matrix der Überlappungskoeffizienten der Assoziationsverteilungen für die 12 Säugetiernamen.

	2	3	4	5	6	7	8	9	10	11	12
1 Bär	.125	.075	.139	.076	.047	.117	.082	.077	.073	.049	.067
2 Hase		.087	.103	.120	.097	.047	.098	.124	.114	.057	.050
3 Hirsch			.075	.063	.074	.050	.022	.055	.101	.044	.050
4 Hund				.204	.063	.054	.133	.079	.063	.074	.028
5 Katze					.060	.155	.247	.074	.116	.051	.074
6 Kuh						.057	.044	.129	.257	.165	.258
7 Löwe							.071	.092	.081	.052	.059
8 Maus								.043	.061	.040	.108
9 Pferd									.140	.120	.096
10 Schaf										.129	.157
11 Schwein											.107
12 Ziege											

Die zweidimensionale Lösung wurde (hier wie auch bei der Analyse der Ähnlichkeitsurteile) wegen ihrer unmittelbaren Anschaulichkeit ausgewählt, und auch deshalb, weil die Güte der Anpassung des numerischen Modells an die empirischen Daten bei Hinzufügung einer dritten Dimension nicht deutlich besser wird (stress = 0.18 für zwei Dimensionen, 0.14 für drei Dimensionen). Die Wahl der Euklidischen Metrik erfolgte, da unterschiedliche Metriken (variiert von $r = 1.0$ bis $r = 2.5$) die Anpassungsgüte nur unwesentlich beeinflußten, ebenfalls aufgrund der besseren Anschaulichkeit euklidischer Lösungen.

Schwierigkeiten bereitet - wie stets - die Interpretation der räumlichen Struktur. Zwar ist zu sehen, daß die Tiernamen wohl kaum zufällig im Modellraum verteilt sind; doch wo finden sich Ansätze für eine nicht lediglich "intuitive" Interpretation? (Schließlich haben wir diesen einigermaßen aufwendigen methodischen Ansatz ja gewählt, um die im vorigen Kapitel verwendeten "weichen" hermeneutischen Techniken um "harte" statistische Prüfung zu ergänzen.)

Im allgemeinen bemüht man sich, die Dimensionen selbst zu interpretieren. Im Gegensatz zur Faktorenanalyse (wo die Korrelationen mit den ursprünglichen Skalen als Interpretationshilfe zur Verfügung stehen) bietet die räumliche Verteilung der die Stimuli repräsentierenden Punkte bei einer NMDS-Konfiguration den einzigen Anhaltspunkt. Und anders als bei der Faktorenanalyse stellen NMDS-Dimensionen keinesfalls mit Notwendigkeit bedeutungshaltige Konstrukte dar, so daß ihre Interpretation nicht unbedingt sinnvoll ist (vgl. zu diesem Problem Degerman, 1972; Strube, 1977; Borg, 1981).

Eine gute Möglichkeit eröffnet sich für dimensionale Interpretationen, wenn Einschätzungen der Wörter auf inhaltlich definierten Skalen vorliegen. Für die zwölf Säugetiere sind solche Skalen gegeben (1) durch die 17 Adjektivskalen des Semantischen Differentials, (2) durch die drei daraus errechneten Faktoren Potency, Activity und Evaluation, (3) durch eine (gesondert durchgeführte) Einschätzung der Typikalität (Rosch, 1975; die Versuchspersonen haben zu beurteilen, in welchem Maß die aufgeführten Tiere typische Vertreter der Kategorie Säugetiere sind). Mit Hilfe der Technik der multiplen Regression (vgl. Lehrbücher der multivariaten Statistik, z.B. Gaensslen & Schubö, 1973) läßt sich bestimmen, ob eine solche externe Skala signifikant mit den Projektionen der Punkte im MDS-Raum auf eine Gerade korreliert, und welche Richtung diese Gerade hat. Auf diese Weise ist es also möglich, Richtungen im MDS-Raum zu benennen, die hoch korrelieren mit inhaltlich definierten Skalen und daher selbst inhaltlich bestimmt sind.

Abbildung 12: Dimensionsanalyse der assoziativen Überlappungen mit eingepaßten Skalen.

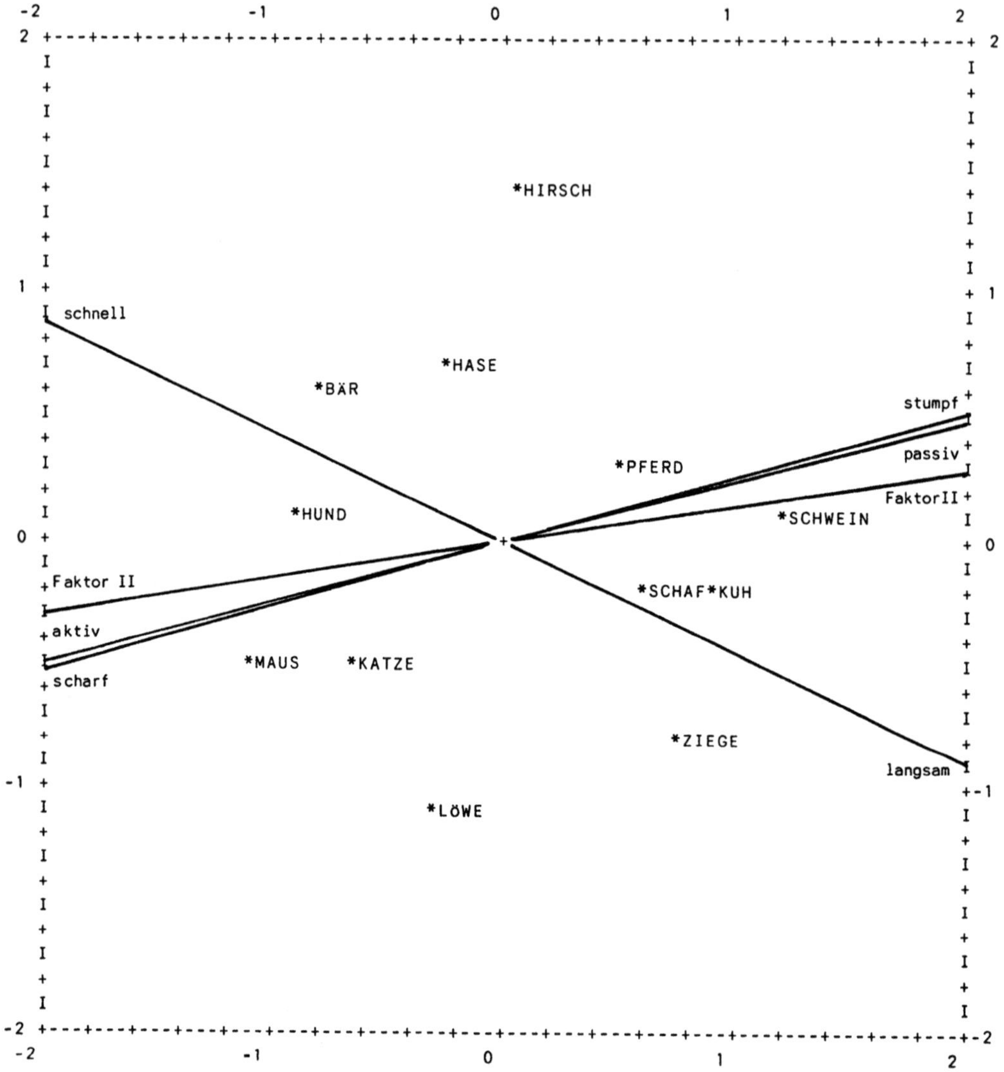

Abbildung 12 zeigt wieder die Konfiguration der zwölf Säugetiere aufgrund der Überlappungskoeffizienten aus freier Assoziation (vgl. Abb. 11). Wie deutlich zu sehen ist, läßt eine Richtung des Modellraumes sich inhaltlich als Dimension interpretieren, nämlich als Activity: Sowohl der so bezeichnete Faktor (Faktor 2) als auch drei der vier ihn als Leitvariablen definierenden Skalen korrelieren mit Werten von $r=.64$ bis $r=.72$ mit den in der Abbildung eingetragenen Richtungen. Die dazu orthogonale Richtung (also ungefähr die Vertikale) läßt sich hingegen nicht dimensional interpretieren, zumindest nicht aufgrund der uns zur Verfügung stehenden Skalen. Es scheint außer Frage zu stehen, daß die assoziative Struktur sich nicht erschöpfend beschreiben läßt durch dimensionale Konstrukte allein.

Als Alternativen zu einer dimensionalen Interpretation bieten sich den Überlegungen Guttmans (1954; 1959) zufolge Kreisstrukturen an (sog. "Circumplex"; vgl. Strube, 1977, wo sich eine solche assoziative Struktur ergibt), oder sternförmig partitionierte ("Radex"). Guttman fordert jedoch die vorgängige theoretische Partitionierung, durch die erst das empirische "Ergebnis" beispielsweise einer Radex-Struktur ermöglicht wird (nämlich durch entsprechende Konstruktion der Erhebungsinstrumente). - Da die freie Assoziation solche Möglichkeiten nicht bietet, fehlen die Voraussetzungen für die Anwendbarkeit der Guttmanschen Konstrukte.

In dieser Lage scheint es angezeigt, nach Häufungsarealen, d.h. Clustern, zu suchen, und also die durch Anpassung des räumlichen NMDS-Modells gewonnenen Ergebnisse zu ergänzen um die aus der Anpassung eines hierarchischen Clustermodells erhaltenen Resultate. Da in Untersuchungen mit ähnlicher Fragestellung wie der unseren (z.B. in den von Fillenbaum und Rapoport, 1971, vorgelegten semantischen Studien) die Technik des HCS (hierarchical clustering scheme, Johnson, 1967) eingesetzt wurde, wird sie auch hier verwendet.

Abbildung 13: Dimensionsanalyse der assoziativen Überlappungen mit eingepaßten Skalen und kombiniert mit dem Ergebnis der Clusteranalyse.

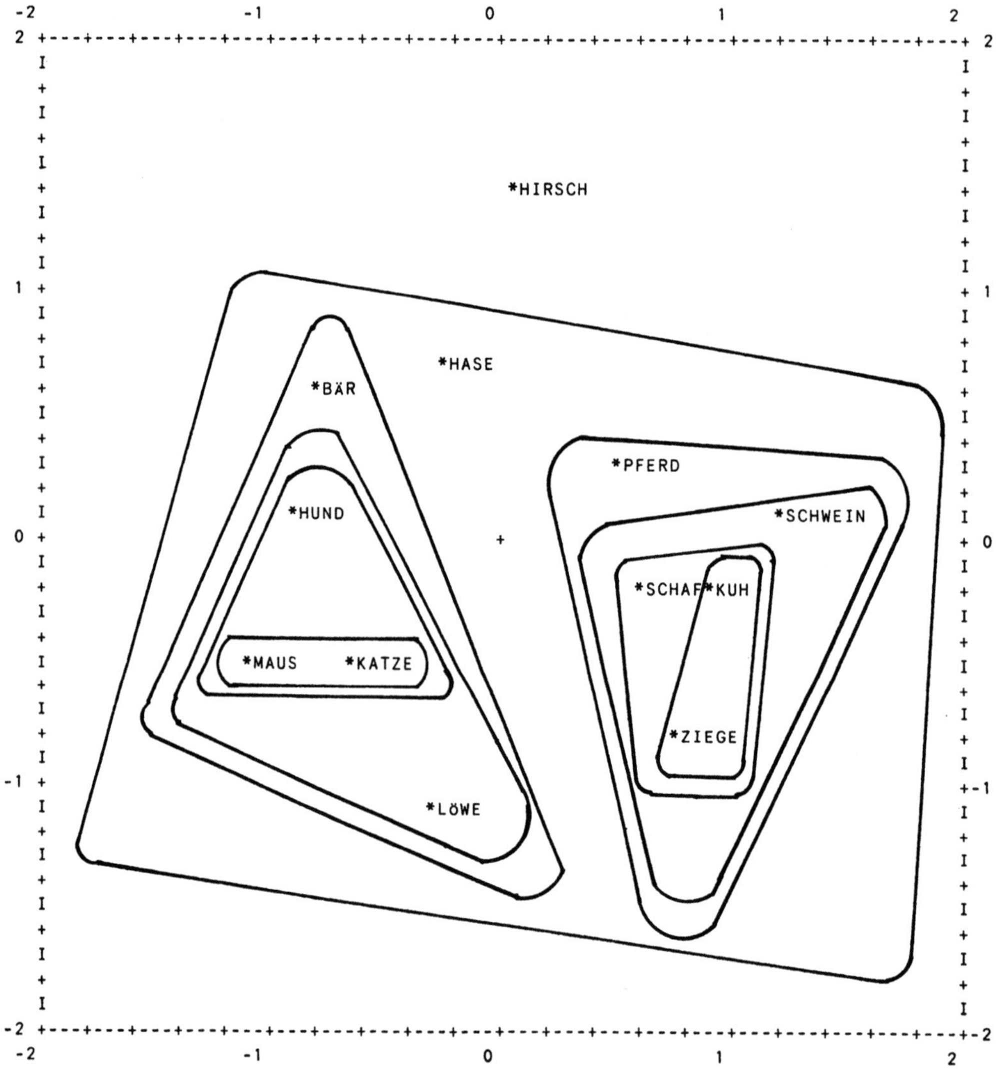

Dabei muß beachtet werden, daß die Voraussetzungen der numerischen Modelle "HCS" und "NMDS" sich unterscheiden, Raummodelle und hierarchische Clusterstrukturen also nicht äquivalent sind. Der Nützlichkeit von Clusteranalysen als Interpretationshilfe für dimensionale Modelle tut dies aber keinen Abbruch (vgl. Gigerenzer, 1981, 370 f.).

Abbildung 13 zeigt eben diese Kombination. Es muß uns nun angelegen sein, die Cluster zu interpretieren, d.h. einen Oberbegriff für die darin enthaltenen Wörter zu finden. Für die Assoziationsdaten gelingt dies zwar für das aus ((((Kuh, Ziege), Schaf), Schwein), Pferd) bestehende Cluster (etwa mit der Bezeichnung "bäuerliche Nutztiere"), aber so recht überzeugen will diese Deutung nicht, weil das Pendant - eine ähnlich eindeutige Benennung des anderen grossen Clusters - nicht existiert. (Die Interpretation "Raubtiere" mit dem Zusatz, daß "Maus" wegen einer - tatsächlich vorhandenen - engen assoziativen Bindung an "Katze" in dieses Cluster geraten sei, scheitert daran, daß auch zwischen "Hund" und "Maus" eine starke, aber keineswegs intuitiv einsichtige Beziehung besteht, vgl. die Überlappungskoeffizienten in Tab. 3.2.) Zumindest der Kern dieses Clusters könnte allerdings im Sinne eines gemeinsamen situativen Kontexts ("im Haus") zusammengefaßt werden; doch verbietet sich ohne weitere empirische Stützung eine derartig weitgehende Interpretation.

Wenn indes, wie unsere generelle Hypothese besagt, der Aspekt des situativen Kontexts von besonderer Relevanz ist für die assoziative Produktion, dann müßte zwischen der aus Assoziationen sich ergebenden Struktur und situativen Aspekten eine Korrelation bestehen. Daher wurde eine andere Gruppe von Versuchspersonen gebeten, sich ein ihnen genanntes Tier in irgendeiner Situation vorzustellen und diese Situation zu beschreiben. Diese Beschreibungen wurden dann in Beschreibungseinheiten unterteilt (zur Methodik von Inhaltsanalysen

Tabelle 5: Inhaltsanalyse der Situationsbeschreibungen für die 12 Säugetiere (relative Häufigkeiten der Kategorien "Natur", "Kultur" und "Bewegung"; N/K = Natur-Kultur-Quotient).

TIER	NATUR	KULTUR	N/K	BEWEGUNG
Bär	.139	.038	3.67	.133
Hase	.115	.065	1.78	.223
Hirsch	.247	.027	9.20	.081
Hund	.040	.153	.26	.203
Katze	.052	.103	.50	.077
Kuh	.154	.088	1.76	.063
Löwe	.131	.040	3.29	.074
Maus	.014	.069	.20	.167
Pferd	.092	.133	.69	.100
Schaf	.154	.086	1.79	.050
Schwein	.054	.114	.47	.036
Ziege	.138	.121	1.14	.060

vgl. z.B. Krippendorff, 1980). Ausgezählt wurden insbesondere die Kategorien "Kultur" (Mensch, Haus, Stall, Zoo etc.), "Natur" (Wald, Feld, Wiese, Weide; Savanne, Steppe, Dschungel; Himmel, Sonne, Fluß, Gebirge etc.), sowie "Bewegung und Sinneswahrnehmung" (laufen, jagen, lauschen etc.). Tab. 5 enthält die relativen Häufigkeiten der genannten Kategorien für die zwölf Säugetiere, sowie (als Index für die "Naturhaftigkeit vs. Kulturhaftigkeit") den Quotienten N/K.

Mit Hilfe dieser in Tab. 5 aufgeführten Daten können wir folgende Aussagen über die aus den Assoziationsdaten erstellte Konfiguration machen:

(1) Das Cluster mit "Kuh" und "Ziege" als Zentrum wird mit einer Ausnahme ("Pferd") von Wörtern gebildet, deren zugehörige Situationsbeschreibungen unterdurchschnittlich wenige Beschreibungseinheiten der Kategorie "Bewegung" aufweisen. Die Wörter außerhalb dieses Clusters haben alle durchschnittliche bis hohe Häufigkeiten in der Bewegungskategorie. Dies korrespondiert mit der eingepaßten Aktivitätsdimension (Abb. 13).

(2) Der Kern des eben genannten Clusters, "Schaf", "Kuh" und "Ziege", weist - im Unterschied zu den "randständigen" Clusterelementen "Pferd" und "Schwein" einen positiven Natur-Kultur-Quotienten auf. Dem genau entgegen umfaßt die Kerngruppe des anderen großen Clusters mit "Hund", "Katze" und "Maus" gerade die Tiere mit besonders niedrigem N/K-Quotienten. Der Gegensatz "Natur - Kultur" erweist sich somit als ein beide Cluster strukturierendes Prinzip. Im einzelnen ist aufgrund der hier nicht wiedergegebenen Antwortverteilungen die Zuordnung von "Bär" und "Löwe" über die bei beiden häufig genannte Situation "Zoo-Zirkus" zu erklären, ihre große räumliche Trennung in der Konfiguration aber durch die völlige Verschiedenheit der "Natur": Dem Löwen wurde "Savanne", "Steppe", gar "Wüste" zugeschrieben, während der Bär eher mit "Wald" verbunden wurde (und wohl deshalb auf der Seite von "Hase" und "Hirsch" erscheint).

Unsere Hypothese, die Relevanz des situativen Kontexts für die assoziative Produktion betreffend, gewinnt somit weiter an Gewicht, obgleich ihre statistische Prüfung noch aussteht. Zunächst soll die eben interpretierte Struktur der assoziativen Produktion jedoch verglichen werden mit der Struktur der Ähnlichkeitsurteile.

Abbildung 14: Dimensionsanalyse (NMDS, euklidisch, 2 Dimensionen) der direkten Ähnlichkeitsurteile.

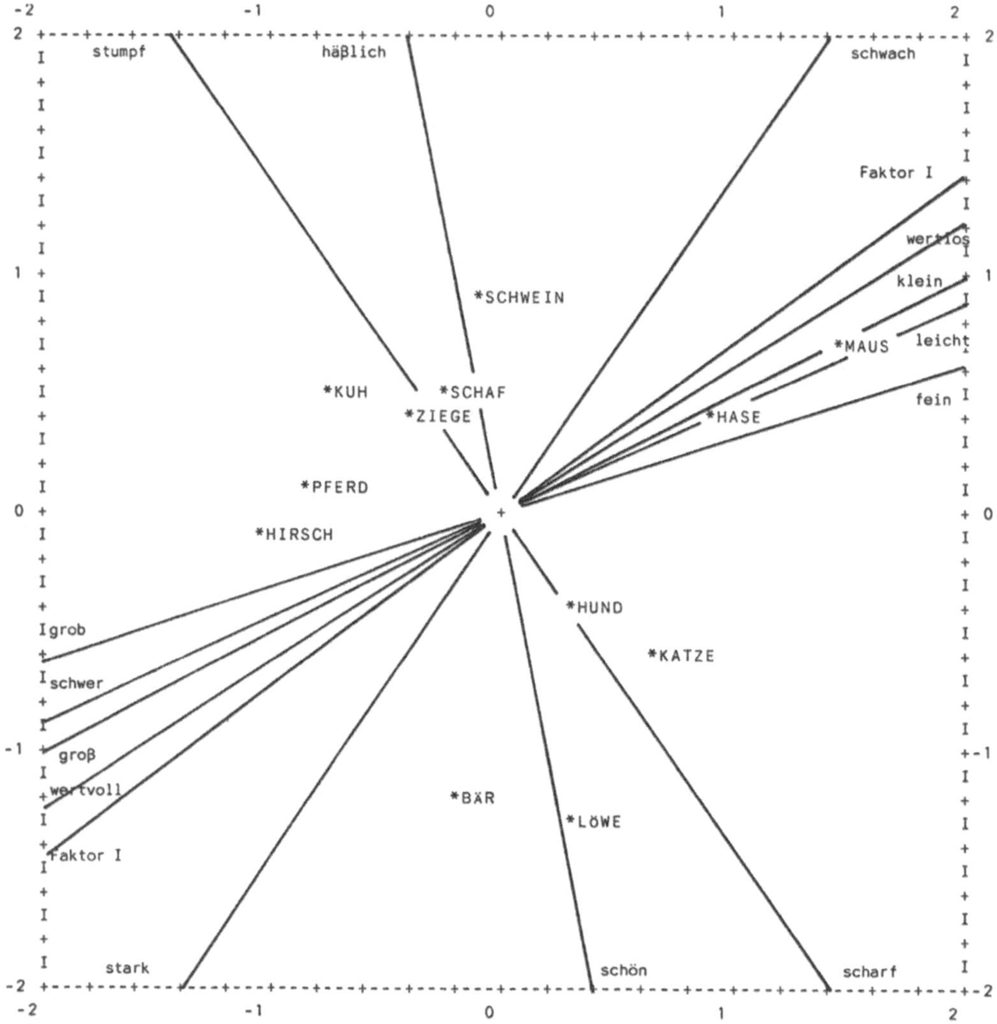

Die Struktur der Ähnlichkeitsurteile

Die NMDS-Konfiguration der zwölf Säugetiernamen, errechnet aufgrund der direkten Einschätzung der Ähnlichkeit der Tiere, zeigt Abbildung 14 (2 Dimensionen, Euklidische Metrik, stress = 0.12). Mit Ausnahme der nah beieinander gruppierten Haustiere hat sich hier eine deutlich andere Konfiguration ergeben als bei den freien Assoziationen (Abb. 11).

Wenn wir die Interpretationshilfe der Einpassung externer Skalen auch auf diese Konfiguration anwenden, so zeigt sich ebenfalls eine starke inhaltliche Bestimmtheit einer Richtung. Sie ist als P (Potency) zu deuten, da sie mit diesem Faktor (Faktor 1 des Semantischen Differentials) und seinen Leitvariablen sehr hoch korreliert (r=.66 bis r=.91). Die beiden Skalen, welche die dazu ungefähr orthogonale Richtung bestimmen, gehören dem Faktor A (Activity) an ("stumpf vs. scharf") bzw. keinem der drei Faktoren ("schön-häßlich"). Eine inhaltliche Interpretation der zweiten Dimension erscheint dadurch noch nicht gewährleistet, da z.B. der Faktor A selbst nicht signifikant mit irgendeiner Richtung korreliert. - Zusammenfassend wird man also sagen dürfen, daß die aus den Distanzratings erstellte Konfiguration die Dimension P enthält, die aus den Überlappungskoeffizienten der Assoziationsverteilungen erzeugte hingegen die Dimension A.

Die Clusterstruktur der Ratings (Abb. 15) läßt sich hervorragend durch die Gruppennamen der "Raubtiere", "Huftiere" und "Nagetiere" interpretieren. Die vorhin aufgezeigte dimensionale Struktur "groß und stark vs. klein und schwach" läßt sich sowohl zwischen den Clustern (Nagetiere sind kleiner und schwächer), als auch innerhalb der einzelnen Cluster wiederfinden: Hase vor Maus, Bär und Löwe vor Hund und Katze; Pferd, Kuh und Hirsch vor Schaf, Ziege und Schwein. - Die aus den Distanzratings errechnete Konfiguration darf damit als zureichend interpretiert gelten.

Abbildung 15: Dimensionsanalyse der Ähnlichkeitsurteile kombiniert mit den Ergebnissen der Clusteranalyse (HCS, Maximumsmethode).

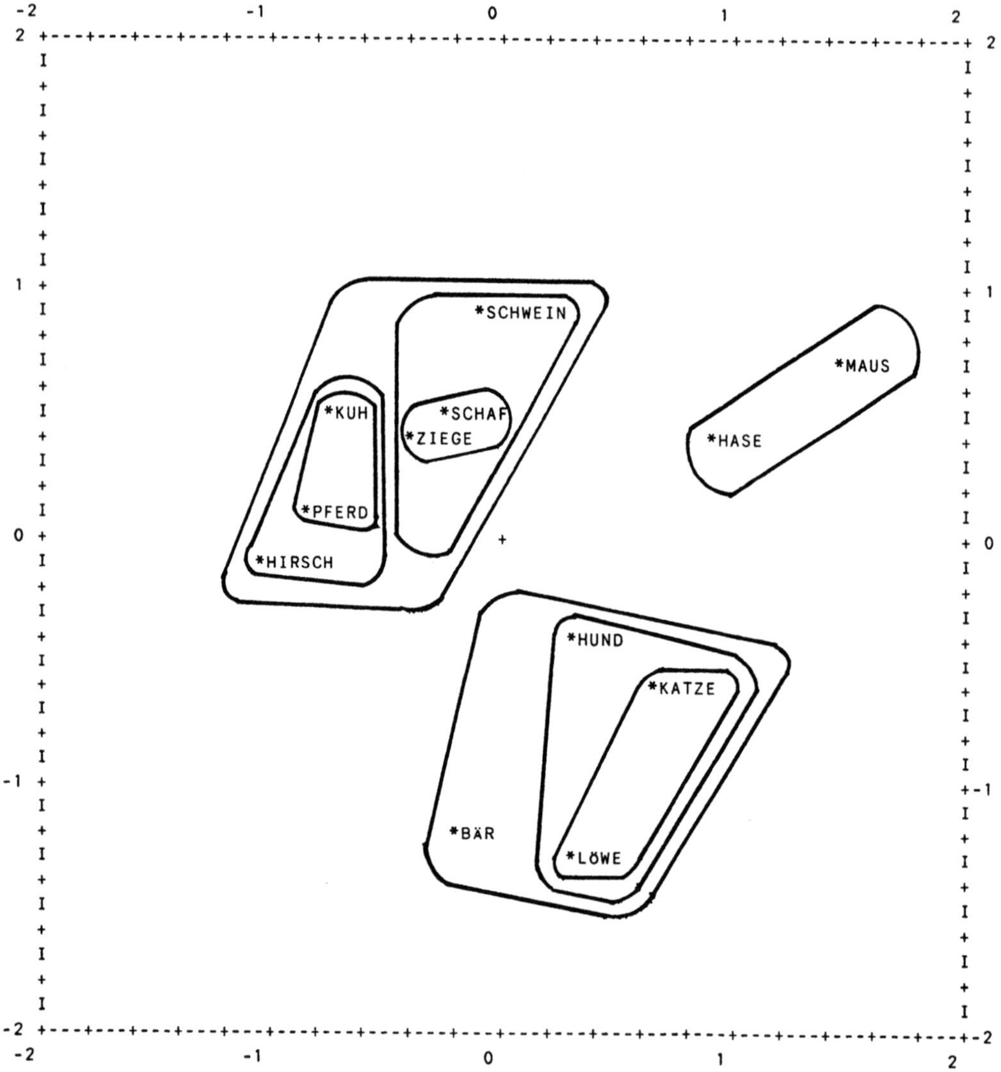

Vergleich der Strukturen untereinander

Für einen Vergleich der Strukturen aus den freien Assoziationen mit den aus den beiden anderen von uns verwendeten Aufgabenstellungen gewonnenen Strukturen stehen neben der vergleichenden Interpretation formale Techniken zur Verfügung, um den jeweiligen Grad an Übereinstimmung je zweier Strukturen messen zu können.

Das einfachste und auch in zahlreichen bisher vorliegenden Untersuchungen benützte Verfahren besteht in der Korrelation* zweier Datensätze über alle Distanzen bzw. Ähnlichkeiten. Bei den 12 Säugetieren des Beispiels gibt es 66 solcher Distanzen zwischen zwei verschiedenen Wörtern (das sind alle Nicht-Diagonalelemente entweder der oberen oder der unteren Dreiecks-Submatrix der Matrix in Tab. 4 bzw. den entsprechenden Tabellen für Ähnlichkeitsurteile und Semantisches Differential).

Tabelle 6 zeigt die Korrelationen der Ähnlichkeitsmaße aus fünf Aufgabenstellungen: Freie Assoziation, Distanzratings, Situationsbeschreibungen, Tierbeschreibungen (hier sollten die Versuchspersonen lediglich Aussehen und Verhalten des jeweiligen Tieres beschreiben), sowie die aus dem Semantischen Differential gewonnenen mittleren Profildistanzen

---

*) Es wurde die übliche Produkt-Moment-Korrelation und nicht eine ordinale Korrelation, etwa Spearmans rho, verwendet. Beide Methoden liefern fast identische Ergebnisse. Überdies ist zu berücksichtigen, daß eine Rangkorrelation von der Größe des Unterschieds abstrahiert. Da wir aber Größenunterschiede in den Ähnlichkei ten nicht als irrelevant betrachten, ziehen wir die "normale" Produkt-Moment-Korrelation vor, obwohl strenggenommen nur ordinale Daten vorliegen.

(die, wie die hier nicht referierte Auswertung zeigt, genau mit den per Faktorenanalyse gewonnenen Ergebnissen übereinstimmen). Die unterschiedlichen Vorzeichen in der Tabelle kommen dadurch zustande, daß Distanzratings und Profildistanzen Distanzmaße, die übrigen aber Überlappungskoeffizienten, also Ähnlichkeitsmaße, enthalten. Es zeigt sich, (1) daß das Semantische Differential nur mit den Ergebnissen des Distanzratings einigermaßen übereinstimmt, (2) daß die Übereinstimmung zwischen Distanzratings und Freier Assoziation doch recht hoch ist ($\underline{r}$ = -.55), und (3) daß, während die Tierbeschreibungen mit Ratings und Assoziationen gleich stark korrelieren, die Situationsbeschreibungen mit den Assoziationen einen deutlich stärkeren Zusammenhang zeigen als mit den Ratings. Dieser letzte Punkt stützt wiederum unsere Hypothese, wonach die Struktur der assoziativen Produktion stärker situative Züge trägt als die Struktur der Urteile.

Tabelle 6: Interkorrelationen der Ähnlichkeits- bzw. Distanzmaße aus verschiedenen Aufgabenstellungen.

1 = direkte Ähnlichkeitsurteile,
2 = freie Assoziationen,
3 = freie Tierbeschreibungen,
4 = freie Situationsbeschreibungen,
5 = Profildistanzen im Semantischen Differential

	1	2	3	4	5
1	1.000	-0.548	0.520	0.334	-0.085
2		1.000	-0.395	-0.319	0.362
3			1.000	0.290	0.127
4				1.000	-0.057
5					1.000

Eine weitere Vergleichsmöglichkeit ist durch die struk turvergleichende Technik INDSCAL (Carroll & Chang, 1970) gegeben. Trotz einiger Schwächen des Verfahrens (vgl. Borg, 1981, Kap. 27, über INDSCAL und einige konkurrierende Modelle) lassen sich damit Aussagen über die Ähnlichkeit der verschiedenen Strukturen gewinnen. INDSCAL erstellt eine NMDS-Konfiguration, in der die Punkte im Modellraum den einzelnen Datenmatrizen entsprechen. - Auch hier stimmt das Ergebnis mit unserer Hypothese überein, da INDSCAL die Assoziationsstruktur näher bei den Situationsbeschreibungen plaziert als die Ähnlichkeitsurteile.

Vergleich mit den Ergebnissen früherer Untersuchungen

Bei Henley (1969) ist die Übereinstimmung von Assoziation und Einschätzungen mit r=.59 bzw. r=.70 höher als die in Tab. 6, was unter Umständen darauf zurückzuführen ist, daß die auf Säugetiernamen restringierte Assoziationstechnik Henleys den Distanzurteilen von der Aufgabenstellung her näherliegt als eine freie Assoziationstechnik. Die Aufzählungen zeigen nur niedrige Korrelationen mit den anderen Methoden (maximal r=.23); mit unseren Daten hingegen korrelieren Henleys Aufzählungen weitaus höher (r=.30 bis r=.45).

Storms Ergebnisse sind nicht leicht mit unseren Daten zu vergleichen, da die Auswahl der Tiernamen und die Versuchspersonen nur zum Teil einander entsprechen. Für die Assoziationsdaten der Gruppe von Studienanfängern, die unseren Versuchspersonen am nächsten kommt, ergibt sich eine recht gute Übereinstimmung mit unseren Daten aus Assoziationen (r=.52 für 11 beiden Untersuchungen gemeinsame Tiernamen). Wenn man berücksichtigt, daß den Daten von Storm Antworten zugrundeliegen, die auf Tiernamen beschränkt waren (restringierte Assoziation), unseren Daten aber beliebige Antworten zugrundeliegen (freie Assoziation), erscheint die Korrelation in der Tat hoch.

Storm berichtet hohe Übereinstimmung zwischen Aufzählung und Assoziationen (r in der Größenordnung von .80), und zwischen Distanzratings und Sortieren (r in derselben Größenordnung). Zwischen beiden Gruppen von Erhebungstechniken berichtet sie ähnlich hohe Korrelationen wie die in Tab. 3.4 aufgeführte. Storm berichtet für die Aufzählungen (und ähnlich für die Assoziationen): "For all groups, the obtained stress values for scaling in up to 9 dimensions were so high that a multidimensional scaling model, clearly, did not provide an adequate fit for the data" (1980, 390). Dies entspricht nicht unseren Ergebnissen.

Was die inhaltlichen Befunde der eben genannten Studien angeht, so haben Henley und in einer Replikation Rips et al. (1973) für Distanzratings Konfigurationen errechnet, die mit der von uns errechneten Urteilsstruktur fast deckungsgleich sind. Beide Untersucher haben jedoch die Konfigurationen ausschließlich dimensional interpretiert, und zwar intuitiv. Sie postulierten eine Dimension "Größe" und, orthogonal dazu, eine der "Wildheit" (ferocity); ähnlich Caramazza et al. (1976; vgl. den Überblick zu Beginn des Abschnitts über Strukturanalyse). Nicht zuletzt das war der Grund, die Skalen "groß-klein" und "wild-zahm" in unser Semantisches Differential aufzunehmen. Während auch in unseren Daten "Größe" sich wiederfindet, allerdings nicht isoliert, sondern als integraler Bestandteil von "Potency", korreliert "wild-zahm" nicht signifikant (5%-Niveau) mit der Rating-Konfiguration. An "Größe" und "Wildheit" als kognitiven Ordnungsprinzipien darf demnach gezweifelt werden. (Auch Storm berichtet nur "Größe" für die Ratings).

Als Zwischenbilanz unserer Strukturanalysen können wir festhalten, (1.) daß die Struktur der assoziativen Produktion sich markant unterscheidet von den aus Urteilsdaten errechneten Strukturen, (2.) daß eine rein dimensionale Interpretation der assoziativen Struktur (und im übrigen auch der Urteilsstruktur) nicht hinreicht, und (3.) daß wir aufgrund der Inhaltsanalysen freier Situationsbeschreibungen und durch den Vergleich der Strukturen untereinander weitere Anhaltspunkte finden konnten für eine situative Bestimmtheit der assoziativen Produktion.

Die Bedeutung des situativen Kontexts

Den anhand vergleichender Strukturanalysen von zwölf Stimuli (Säugetiernamen) gewonnenen Indizien für die Bedeutsamkeit des situativen Kontexts gilt es nun weitere hinzuzufügen. Dazu soll zunächst anhand einer weiteren Variante der Aufgabenstellung "Assoziieren", nämlich dem Aufzählen von Säugetieren (restringierte Assoziation) die empirische Basis verbreitert werden, und dann gezielt die Relevanz der situativen Komponente bei assoziativen Aufgabenstellungen im Vergleich zu Urteilen überprüft werden.

Analyse der Aufzählungen

Auch das Aufzählen von Exemplaren einer Kategorie kann als Erhebungsmethode für Strukturanalysen verwendet werden, wenn man die Reihenfolge der Aufzählung selbst zur Gewinnung eines Ähnlichkeitsmaßes benützt: Unter der plausiblen und durch zahlreiche Untersuchungen (z.B. über Organisationsphänomene beim freien Reproduzieren, vgl. Woods, 1972) erhärteten Annahme, daß semantisch Ähnliches in geringerem Abstand voneinander genannt wird - nichts anderes haben wir ja auch für die zeitliche Gliederung beim freien Assoziieren gefunden - kann der Abstand zweier Wörter in der Aufzählungsreihenfolge als ordinales Maß der semantischen Ähnlichkeit benutzt werden (z.B. Marx, 1980). Die weitere Auswertung erfolgte wieder durch multidimensionale Skalierung.

Wie Abbildung 16 deutlich macht, steht die anhand von Aufzählungen errechnete Struktur der assoziativen Struktur

Abbildung 16: Dimensionsanalyse der Aufzählungen. (Dimension 1 vs. Dim.2 einer dreidimensionalen NMDS-Lösung, Euklidische Metrik).

nahe. Betrachtet man die abgebildete Struktur, so spricht vieles gegen eine "zoologische" Interpretation (z.B. der große Abstand zwischen Katze und Löwe, oder zwischen Hirsch und Kuh, Ziege etc.). Hingegen treffen wir auf der die Reihenfolge der Nennungen abbildenden Linie von Start bis Ende in Art einer Auffächerung (vgl. das in Kap. 2 über das assoziative Raummodell von Marx Ausgeführte) Nennungen an, die sich sehr wohl situativen Kontexten zuordnen lassen: Mensch, Hund und Katze (häusliche Umgebung), Kuh, Pferd, Schaf und Ziege (Bauernhof und Weide), exotische, in der Regel tropische Tiere wie Affe, Zebra, Elefant, Tiger, Löwe, oder Giraffe, und einheimische wildlebende Tiere (Wald und Feld), wie Hirsch und Reh, Hase usw. Lediglich Schwein, sowie eventuell Maus und Esel wollen ihrer Position nach nicht so recht in diese Struktur passen. - Ein Sonderphänomen ist die Position von Wal am Anfang (der Wal gilt als sehr untypisches Säugetier, und die Reihenfolge der Nennungen korreliert mit r=.55 mit den Typikalitätsratings für die 12 Tiere, für die Typikalitätsurteile vorlagen). Offenbar ist Wal auf besondere Art mit dem Erwerb der Kategorie Säugetier verbunden, die ja keine "natürliche" Kategorie darstellt, sondern eine erst im schulischen Unterricht akquirierte. Wem wäre nicht beigebracht worden, daß der "Walfisch" eben kein Fisch, sondern ein Säugetier ist (und ebenso der Mensch, der doch gemeinhin dem Tier kontrastiert wird)? Insofern können Wal und eventuell auch Mensch als syntagmatische Antworten zu Säugetier verstanden werden. - Für uns ist aber vor allem die situative Interpretation der Gesamtstruktur von Bedeutung.

Situative vs. eigenschaftsbestimmte Organisation

Zwei Organisationsprinzipien können wir im Sinne unserer Hypothese den beiden Aufgabengruppen des Assoziierens und des Urteilens zuordnen: (1.) eine Organisation entsprechend dem situativen Kontext, in den ein Objekt zu stehen kommt, für die Tiere also eine Einteilung, wie sie durch die Wörter Haus, Bauernhof, Wald und exotisch angedeutet wird; (2.) eine Organisation entsprechend den als relevant betrachteten Eigenschaften der Objekte selbst, wie sie sich in der zoologischen Klassifikation nach Raubtier, Huftier und Nagetier niederschlägt.

Diese Hypothese läßt sich auch folgendermaßen formulieren: Tiere, die bei Anwendung eines der beiden Klassifikationsschemata (situativ vs. zoologisch) in dieselbe Klasse fallen, sollten als ähnlicher im Sinne der jeweils "passenden" Aufgabenstellung erscheinen. Für das freie Assoziieren heißt das beispielsweise, daß Paare von Tieren aus dem gleichen situativen Kontext (z.B. Hund - Maus) signifikant höhere Überlappungskoeffizienten aufweisen als Paare von Tieren aus unterschiedlichem Kontext (z.B. Hund - Löwe). Umgekehrt ist zu fordern, daß zwischen zoologischer Klassifikation und assoziativer Überlappung kein derartiger Zusammenhang besteht. - Diese Hypothese läßt sich statistisch überprüfen (Mediantest, vgl. Siegel, 1956, 111 f.).

Die zwölf Säugetiere unserer Untersuchung wurden folgendermaßen klassifiziert: (1) nach situativem Kontext: "häusliche Umgebung" (Hund, Katze, Maus), "bäuerliche Umwelt" (Kuh, Pferd, Schaf, Schwein, Ziege), "Wald" (Bär, Hase, Hirsch) und "Tropen" (Löwe); (2) zoologisch: "Raubtier" (Bär, Hund, Katze, Löwe), "Huftier" (Hirsch, Kuh, Pferd, Schaf, Schwein, Ziege) und "Nagetier" (Hase, Maus).

Freie Assoziationen. Bei den insgesamt 66 Paaren lag der Median des Überlappungskoeffizienten bei 0.08. Entsprechend der Hypothese lieferte die situative Klassifikation eine signifikante Abweichung (Chi-Quadrat = 17.40, p 0.1%): Alle 16 Paare aus gleichem Kontext wiesen Überlappungskoeffizienten der oberen Hälfte auf. Ebenfalls entsprechend der Hypothese war kein signifikanter Unterschied zwischen Paaren gleicher und verschiedener zoologischer Kategorie festzustellen (Chi=Quadrat = 3.19).

Aufzählungen. Hier liegen nur die Daten von 11 Tieren zur Überprüfung vor (Bär zählte nicht zu den in die Auswertung aufgenommenen 25 am häufigsten genannten Tieren). Die mittlere Distanz betrug D = 6.00. Wiederum lieferte eine situative Klassifikation einen signifikanten Wert (Chi-Quadrat = 4.44, p 5%), die zoologische Einteilung nicht (Chi-Quadrat = 0.30).

Ähnlichkeitsurteile. Hier ist nach der Hypothese der umgekehrte Sachverhalt zu erwarten. Die mittlere Distanz bei 66 Paaren betrug 4.30. Zwar lieferte bereits eine situative Klassifikation einen auf dem 5%-Niveau signifikanten Wert (Chi-Quadrat = 5.99), aber - und dies nun ganz im Sinne der Hypothese - die zoologische Klassifikation erbrachte einen weitaus höheren Wert (Chi-Quadrat = 15.97, p 0.1%).

Henleys Aufzählungen. Henley (1969) hat dieselbe Auswahl von 12 Tieren getroffen, bei der Auswertung ihrer Daten aus Aufzählungen aber die Distanzen nach der Zahl insgesamt genannter Tiere normiert, weshalb sich eine mittlere Distanz anderer Größenordnung als in unserer eigenen Untersuchung ergibt, nämlich D = 29. Für die Daten Henleys fällt das Ergebnis noch klarer im Sinne unserer Hypothese aus: Chi-Quadrat = 13.94 (p 0.1%) für die situative Klassifikation, und Chi-Quadrat = 0.69 (n.s.) für die zoologische Einteilung.

Storms Aufzählungen. Eine andere Auswahl von Tieren ergibt sich aus den von Storm (1981) erhobenen Aufzählungen. Wir überprüfen unsere Hypothese anhand der 12 häufigstgenannten Tiere für Storms Stichprobe der "undergraduates" (die unserer Personenstichprobe am nächsten kommt). Die Einteilung treffen wir folgendermaßen: (1) situativer Kontext: "häusliche Umgebung" (cat, dog), "bäuerliche Umwelt" (cow, horse, pig, sheep), "Wald" (bear, rabbit), "Tropen" (elephant, giraffe, zebra) und "Meer" (seal); (2) zoologische Klassifikation: "Raubtier" (bear, cat, dog, seal), "Huftier" (cow, elephant, horse, giraffe, pig, sheep, zebra) und "Nagetier" (rabbit). Es ergibt sich für die situative Einteilung Chi-Quadrat = 6.98 (p 1%), für die zoologische Chi-Quadrat = 1.00 (n.s.), ganz im Sinne unserer Hypothese.

Auf der Grundlage dieser Ergebnisse dürfen wir uns nun berechtigt fühlen festzustellen, daß für die hier untersuchte Kategorie der Säugetiere assoziative Produktionen in besonderem Maße eine am situativen Kontext orientierte Organisation aufweisen, Urteile hingegen stärker auf Eigenschaften der Objekte selbst sich beziehen. Die damit völlig übereinstimmenden Hinweise aufgrund freier Assoziation mit ganz anderem Material (Adjektive, vgl. Kap. 2, bes. Abb. 2) verweisen auf eine mögliche Generalisierung dieses Ergebnisses. Außerdem haben wir die Bedeutsamkeit des situativen Kontexts für das Assoziieren nicht nur an dem aus dem Gegenstandsbereich "Säugetiere" und der Relation "Überlappungskoeffizienten aus freier Assoziation oder Distanzen aus Aufzählungen" bestehenden empirischen Relativ aufgewiesen, sondern sie im vorigen Kapitel auch an einzelnen Assoziationsverläufen demonstrieren können.

Für unsere weiteren Überlegungen ist dieses Resultat von größter Bedeutung. Es sollte gelingen, daß auf der Grundlage ein und derselben anzunehmenden Struktur des Gedächtnisses mittels verschiedener, je aufgabenspezifischer Prozesse so unterschiedliche Strukturen der Produkte generiert werden können, wie wir sie hier beim Assoziieren und beim Urteilen vorgefunden haben.

Teil II (Kap. 6 - 8)

Modelle des assoziativen Gedächtnisses

Es ist nicht ohne weiteres (und möglicherweise gar nicht) verbindlich zu klären, welcher Status Modellen in der psychologischen Theoriebildung zukommt. Man wird aber zugeben müssen, daß die Konstruktion formaler Modelle in der neueren Psychologie, zumal bei den Vertretern kognitivistischer Positionen, zur überwiegenden theoretischen Anstrengung geraten ist, und daß "Modell" und "Theorie" sich mehr und mehr in ihrer Bedeutung angleichen. Dafür spricht auch die Vielzahl vorfindlicher Modelle, deren Autoren nichts weiter als beschreibende Absicht bekunden, und die dennoch, so die Deskription leidlich gut gelingt, schnell und gerne in den Status von Erklärungen erhoben werden. Die Geschichte des noch gar nicht so alten Forschungsthemas "semantisches Gedächtnis" (Quillian, 1968) ist reich an Belegen für diese Behauptung. Welcher logische Fehlschluß dem Mißverständnis zugrundeliegt, den empirischen Daten wohlangepaßte formalc Modelle seien "Erklärungen", wird mittlerweile schon in Lehrbüchern mitgeteilt (z.B. Deppe, 1977, 161 ff.): Die vom Modell vorhergesagten Daten können möglicherweise auf ganz anderem als dem vom Modell spezifizierten Wege entstanden sein.

Ohnedies ist die Prüfung der Übereinstimmung von Modellvorhersage und empirischen Daten ein Problem, zu dessen Bewältigung nach wie vor keinerlei narrensicheren Verfahren existieren. Oft genug divergieren bereits die inhaltliche psychologischen Grundannahmen eines Modell-Konstrukteurs und die (mathematisch-statistischen) Voraussetzungen der von ihm benutzten formalen Werkzeuge (Gigerenzer, 1981) Aber auch dort, wo inhaltliche und formale Annahmen miteinander verträglich sind, bleibt noch die Methode zu finden, nach der die Übereinstimmung zwischen Vorhersage und empirischen Daten quantifiziert und bewertet werden kann. Das Ungenügen der oft gewählten Notlösung - nämlich per statistischem Test nachzuweisen, daß Daten und Modell "nicht signifikant voneinander abweichen" - mag an dem bereits in Kap. 2 dargestellten Problem des zeitlichen Verlaufs "fortlaufender" Assoziationen verdeutlicht werden: Beide Vorschläge für eine Beschreibungsfunktion (Marx, 1978: lineare Funktion; diese Arbeit: exponentielle Funktion) weichen nicht signifikant von den Daten ab, so daß die Entscheidung auf der Grundlage eines statistischen Tests weder hier noch grundsätzlich (Bredenkamp, 1972) getroffen werden kann.

Was aber, wenn Modellvorhersage und empirische Daten deutlich voneinander abweichen? Ist ein Modell dann nicht "falsifiziert"? (So entspräche es wohl der neueren Fassung der "Logik der Forschung", 3. Auflage: Popper, 1969). Aber die wachsende Beschäftigung mit dem tatsächlichen Gang der Wissenschaft hat gezeigt, wie hoch die Resistenz von Modellen und Theorien den ihnen widersprechenden Daten gegenüber ist (Kuhn, 1962; Feyerabend, 1976; vgl. auch die Anmerkungen zur Geschichte der Sprachpsychologie bei Strube, 1977). Immerhin zeichnet sich eines der weithin bekanntesten Modelle des menschlichen Gedächtnisses, nämlich das Netzwerkmodell des semantischen Gedächtnisses in seiner Neufassung durch Collins und Loftus (1975) durch seine konsequente "Immunisierung" (Popper) gegenüber der Empirie aus: Durch die Einbeziehung von post-hoc-Erklärungen wie z.B. "unterschiedliche Ausbreitungsgeschwindigkeit von Aktivierung auf bestimmten Kanten des Netzwerks" sind schlechterdings keine empirischen Daten mehr vorstellbar, die durch das Modell nicht "erklärt" werden könnten.

Zu diesen generellen Problemen der Modellbildung tritt hinzu, daß psychologische Modelle, wie schon angeklungen ist, höchst unterschiedlichen Grad an Spezifikation und an intendierten Modelleigenschaften aufweisen. Leider ist gerade bei den nun vorzustellenden Modellen häufig unklar, welche Eigenschaften des Modells als Modelleigenschaften intendiert sind: Soll eine bestimmte, dem Modell inhärente Darstellungsform - ein geometrischer Raum etwa - lediglich wegen der übersichtlichen Präsentation der theoretischen Vorstellungen Verwendung finden, oder aber qua Modelleigenschaft auf einen dem Modellraum analogen semantischen Raum verweisen? Soll eine den empirischen Daten aus Wortassoziations-Versuchen angepaßte Funktion eine Analogie nahelegen zu Prozessen, die, aus der Naturwissenschaft bekannt, eine solche Funktion erzeugen - oder ist nichts weiter als die zusammenfassende Darstellung der Daten beabsichtigt? - Mit diesen Fragen und Vorbehalten im Hintergrund wollen wir nun in die Diskussion von Modellen des assoziativen Gedächtnisses eintreten.

Einfache stochastische Modelle

Bei der Diskussion des zeitlichen Assoziationsverlaufs im ersten Teil dieses Buches haben wir uns bemüht, den lediglich deskriptiven Charakter der schon von Bousfield und Sedgewick (1944) angepaßten Exponentialfunktion

$$n = c(1-\exp(-mt))$$

hervorzuheben, und zudem die beiden Parameter der Gleichung, $\underline{c}$ und $\underline{m}$, zu interpretieren als von der assoziativen Gesamtproduktion determiniert. Wir haben dieser Funktion also keinen erklärenden Modellcharakter unterstellt. In der Regel ist der exponentielle Verlauf des Assoziierens jedoch Gegenstand weitgehenderer Interpretationen geworden.

Assoziieren als Entleeren eines Speichers

Die obige Gleichung kann nämlich (und sogar besser als zur Beschreibung des Assoziationsverlaufs) zur Darstellung bekannter physikalischer Prozesse herangezogen werden. Der radioaktive Zerfall einer bestimmten Menge $\underline{c}$ eines Isotops zeigt diesen Zeitverlauf ebenso wie die Entladung eines Kondensators, der mit der Spannung $\underline{c}$ geladen wurde, und dessen Spannung $\underline{n}$ beim Entladen nach der obigen Gleichung abfällt ($\underline{m}$ ergibt sich dabei als 1/RC, mit R = Widerstand des Entladestromkreises, und C = Kapazität des Kondensators). Und am anschaulichsten ist wohl die mit der Wassermenge $\underline{c}$ gefüllte Badewanne, deren Entleerung durch das Abflußrohr denselben Verlauf nimmt. Die wesentliche Gesetzmäßigkeit dieses Prozesses drückt sich am deutlichsten in der Differentialgleichung aus, von der die obige Funktion abgeleitet werden kann, nämlich

$$dn = m(c-n)dt.$$

Für die Badewanne bedeutet das, daß die pro Zeiteinheit abfließende Wassermenge dn/dt der Restmenge des noch in der Wanne befindlichen Wassers (c-n) proportional ist. Für das Assoziieren haben Bousfield und Sedgewick entsprechend formuliert:

"This equation may be interpreted as stating that the rate of production of associations, dn/dt, ist proportional to the difference between the total available associations, c, and the number of associations already given, n, i.e., the rate is proportional to the number of remaining available associations." (1944, 161)

Die als Alternative zur Exponentialfunktion neuerdings (z.B. Gruenewald & Lockhead, 1978; Fitzgerald, 1983) wieder vorgeschlagene Anpassung einer Hyperbelfunktion an den Assoziationsverlauf entbehrt hingegen der Möglichkeit solch substantieller Interpretation. Bousfield, Sedgewick und Cohen (1954) hatten erstmals eine solche Funktion an Lernkurven in einem Free-Recall-Paradigma angepaßt. Aus ihrem Bericht geht jedoch eindeutig hervor, daß diese Funktion, deren Differentialgleichung sich von derjenigen der Exponentialfunktion lediglich durch die Quadrierung des Faktors (c - n) unterscheidet, das Ergebnis einer von trial-and-error geleiteten Kurvenanpassung war. Als erklärendes Modell kommt somit nur das des exponentiell verlaufenden Entleerungsprozesses in Frage.

Formal ist an der von Bousfield und Sedgewick vorgetragenen Darstellung kritisiert worden, daß sie deterministisch sei, doch läßt sich ein probabilistisches Modell dadurch gewinnen, daß $\underline{n}$ nicht als Anzahl zum Zeitpunkt $\underline{t}$ gegebener Antworten, sondern als der Erwartungswert der Antwortzahl gefaßt wird. In dieser Weise hat McGill (1963, 344 ff.) die von Bousfield und Sedgewick angegebene Funktion als Spezialfall eines Auslöschungsprozesses abgeleitet.

Die der kontiuierlichen Exponentialfunktion entsprechende zeitdiskrete Funktion ist übrigens die geometrische Verteilung (McGill, 1963, 343). Ein bekannter stochastischer Prozeß, der diese zeitliche Verteilung erzeugt, ist das Ziehen von Kugeln aus einer Urne. Albert hat dieses Modell auf das freie Reproduzieren von Wortlisten angewandt:

"Eine Urne enthält rote und schwarze Kugeln." (Die roten Kugeln stehen für die zu reproduzierenden Wörter.) "Pro Zeiteinheit wird eine Kugel nach Zufall gezogen. Wenn eine schwarze Kugel gezogen wurde, wird sie zurückgelegt. Wurde eine rote Kugel gezogen, wird statt ihrer eine schwarze Kugel zurückgelegt. (Das nochmalige Auftreten einer Reproduktion wird also nicht mehr gewertet.) Dieser Vorgang wird solange fortgesetzt, bis die Urne keine roten Kugeln mehr enthält. Die Gesamtzahl der Kugeln in der Urne bleibt dabei konstant." (1968, 566)

Als "Urnenmodell" sind die beschriebenen Vorschläge und ihre Verbesserungen (bes. Reder & Shiffrin, 1971; vgl. die ausführliche Übersicht bei Hinz & Deppe, 1977) auch in der Literatur über Wortassoziation bekannt. Urnenmodelle fußen auf Annahmen über die Struktur des assoziativen Gedächtnisses und über die Natur der beim Assoziieren ablaufenden Prozesse:

(a) <u>Struktur</u>: Es gibt ein Reservoir potentiell verfügbarer Antworten (bestimmt durch das Reizwort). Dieses Reservoir enthält je verschiedene Antworten mit je gleicher Ziehungswahrscheinlichkeit. Damit gleicht der assoziative Speicher einem mit unstrukturiertem Inhalt gefüllten Topf - sozusagen ein diskretes Abbild der Badewanne. Außerdem ist jede Antwort markiert, wenn sie bereits geäußert worden ist.

(b) Prozesse: Der Abrufprozeß aus dem Speicher wird als automatischer, d.h. ohne bewußte (willentliche, "strategische") Einwirkung der Person sich vollziehender Vorgang konzipiert. An diesem Prozeß lassen sich Teilprozesse unterscheiden, nämlich (1) die zufällige Wahl ("Ziehung") einer Antwort aus dem Reservoir, (2) die Inspektion einer dem Wort angehängten Markierung ("tag") um festzustellen, ob die Antwort schon "verbraucht" ist (d.h. im Assoziationsverlauf schon geäußert wurde). Falls die Antwort noch "frisch" ist, wird sie geäußert und die Repräsentation der Antwort im Speicher wird als "verbraucht" markiert. Andernfalls entfällt die Äußerung. - Die Teilprozesse (1) und (2) wiederholen sich, bis die vereinbarte Versuchsdauer abgelaufen ist. Wir können Datenstruktur und Algorithmus dieses Modells in einer an die Programmiersprache Pascal* angelehnten Pseudosprache folgendermaßen darstellen:

---

*) Es erschien hier weder sinnvoll, die gesamten Programme samt Ein- und Ausgabeprozeduren wiederzugeben, noch den genauen Programmtext (wie in Kap. 10) abzudrucken. Die Anlehnung der Darstellung an die Programmiersprache Pascal wurde (obwohl einige der Programme in anderen Sprachen geschrieben wurden) gewählt, weil diese Sprache wie keine andere sowohl die Datenstruktur als auch den Algorithmus besonders klar und übersichtlich wiedergibt (vgl. auch Wirth, 1979). Damit dient sie dem angestrebten Ziel, latente Prozeßannahmen von Modellen zu explizieren. (Zur außerordentlichen Bedeutung der Explikation von Annahmen vgl. auch Gigerenzer & Strube, 1978.)

```
program  Urnenmodell;

 (* Der assoziative Speicher wird als indiziertes Feld spezi-
    fiziert, dessen Elemente vom Typ "Antwort" aus dem Wort
    selbst und einer Marke bestehen  *)

 const   Speichergröße;
 type    Antwort: record of Wort: string;
         Marke: boolean  end;
         Index: 1..Speichergröße;
 var     Speicher: array (Index) of Antwort;
         Assoziation: Antwort;

 (* Die Ziehung einer Zufallszahl und das Äußern eines Wortes
    werden als bereits vorhandene Programme unterstellt *)

 procedure  äußern (Wort: string)     -external-  ;
 function   Zufallszahl: Index;       -external-  ;

 (* Hauptprogramm: Endlosschleife
    Als Anfangszustand sei unterstellt, daß alle Markierungen
    Antwort.Marke = false sind  *)

 begin do forever
       begin  Assoziation := Speicher (Zufallszahl);
              if not Assoziation.Marke then
              begin  äußern (Assoziation.Wort);
                     Assoziation.Marke:=true
              end
       end
 end.
```

Abbildung 17: Theoretische Antworthäufigkeiten beim freien Assoziieren nach dem Urnenmodell mit ungleichen Ziehungshäufigkeiten (gemittelte Kurven aus 100 Simulationen).

```
sec  Antworten

  0    0      *
 10    2.78   :  *         (a) Stimulus "Haus"
 20    7.18   :      *         (6 Suchzyklen/sec)
 30   10.91   :          *
 40   13.96   :             *
 50   16.42   :               *
 60   18.67   :                  *
 70   20.62   :                    *
 80   22.24   :                     *
 90   23.64   :                       *
100   24.93   :                        *
110   26.14   :                         *
120   26.94   :                          *

  0    0      *
 10    1.96   : *          (b) Stimulus "Fenster"
 20    5.43   :    *           (4 Suchzyklen/sec)
 30    8.21   :       *
 40   10.68   :          *
 50   12.94   :            *
 60   14.77   :              *
 70   16.61   :                *
 80   18.16   :                 *
 90   19.71   :                   *
100   20.97   :                    *
110   22.19   :                     *
120   23.21   :                      *
```

Zu spezifizieren ist weiterhin, welche Vorgänge wieviel Zeit verbrauchen sollen, und ob sie wie im Programm nacheinander oder zum Teil auch parallel ablaufen sollen. Hier wurde festgelegt, daß der Zeitverbrauch allein von der Suche bestimmt werde. Das bedeutet, daß das Finden einer Antwort (samt der Entscheidung, ob diese Antwort ausgesprochen werden soll) und das Aussprechen selbst von distinkten, voneinander unabhängigen Subsystemen ausgeführt wird, so daß die nächste Assoziation schon gesucht werden kann, während noch die letzte ausgesprochen wird.

Außerdem wurde die Datenstruktur gegenüber dem elementaren Urnenmodell differenziert: Dem Vorschlag von Reder und Shiffrin (1971) folgend wird angenommen, daß die Ziehungswahrscheinlichkeiten der Kugeln unterschiedlich sind. Dies trägt dem empirischen Tatbestand Rechnung, daß die Antwortverteilungen bei freien Assoziationen höchst verschiedene Häufigkeiten für die einzelnen Antworten aufweisen. Dementsprechend wurden die relativen Häufigkeiten der gewählten Stimuli Haus und Fenster den von Russell (1970) im Würzburger Raum erhobenen Assoziationsnormen entnommen. Im Modell selbst sind die Ziehungswahrscheinlichkeiten dadurch repräsentiert, daß es mehrere Kugeln gleicher "Sorte" geben kann (die allesamt markiert werden, wenn die entsprechende Antwort geäußert wird). Wie Abbildung 17 zeigt, ergibt sich unter der groben Annahme, daß 4 bzw. 6 Suchprozesse je Sekunde ausgeführt werden, eine dem von Marx (1978) berichteten empirischen Verlauf bereits einigermaßen gut angenäherte Kurve, deren mittlere quadratische Abweichungen von den empirischen Werten (0.84 für Fenster und 1.87 für Haus) noch weiter verringert werden könnten, indem man nicht nur ganze Zahlen von Suchzyklen je Sekunde zuläßt (also nicht nur 4, 5, oder 6, sondern z.B. 4.7).

Das Urnenmodell ist also, da es eine Zeitfunktion der Erwartungswerte nach Art der von Bousfield und Sedgewick vorgeschlagenen Exponentialfunktion generiert, als Modell des Assoziationsprozesses insofern adäquat, als es zu einer Approximation des mittleren empirischen Verlaufs des Assoziierens führt. Indessen melden sich doch erhebliche Zweifel an den Voraussetzungen des Urnenmodells: (1) daß (und sei es auch bloß "funktional" gemeint, im übertragenen Sinne) pro möglichem Reizwort ein durch dieses definierter, d.h. von übrigen Inhalten des Gedächtnisses abgegrenzter "Speicher" existiert, (2) daß die Inhalte dieses Speichers aus Einheiten bestehen, die sowohl eindeutig einzelnen Wörtern entsprechen, als auch eine Art Markierung erlauben, die nur mit der Aufgabe des Assoziierens zu tun hat, nicht aber mit jenem im Langzeitgedächtnis vermuteten Wissen, das zu erkunden Anlaß des Assoziationsexperiments war, (3) daß das so charakteristische Auftreten temporaler "Cluster" von Antworten bei individuellen Verläufen lediglich eine "Zufallsschwankung" sei.

Es ist der erklärte Zweck vieler Modellvorschläge gewesen, diese gegen das einfache Urnenmodell gerichteten Einwände aufzunehmen und ein entsprechend erweitertes Modell vorzulegen. Das Modell unterschiedlicher Ziehungswahrscheinlichkeiten (Reder & Shiffrin, 1971) und äquivalente Modelle (z.B. Indow & Togano, 1970) wurden beispielsweise entwickelt, um die unhaltbare Annahme der Gleichwahrscheinlichkeit aller Assoziationen durch eine realistischere Annahme zu ersetzen. In der Tat läßt sich dann auch eine klassische behavioristische Assoziationstheorie (nämlich Hulls "habit hierarchy") als erklärendes Prinzip für das Zustandekommen der unterschiedlich starken Verbindungen heranziehen. Auch die Annahme je reizwortspezifischer Speicher kann weniger problematisch gefaßt werden, wenn an die Stelle eines theoretisch nicht begründbaren, abrupten Endes des Speichers ein allmähliches Abfallen der Ziehungswahrscheinlichkeiten tritt. Die dann resultierende Vorstellung eines sozusagen "fokalen" Speichers stimmt dann auch gut mit den zahlreichen von Rosch,

1973 u.a., angeführten Belegen für eine fokale Organisation begrifflicher Kategorien überein.

Dann reichen allerdings die bisher genannten Prozeßannahmen des Urnenmodells nicht aus. Unsere zu Demonstrationszwecken oben gewählte Lösung, einfach mehrere Einheiten (= Kugeln) je Assoziation zuzulassen, löst zwar das Suchproblem: der blinde Suchprozeß wird jetzt mit größerer Wahrscheinlichkeit eine Antwort "ziehen", die durch mehrfach vorhandene Einheiten repräsentiert wird - umso weiter hergeholt wird aber die damit implizierte Annahme der Markierung von Kugeln, die gar nicht gezogen worden sind. Es scheint nicht, daß diese Schwierigkeit im Rahmen des Urnenmodells behoben werden könnte. Das Zweikanalmodell von Indow und Togano (1970) wiederum scheitert am Kriterium plausibler Prozeßannahmen wegen der kuriosen Annahme, je Reizwort existierten gleich zwei Speicher vom Typus des "scharf begrenzten Behälters", von denen der eine schnell, der andere langsam entleert würde. Mit solchen Arbeitshypothesen wurde eine bessere Anpassung der resultierenden Funktion an die empirischen Mittelwerte mit auf Kosten theoretischer Klarheit erkauft.

Indow und Togano machen aber auf ein Problem aufmerksam, das der Interpretation der Bousfield-Sedgewick-Formel anhaftet: wie nämlich der darin enthaltene Parameter $\underline{c}$ zu interpretieren sei. Die übliche Deutung ist die der Speichergröße. Bousfield und Sedgewick schreiben allerdings mit aller Vorsicht :"$\underline{c}$ = constant (the limit of available associations)" (1944, 149). Rein mathematisch aber ergibt sich $\underline{c}$ dann als Grenzwert für $\underline{t}$ gegen Unendlich, was heißt, daß die bei längerer Versuchsdauer resultierende Zahl an Antworten fast ausschließlich von $\underline{c}$ bestimmt ist. Bei einer Wiederholung des Assoziationsversuchs (gleiches Reizwort, dieselben Versuchspersonen) sollten die für $\underline{c}$ zu errechnenden Werte also nicht differieren, wenn $\underline{c}$ die Speichergröße darstellen soll. Anhand

Abbildung 18: Einfaches Urnenmodell: Abhängigkeit der assoziativen Produktion von der Größe des Speichers, c.

(a) c = 99.

1	4.86	: *
2	13.03	: *
3	20.61	: *
4	27.44	: *
5	33.55	: *
6	39.24	: *
7	44.29	: *
8	48.98	: *
9	53.38	: *
10	57.23	: *
11	60.98	: *
12	62.84	: *

(b) c = 66.

1	3.23	: *
2	8.68	: *
3	13.6	: *
4	18.05	: *
5	22.14	: *
6	25.91	: *
7	29.41	: *
8	32.43	: *
9	35.42	: *
10	38.06	: *
11	40.61	: *
12	41.82	: *

(c) c = 33.

1	1.58	: *
2	4.49	: *
3	6.82	: *
4	9.01	: *
5	10.98	: *
6	12.86	: *
7	14.28	: *
8	16.1	: *
9	17.61	: *
10	18.99	: *
11	20.25	: *
12	20.8	: *

des einfachen Urnenmodells demonstriert Abb. 18 die Abhängigkeit der Gesamtzahl produzierter Assoziationen von der angenommenen Speichergröße *c*.

Bei Wiederholungen des Assoziationsversuchs bleibt die Zahl produzierter Antworten jedoch nicht gleich (d.h. im Rahmen zufälliger Schwankungen), sondern steigt systematisch an (Indow & Togano, 1970). Einen noch drastischeren Beleg gibt Marx (1978). Er ließ 34 Studenten wiederholt (10 Durchgänge im Abstand von 1 bis 3 Tagen) auf 8 Stimuli frei assoziieren. Dadurch konnte eine zweite Schätzmethode für die Speichergröße angewandt werden: Es wurden einfach alle verschiedenen zu einem Reizwort gegebenen Antworten gezählt. Die so ermittelten Schätzungen der Speichergröße lagen aber mindestens doppelt, und in zwei Fällen fast viermal so hoch wie die anhand der den Assoziationsverläufen angepaßten Funktion errechneten *c*-Werte. Marx schließt daraus:

"In einem einfachen aber anschaulichen Bild ausgedrückt: c gibt nicht die Größe des Topfes an, aus dem geschöpft wird (...) sondern c gibt die Größe der Kelle an, mit der geschöpft wird, gibt also an, wieviele Elemente maximal auf einen Zugriff erfaßt werden können." (1978, 97)

Eine gewisse Schwierigkeit dieser wesentlich zurückhaltenderen Interpretation von *c* liegt freilich darin, daß nun noch zu erklären wäre, wie ein Teil des Speichers je Versuch ausgewählt wird. Ähnlich wie im Fall des Modells unterschiedlicher Ziehungshäufigkeiten werden somit zusätzliche Prozeßannahmen erforderlich, deren theoretische Ableitung ungeklärt bleibt. (Im übrigen ist auch die "Schöpfkellen-Interpretation" nicht vereinbar mit dem Anwachsen der Antwortzahl bei Versuchswiederholungen.)

Der Haupteinwand gegen das Urnenmodell und seine unterschiedlichen Verbesserungen ist aber der geblieben, daß all diese Modelle mit dem schon von Bousfield und Sedgewick (1944) berichteten Auftreten zeitlicher Unregelmäßigkeiten ("Cluster") nicht verträglich sind. Aus diesem Grund schlagen Hinz und Deppe (1977) vor, ein Cluster voraussetzendes Modell auf den Assoziationsverlauf anzuwenden, wie es Rapoport (1963) entwickelt hat.

Ein epidemiologisches Modell

Der Hintergrund dieses Modells läßt sich wohl am besten anhand der Anwendung erhellen, für die es konzipiert wurde. Es sollte nämlich die Informationsausbreitung (besser gesagt: die Gerüchtbildung) innerhalb einer definierten Population (Schulkinder und Studenten: Dodd, Rainboth & Nehnevajsa, 1952; Rapoport, 1953) vorhersagen. Das Modell eignet sich auch zur Beschreibung von Epidemien, denn die Informationsausbreitung wird als "Ansteckung" konzipiert. Das Rapaportsche Modell geht von folgenden Parametern aus: (1) die Größe der Population, die wir in Übereinstimmung mit unserer bisherigen Terminologie als <u>c</u> bezeichnen wollen, (2) die Anzahl sozialer Kontakte (also potentieller Informationsübertragungen) je Zeiteinheit, <u>a</u>, und schließlich (3) <u>theta</u>, ein Maß für die Überlappung der Bekanntenkreise der einzelnen Individuen. Wenn wir mit <u>n(t)</u> die Zahl der zum Zeitpunkt <u>t</u> informierten Personen bezeichnen, ergibt sich nach Rapoport (1963) die folgende rekursive Gleichung (bereits in der für Assoziationen modifizierten Terminologie, wie bei Hinz & Deppe, 1977):

$$n(t+1) = c - (c-n(t))*\exp(-alpha(n(t)-n(t-1))/c).$$

Dies bedeutet, daß der vorherzusagende neue Wert <u>n(t+1)</u>, also die Anzahl der Informierten zum Zeitpunkt <u>t</u>, von vier Parametern abhängt: (1.) von <u>c</u>, der Größe der Population, (2.) von <u>alpha</u>, das Rapoports Ableitung zufolge allein von <u>a</u> und <u>theta</u> bestimmt wird, und zwar nach alpha = 1 - exp(-a*theta) + (1-theta)*a,

sowie (3.) und (4.) von den beiden vorhergehenden Funktionswerten n(t) und n(t-1).

Welche inhaltlichen Annahmen stehen hinter dieser Formel? Es ist einmal die, daß jedes Individuum der Population mit jedem anderen in Kontakt treten kann, dann, daß die Population sich in Bekanntenkreise gliedert (Cluster). Diese strukturellen Annahmen werden ergänzt um die beiden Prozeßannahmen, wonach jedes zum Zeitpunkt t neu informierte Individuum bis zum darauf folgenden Zeitpunkt t+1 eine jeweils konstante Anzahl weiterer Personen kontaktiert (von denen natürlich nur diejenigen neu informiert werden können, die noch nicht informiert sind), und weiter, daß diese Kontakte sich zu einem Anteil theta innerhalb eines "Clusters" bewegen und nur mit einer Wahrscheinlichkeit von (1-theta) zufällig auf den Rest der Population verteilen.

Hinz und Deppe (1978) haben diese Annahmen des Rapoport-Modells auf fortgesetztes Assoziieren übertragen. Der Population der Individuen entspricht dann der einem Stimulus zugeordnete assoziative Speicher der Größe c. Der assoziative Speicher wird als aus Clustern zusammengesetzt begriffen: "die c Begriffe sind in k disjunkte Cluster vom Umfang q aufgeteilt" (Hinz & Deppe, 1977, 28). Entsprechend wird die Prozeßannahme formuliert: "die Assoziationen breiten sich zu einem Anteil θq innerhalb der Cluster aus, (wobei $0 \leqq \theta \leqq 1$), und zu einem Anteil $(1-\theta)q$ innerhalb der restlichen c-q Begriffe" (ebd.).

Damit ist im Gegensatz zu den Urnenmodellen ein statistisches Modell formuliert, welches eine strukturierte Datenbasis unterstellt. (Allerdings bleibt diese Annahme formal, da keinerlei Einschränkungen hinsichtlich der Zusammensetzung der Cluster gemacht werden.) Da Rapoport (1953; 1963) sein

Modell als Rekursionsformel spezifiziert und diese Gleichung sich der Umformung in eine explizite Funktionsgleichung entzieht, läßt sich für die Beziehung zwischen Rapoports Modell und dem von Bousfield & Sedgewick (1944) angegebenen lediglich auf dem Wege des Widerspruchsbeweises zeigen, daß das Urnenmodell nicht etwa ein Spezialfall des Rapoport-Modells ist, sondern von diesem sich grundsätzlich unterscheidet (A. Allgeier, mdl. Mitteilung).

Allerdings kommt die unterstellte Struktur der Datenbasis in der Performanz des Modells nicht zum Ausdruck. Die Funktionsgleichung des Rapoport-Modells liefert für konstantes alpha und c nämlich stets monoton steigende Funktionen, die höchstens einen Wendepunkt enthalten (vgl. Rapoport, 1963). Es kann also für konstante Parameter der Rapoport-Funktion keinesfalls behauptet werden, daß sie zeitliche Cluster generiert. - Somit kann auch das Modell von Rapoport lediglich Summenkurven (d.h. über Versuchspersonen oder Versuchswiederholungen gemittelte Assoziationsverläufe) approximieren.

Um die Güte der mit dem Rapoport-Modell erzielbaren Approximation abzuschätzen, habe ich versucht, es an die Daten von Marx (1978; fortgesetzte Assoziation, 10 Wörter, 70 Versuchspersonen) anzupassen. Als Schätzung der Speichergröße wurde der im Mittel bei 90 liegende Wert aus Marx' Versuchen mit wiederholtem Assoziieren (1978, 93 ff.) herangezogen. Aufgrund der Überlegung, daß a der maximal je Zeitintervall genannten Zahl von Antworten entsprechen müsse (also zwei bis drei), und ein theta von 0.8 oder höher als Folge stark in Cluster gegliederter Struktur zu wählen sei, ergibt sich ein alpha von etwa 1 oder etwas höher. Diese Schätzung von alpha bestätigte sich im Näherungsverfahren: als beste Werte einer nach dem Prinzip der kleinsten Quadrate angepaßten Rapoport-Funktion ergaben sich alpha zwischen 0.9 und 1.3, doch lagen die Abweichungen recht hoch. Wenn (um mit den von Marx, 1978, angegebenen Werten für die Anpassung der Bousfield/Sedgewick-Funktion vergleichen zu können), ein auf die 70 Versuchspersonen hochgerechneter Chi-Quadrat-Wert ermittelt wird, ergeben sich deutlich höhere, statistisch signifikante Abweichungen für das Rapoport-Modell (Chi-Quadrat-Werte von 23.1 bis über 100 im Vergleich zu Werten zwischen 1.47 und 6.79, wie sie Marx für das Bousfield-Sedgewick-Modell angibt, kritischer Chi-Quadrat-Wert = 15.51).

Da das Rapoport-Modell bei konstantem alpha für alle Stimuli signifikant von den empirischen Werten abweicht, müßte man, wie Rapoport (1963) dies anhand seines Beispiels "Informationsausbreitung" vorgenommen hat, die Forderung nach einem konstanten alpha aufgeben, um zu besserer Anpassung zu gelangen: Dann indes kann alpha für jeden neuen Wert so gewählt werden, daß die Kurve immer durch die empirisch bestimmten Punkte verläuft, so daß die Anpassung des Modells trivial wird.

Zusammenfassend halten wir fest, daß Urnenmodelle vom Bousfield-Sedgewick-Typ den mittleren Verlauf des Assoziierens gut abbilden können, daß sie aber weder den individuellen Assoziationsverlauf abbilden noch irgendwelche inhaltlichen Aussagen über die Antworten machen können. Die Prozeßannahmen solcher statistischen Modelle besitzen recht anschauliche physikalische Analogien, ermangeln aber kognitionspsychologischer Herleitung. Diese Schwächen veranlassen uns, weiter zu suchen nach anderen Modellen der Wortassoziation. Wir wollen uns nun solchen zuwenden, die unter Betonung je bestimmter inhaltlicher Struktur die Organisation des assoziativen Gedächtnisses zu modellieren beabsichtigen.

Strukturmodelle des Assoziierens

Im Gegensatz zu den bisher vorgestellten Modellen, denen inhaltliche Annahmen zwar inhärent sind, doch nicht im Vordergrund stehen (und daher auch nicht immer expliziert werden) treffen strukturorientierte Modelle deutliche Annahmen über die dem Assoziieren zugrundeliegenden Prozesse und Strukturen. Sie legen dabei das Gewicht auf die Organisation der Datenbasis; die Prozeßannahmen hingegen sind relativ unspezifisch: ein automatischer Suchprozeß, gesteuert durch die Eigenschaften der Datenbasis selbst, ist alles, was benötigt wird. Damit wird die Struktur des assoziativen Gedächtnisses zum bestimmenden Faktor dessen, was ein Modell als "output" liefert. Eine derartige Struktur kann entweder durch eine Matrix von Übergangswahrscheinlichkeiten von einem Wort zum anderen dargestellt werden (z.B. Markov-Prozeß als probabilistisches, asymmetrisches Strukturmodell), oder kann anschaulich gemacht werden als topologisches Modell (deterministisches oder probabilistisches, symmetrisches Strukturmodell in den Varianten einer geometrisch-räumlichen oder einer Clusterstruktur).

Das Assoziationsmodell von Marx

Wir beginnen mit einem Modell, das unmittelbar an die besprochenen stochastischen Modelle anknüpft, und dessen Absicht ist, "die Raumstruktur des assoziativen Speichers" darzustellen (Marx, 1978). Auch Marx geht aus vom Konzept eines durch das jeweilige Reizwort definierten assoziativen Speichers von endlichem Umfang. Ebenso wie beim Urnenmodell und dessen Derivaten enthält dieser Speicher mögliche Antworten als Elemente. Aber es ist nicht mehr so, daß die Elemente dieses Speichers mit gleicher oder je verschiedener Wahrscheinlichkeit unabhängig voneinander "gezogen" werden.

Wortassoziation als Markov-Prozeß

Marx (1978) definiiert die Ziehungswahrscheinlichkeiten für die Elemente des assoziativen Speichers so, daß die Ziehungswahrscheinlichkeit eines Elementes ausschließlich vom vorher gezogenen Element abhängt:

$$p(E(n) \mid E(n-1), \ldots E(n-k)) = p(E(n) \mid E(n-1)).$$

Das soll heißen, daß die Wahrscheinlichkeit dafür, im Anschluß an eine Folge $\underline{s} = \underline{E(n-k)}, \ldots \underline{E(n-2)}, \underline{E(n-1)}$ ein bestimmtes Element $\underline{E(n)}$ auszuwählen, genau gleich der Übergangswahrscheinlichkeit vom Element $\underline{E(n-1)}$ auf das Element $\underline{E(n)}$ ist. Ein Einfluß "älterer" Antworten ist also ausgeschlossen;* ebenso ist der Einfluß des Stimulus (Reizwortes) beschränkt auf die Auswahl des Speichers und die Auswahl der ersten Antwort. Damit können wir das Modell von Marx kennzeichnen als einen Markovschen Prozeß.

Die Datenbasis des Modells besteht also aus dem Cartesischen Produkt der aus dem Reizwort und allen dazu möglichen

---

*) Die Matrix der Übergangswahrscheinlichkeiten selbst wird allerdings für die Dauer des Assoziationsverlaufs nicht als konstant angesehen, da das Assoziieren als "Ziehen ohne Zurücklegen" konzipiert wird. Für große assoziative Speicher, wie sie aus den Schätzungen für $\underline{c}$ resultieren (d.h. Speicherinhalt von 60 und mehr Items) sind die Auswirkungen aber vernachlässigbar gering.

Antworten bestehenden Menge mit sich selbst, wobei jedem Element dieser Produktmenge, d.h. jedem Paar von Antworten (E(i),E(j)) eine Übergangswahrscheinlichkeit p (ij) = p (E(i)IE(j)) zugeordnet ist. Dabei ist p (ij) im allgemeinen nicht gleich p (ji): Die Übergangswahrscheinlichkeiten sind bekanntermaßen asymmetrisch. (Ein Beispiel: Nach den von Russell, 1970, erhobenen deutschen Assoziationsnormen löst "Arzt" bei durchschnittlich 12.7 % aller Befragten "Krankheit" als Erstantwort aus; umgekehrt wurde nur von 3.3 % auf "Krankheit" mit "Arzt" geantwortet.) Zudem wird die Matrix der Übergangswahrscheinlichkeiten in vielen Zellen Null als Wert aufweisen: p (ij) = 0 in allen Fällen, wo E(i) auf E(j) hin nicht zur Verfügung steht. Schließlich fügt Marx der Menge der Elemente aus technischen Gründen noch das Element "Abbruch des Assoziierens" hinzu, so daß auch das Ende des Prozesses allein strukturbestimmt erscheint.

Die Wahrscheinlichkeitsstruktur des assoziativen Speichers determiniert den Verlauf des Assoziierens im Modell von Marx vollständig. Es bedarf keiner weiteren Faktoren, und die Prozeßannahme reduziert sich auf den automatischen Ablauf eines Markovschen Prozesses. Marx beschränkt diese Annahme außerdem auf die Reihenfolge der Antworten und erhebt nicht den Anspruch, den genauen zeitlichen Verlauf damit beschreiben zu wollen. Dafür wären Zusatzannahmen in Betracht zu ziehen, etwa daß höheren Übergangswahrscheinlichkeiten kürzere Antwortzwischenzeiten entsprechen.

Das Marxsche Modell ist das erste, das vom individuellen Assoziationsverlauf ausgeht anstatt von gemittelten Verläufen. Dies entspricht auch dem neobehavioristischen Hintergrund des Modells: Der gesamte Assoziationsverlauf wird in S-R-Paare zerlegt, wobei für jedes S eine Hullsche "habit hierarchy" R1, R2, ... definiert ist durch die Übergangswahrscheinlichkeiten p (S I Ri). Bei diesem theoretischen Hintergrund ist es selbstverständlich, daß die individuelle Lerngeschichte zur Erklärung der assoziativen Struktur herangezogen wird, wie Marx (1978) an mehreren Stellen erkennen läßt.

Offenkundig ist die wesentlichste Annahme des von Marx entwickelten Assoziationsmodells die Behauptung, das Assoziieren sei ein Markov-Prozeß, d.h. die Auswahl des nächstfolgenden Elements sei allein vom letzten vorhergehenden Element bestimmt. Die weitreichenden Implikationen einer solchen Annahme liegen auf der Hand: Modelle für den Prozeß des Assoziierens könnten auf das klassische behavioristische S-R-Konzept reduziert werden. Bevor wir diese Annahme überprüfen, soll aber über die andere Variante des Strukturmodells berichtet werden.

Die Raumstruktur des assoziativen Speichers

Marx (1978) stellt diesem Markov-Modell ein anderes Strukturmodell zur Seite, nämlich ein geometrisches Strukturmodell. Diesem zufolge stellt der assoziative Speicher sich dar als ein mehrdimensionaler Raum, in dem die Elemente (d.h. Reizwort, Antworten und "Ende des Assoziierens") als Punkte dargestellt sind.

"Das einfachste Modell für einen solchen geordneten Speicher wäre ein n-dimensionaler Raum, in dem die Elemente nach zunächst noch unbekannten Prinzipien angeordnet sind. Die Distanzen zwischen den Elementen, dargestellt durch Punkte im n-dimensionalen Raum, sind dann Bedingung der Übergangswahrscheinlichkeiten zwischen den Elementen, und zwar derart, daß kleine Distanzen hohe Übergangswahrscheinlichkeiten und große Distanzen niedrige Übergangswahrscheinlichkeiten bedingen." (Marx, 1978, 136)

Hier wird also eine theoretische Verbindung zwischen den beiden Modellen behauptet: Die geometrischen Distanzen $d(ij)$

zwischen zwei die Elemente E(i) und E(j) repräsentierenden Punkten P(i) und P(j) werden als bedingender Faktor für die Übergangswahrscheinlichkeiten p (ij) bzw. p (ji) angesehen, so daß

$$p(E(i) \mid E(j)) = p(ij) = f_m(d(ij)),$$

wobei

fm eine monoton fallende Funktion bezeichnet: je kleiner die räumliche Distanz, desto höher die zu erwartende Übergangswahrscheinlichkeit.

Eine erste Differenz in den Eigenschaften der hier koordinierten Modellvorstellungen zeigt sich darin, daß geometrische Distanzen sich zwar kommutativ verhalten: d(ij) = d(ji), dies aber für Übergangswahrscheinlichkeiten nicht gilt, denn diese sind asymmetrisch. Dieser grundsätzliche Unterschied beider Modelle kann auch durch die später von Marx (1978, 167 ff.) ergänzend vorgebrachte Annahme einer bevorzugten räumlichen Orientierung nicht aufgefangen werden, da eine solche Annahme in die Definition der Distanzen nicht eingeht.

Die Distanzen selbst werden, in Umkehrung des Modells (wonach die Distanzen den assoziativen Verlauf bedingen), aufgrund der Reihenfolge geschätzt, in der die Assoziationen im Versuch genannt werden. Als Schätzung wird ein Distanzkoeffizient verwendet, welcher der durchschnittlichen Rangplatzdifferenz der beiden Antworten (gemittelt über alle Assoziationsverläufe, in denen beide vorkommen) entspricht (vgl. auch Marx, 1980; ähnliche Koeffizienten sind auch von Henley, 1969, Friendly, 1972, und anderen verwendet worden). Die aus der zeitlichen Reihenfolge der Antworten ermittelten Distanzkoeffizienten werden als Unähnlichkeitsmaße verwendet, die zu den "wahren" Distanzen der Punkte im mehrdimensionalen Modellraum in einer ordinalen Beziehung stehen. Als Methode zur Konstruktion des Modellraums und der Punkte darin wird NMDS (nonmetrische multidimensionale Skalierung) verwendet.

Diese Technik, die wir in Kapitel 4 als deskriptives Mittel zur Datenanalyse verwendet haben, stellt ja ein Verfahren zur bestmöglichen Anpassung eines geometrischen Raum-Modells an die zeitliche Reihenfolge der Antworten im Assoziationsversuch dar.

Marx exemplifiziert das Raum-Modell anhand wiederholten freien Assoziierens einer seiner Versuchspersonen auf das Reizwort "warm". Auf die oben bezeichnete Weise errechnet er aus insgesamt zehn Assoziationsverläufen eine Matrix der Distanzkoeffizienten für die 32 Assoziationen, die in minde-

---

Abbildung 20: Der assoziative Speicherraum für den Stimulus "warm" (nach Marx, 1978).

Die Nummern der Punkte im Raummodell entsprechen folgenden Wörtern:

1	warm (Reizwort)	2	kalt
3	Sommer	4	Sonne
5	Wasser	6	arm / Arm
7	Wanne	8	Wanst
9	Limonade	10	Heizung
11	Wolle	12	Italien
13	Pullover	14	Hitze
15	Scheiße	16	Pisse
17	weich	18	Ofen
19	Bett	20	Strümpfe
21	Nest	22	Federn
23	Jacke	24	Decke
25	Strand	26	Blut
27	Suppe	28	Würstchen
29	Socken	30	Watte
31	Wetter	32	schwul
33	schwül	34	(Ende d. Assoz.)

(a) Dimension 1 vs. Dimension 2

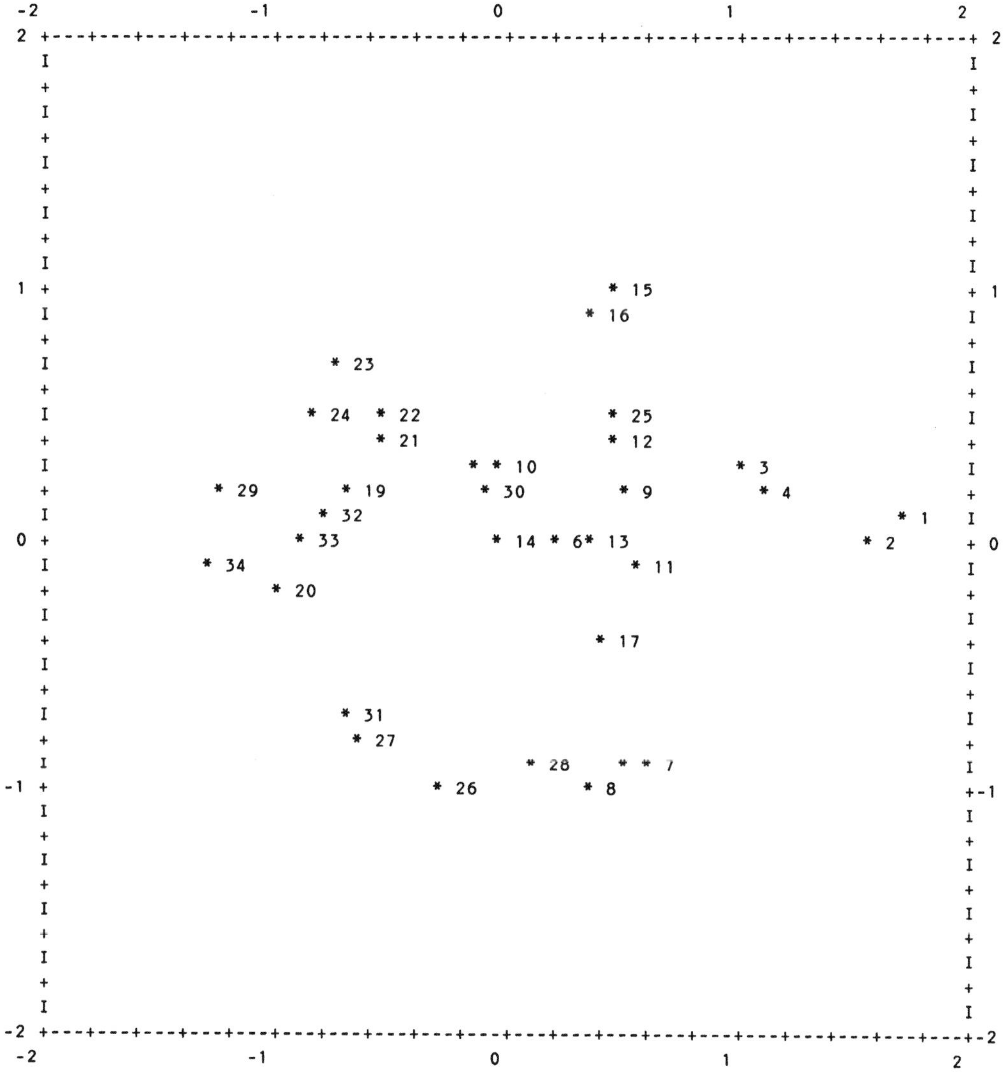

(b) Dimension 1 vs. Dimension 3

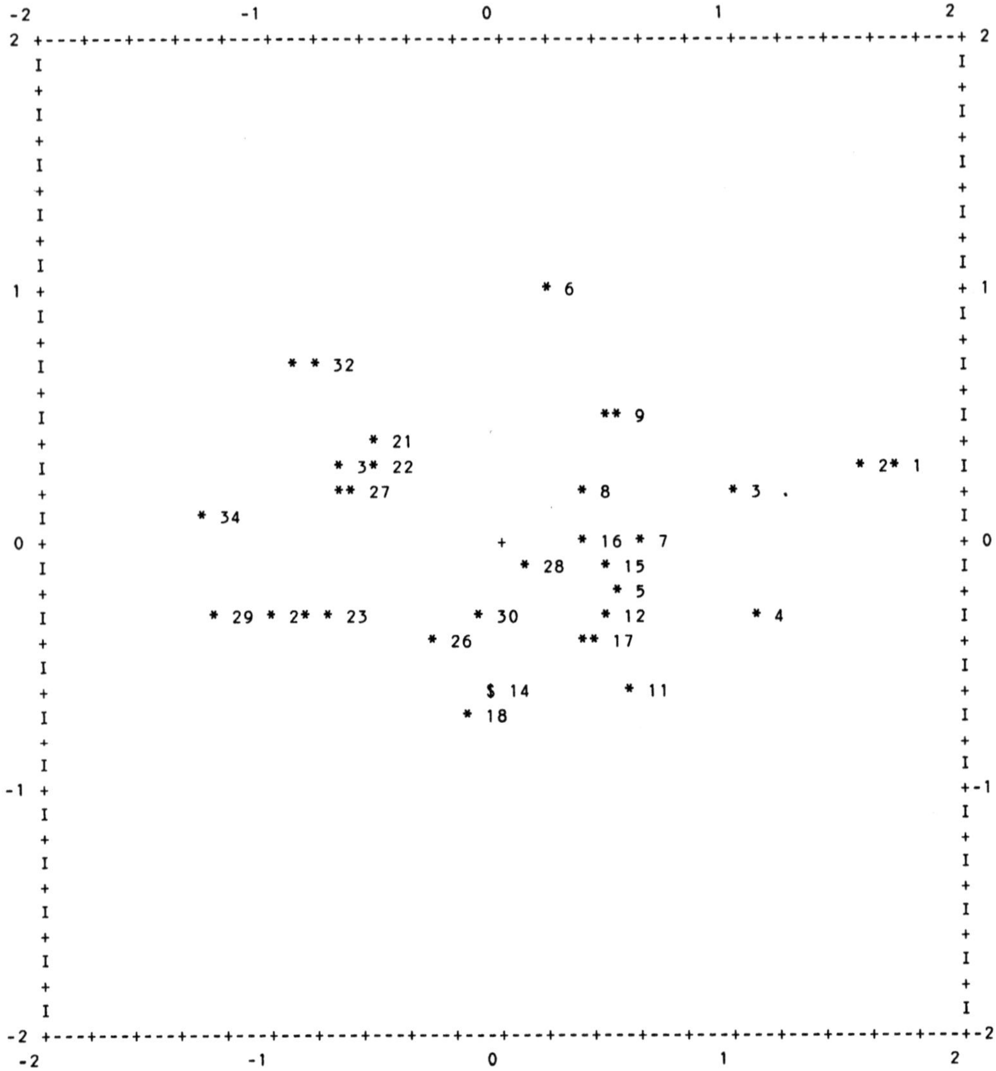

(c) Dimension 2 vs. Dimension 3

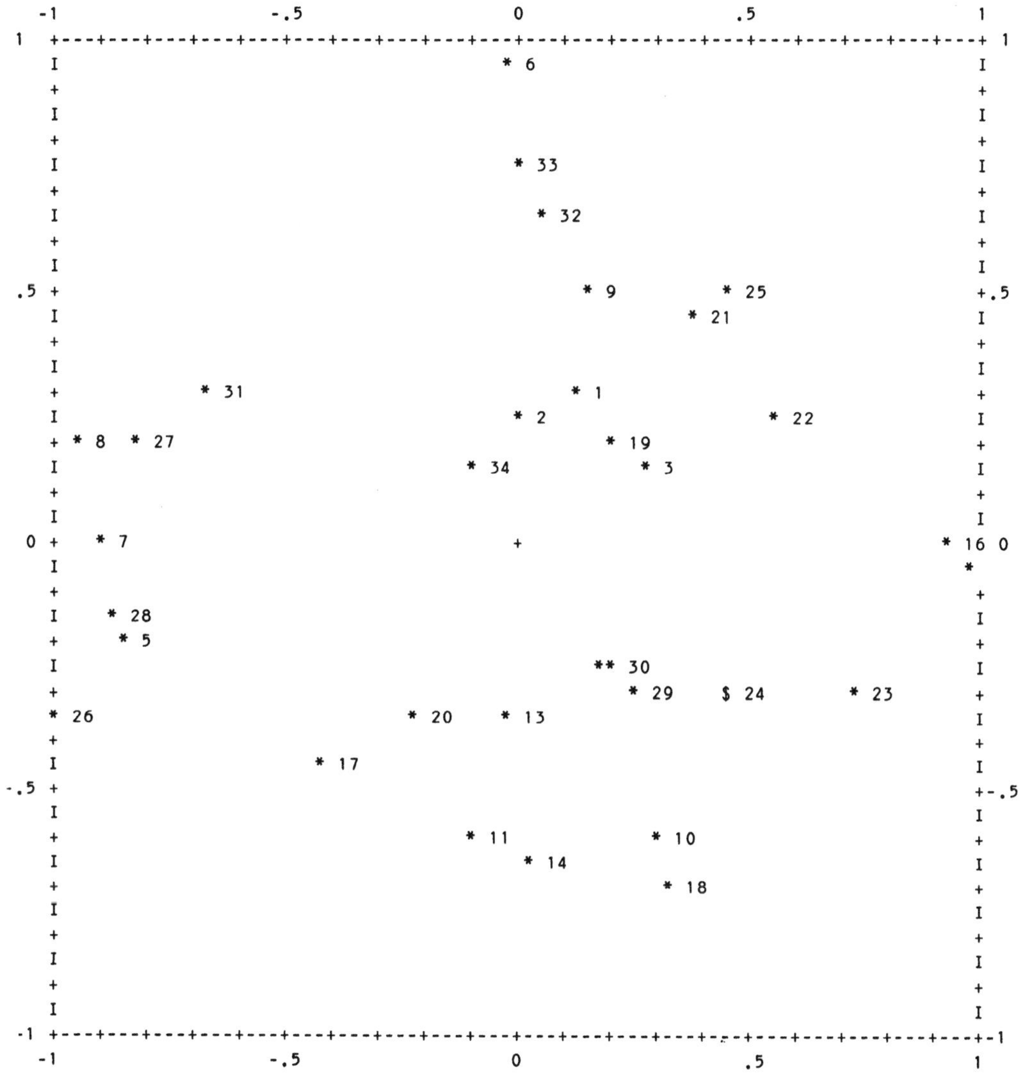

stens drei der insgesamt zehn analysierten Assoziationsverläufe dieser Versuchsperson vorkommen. Mit Hilfe der NMDS wird aus dieser Matrix der Distanzkoeffizienten eine dreidimensionale Punktekonfiguration so errechnet, daß die Matrix der Punktdistanzen im Raum mit der Matrix der Distanzkoeffizienten möglichst gut übereinstimmt. Abbildung 20a zeigt dieses Ergebnis der NMDS in der Ebene der Dimensionen 1 und 2. Die erste Dimension nimmt insofern eine Sonderstellung ein, als sie mit der zeitlichen Position der Antworten im Assoziationsverlauf hoch korreliert ist (Marx errechnet eine Rangkorrelation zwischen durchschnittlicher Position und Koordinate auf der 1. Dimension von rho = .98). Die wichtigste Dimension ist also - wie bei den auf der Reihenfolge der Nennungen basierenden Ausgangsdaten kaum anders zu erwarten - mit der durchschnittlichen Reihenfolge identisch. Dies ist auch daran zu erkennen, daß die Koordinaten der 1. Dimension mit der Reihenfolge der Elemente in den zehn Assoziationsverläufen fast ebenso gut korrelieren wie alle drei Dimensionen zusammen (multiple Korrelation) mit der Reihenfolge (Marx, 1978, 165 f.). Dies läßt möglicherweise schließen, daß die übrigen Dimensionen im wesentlichen dazu dienen, die Abweichungen einzelner Verläufe von der (durch Dimension 1 repräsentierten) durchschnittlichen Reihenfolge der Elemente zu kompensieren.

Diese Befunde lassen sich dahingehend zusammenfassen, daß das Raum-Modell eine angemessene Beschreibung (im Sinne der Datenreduktion) darstellt für die Ausgangsdaten, d.h. für die zehn Assoziationsverläufe. Das Raum-Modell ist also eine sicherlich eine brauchbare Beschreibung der assoziativen "Performanz", so, wie wir es auch in Kap. 4 verwendet haben. Um erklärenden Wert zu gewinnen,bedarf es der Zusatzannahme, daß die Struktur des Raum-Modells vor dem Wortassoziations-Experiment bereits als langfristiger Gedächtnisinhalt vorhanden sei und mit Ausnahme zufälliger Schwankungen unverändert so den Verlauf des Assoziierens bestimme.

Markov- vs. Raum-Modell

Es ist nun die Frage, wie sich das Markov-Modell zum Raum-Modell verhält, denn mit der (durch die Methode der NMDS ja erzwungenen) Übereinstimmung zwischen Raum-Modell und Ausgangsdaten ist noch kein beweiskräftiges Argument für das Markov-Modell gefunden. Die wesentlichen Differenzen zwischen beiden Modellen liegen in zwei Punkten:

(1) Der augenfällige Unterschied ist der, daß Distanzen zwischen Punkten im (euklidischen) Raum symmetrisch, die beim Assoziieren beobachtbaren Übergangshäufigkeiten (aus denen die Übergangswahrscheinlichkeiten geschätzt werden) aber asymmetrisch sind. Die praktische Relevanz dieser formalen Diskrepanz kann indes gemindert werden durch dem Raum-Modell zwar nicht inhärente, aber doch prinzipiell mit diesem verträgliche Zusatzhypothesen wie die von Marx (1978, 167) vorgetragene, daß die Abtastung der Raum-Struktur in einer bevorzugten Richtung verlaufe(vgl. auch Geyer, 1979, 118 f.).

(2) Der weit weniger augenfällige Unterschied liegt in dem Ausmaß, in welchem die beiden Modelle die "Vorgeschichte" einer Antwort im Assoziationsverlauf berücksichtigen. Hier ist die keineswegs triviale Aussage der Markov-Variante die, daß allein die unmittelbar vorausgegangene Assoziation die nächste Antwort bestimmt, daß der Assoziationsprozeß sozusagen geschichtslos ist. Diese Annahme ist bislang nicht empirisch überprüft, denn die Distanzkoeffizienten, welche die Ausgangsdaten für die Konstruktion des Raum-Modells darstellen, sind definiert als mittlerer Abstand zweier Assoziationen im Assoziationsverlauf und also Meßwerte, die den gesamten Assoziationsverlauf berücksichtigen und nicht nur die unmittelbar aufeinanderfolgenden Assoziationen. Für die Größe des Distanzkoeffizienten (und damit für den Abstand zweier Punkte im Raum-Modell) ist es keinesfalls egal, ob nur ein

anderes Wort oder deren viele zwischen zwei Antworten stehen - entsprächen die Distanzkoeffizienten dem Markov-Modell und berücksichtigten also nur die unmittelbare Aufeinanderfolge, so müßten per definitionem die Distanzen aller nicht direkt aufeinanderfolgenden Assoziationen für die Berechnung des Distanzkoeffizienten als gleich betrachtet werden.

In der Tat besteht nur eine relativ geringe Übereinstimmung der Übergangswahrscheinlichkeiten mit den Distanzkoeffizienten. Wählt man aus den bei Marx (1978, 124 f. und 147 f.) angegebenen Matrizen die 170 Wertepaare aus, für die die Übergangswahrscheinlichkeit größer Null ist, so erhält man eine Korrelation von lediglich $\underline{r}$ = -0.409 (was ungefähr 16 % gemeinsamer Varianz entspricht). Natürlich stützen diese Berechnungen sich nur auf die bei Marx angegebenen Daten, aber der Schluß scheint schwer von der Hand zu weisen, daß die unmittelbare Aufeinanderfolge lediglich einen Teilaspekt der Reihenfolge darstellt.

Ein striktes Markov-Modell des Assoziierens muß somit als nicht bestätigt, ja widerlegt gelten. Hingegen bleibt die Annahme eines verallgemeinerten Markov-Prozesses durchaus eine mögliche und erwägenswerte Alternative (D. Albert, pers. Mitteilg.), wobei die "Zustände" des Prozesses dann allerdings so konstruiert werden müßten, daß sie die gesamte bisherige Geschichte des Prozesses widerspiegeln. Es versteht sich von selbst, daß der Komplexitätsgrad eines solchen Modells um Größenordnungen höher sein müßte, ohne daß eine solche Rekonstruktion der im folgenden diskutierten Nachteile von Strukturmodellen enthoben wäre.

Das Raum-Modell stellt hingegen fraglos eine angemessene Beschreibung des durchschnittlichen Assoziationsverlaufs dar. Unter der Annahme eines automatischen, allein von den räumlichen Distanzen determinierten Suchprozesses kann es auch als erklärendes Strukturmodell aufgefaßt werden.

Zur Problematik von Strukturmodellen

Ein Problem, das wir bis jetzt im Zusammenhang mit Strukturmodellen nicht angeschnitten haben, ist die Konzeption eines je reizwortspezifischen "Speichers". Hier herrscht allgemein Einigkeit darüber, daß diese "Speicher" eine hypothetische Größe darstellen, und daß sie sich zumindest überschneiden müßten. Auch Marx nimmt hierfür

"... ein Modell an, in dem die Wörter gewissermaßen die atomischen Elemente eines n-dimensionalen Systems bilden, dessen komplexe Netzwerkstruktur durch die assoziativen Verbindungen bestimmt ist, die zwischen den Elementen bestehen." (1978, 212) "...alle relevanten Aspekte der Wortbedeutung ... werden reflektiert in den Assoziations-Verteilungen einzelner Wörter" (a.a.O., 213).

Unmißverständlich drückt sich darin eine Position aus, die in der Tradition behavioristischer Psychologie steht. In Umkehrung der These, wonach die Struktur des assoziativen Gedächtnisses die Produktion von Antworten im Wortassoziations-Versuch bestimme, wäre diesem Ansatz zufolge aus den Daten assoziativer Verläufe direkt auf die Struktur des Gedächtnisses rückzuschließen.

Ein assoziatives Wörterbuch?

Ein Unternehmen von gewaltigem Umfang, das dieser Zielsetzung gilt, ist das Projekt eines "associative thesaurus" (Kiss, 1975). Mehr als 8400 Wörter umfaßte diese Konstruktion eines assoziativen Strukturmodells, das allerdings - notwendigerweise - auf Gruppendaten basiert, nicht auf individuellen Verläufen aufbaut. Die Methode der Konstruktion des Modells unterscheidet sich von der bei Marx beschriebenen da-

Abbildung 21: Die assoziative Umgebung von "food" (aus: Kiss, 1975, 112).

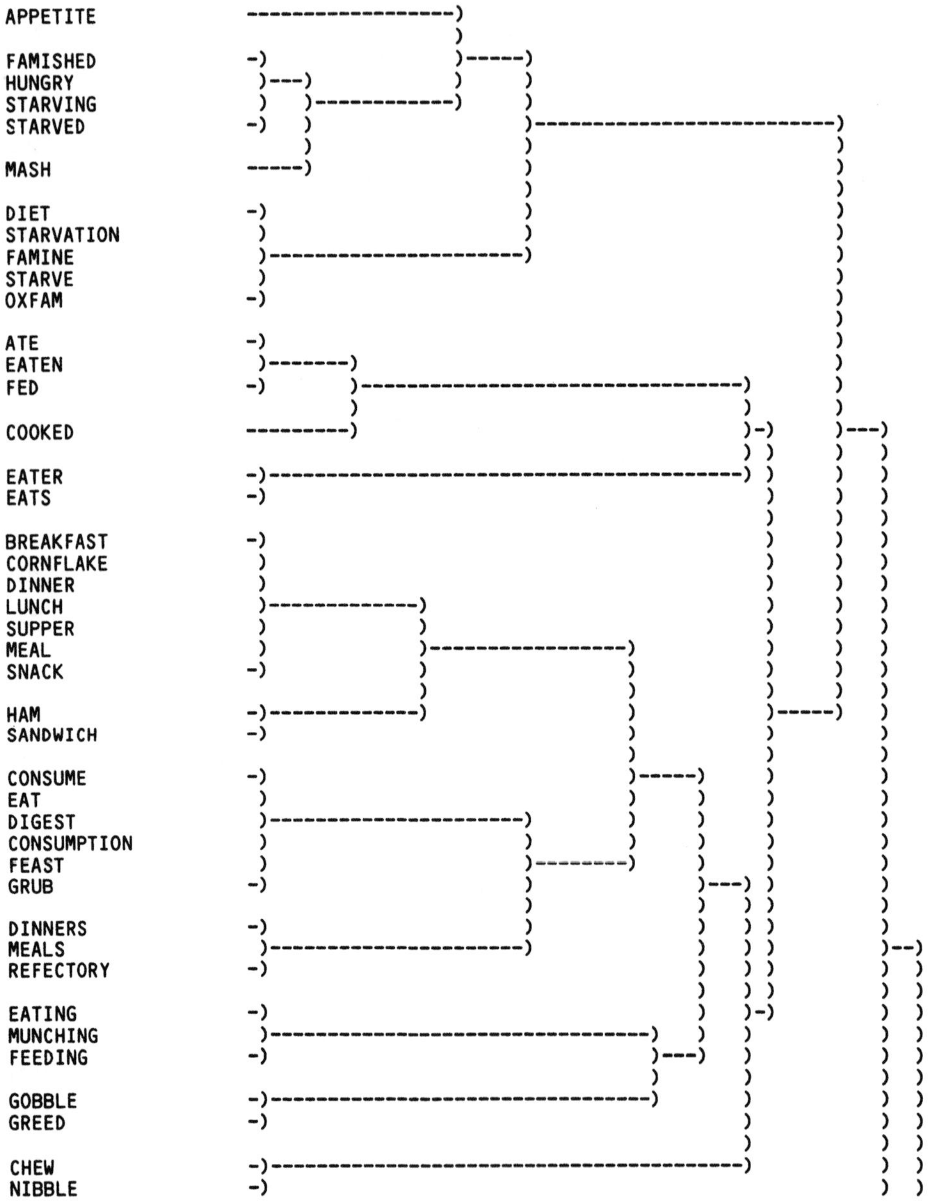

durch, daß Kiss und seine Mitarbeiter kein dimensional organisiertes Raum-Modell konstruieren, sondern mittels hierarchischer Clusteranalyse (Johnson, 1967) das assoziative Gedächtnis als gigantische Clusterstruktur verstehen. Abb. 21 zeigt einen kleinen Ausschnitt aus diesem Modell.

Kann dieses Modell Assoziationsverläufe vorhersagen? Obwohl Kiss (1975) sich dazu nicht äußert, dürfen wir vermuten: ja, denn ähnlich wie die Methode der NMDS ein den Daten bestmöglich angepaßtes Raum-Modell liefert, konstruieren die von Kiss eingesetzten Techniken ein den Assoziationsdaten bestmöglich angepaßtes Cluster-Modell. Über die Selbstverständlichkeit dieser deskriptiven Übereinstimmung hinaus ist Kiss aber offensichtlich bemüht, den Anspruch, hier habe man die Struktur des Gedächtnisses vor sich, zu untermauern:

"Consider the following riddles from the charming collection compiled by Leeming (1953): - I am forever, and yet was never. What am I? - If we pick on the words forever and never as the key items and use them in a multiple-entry search, the program (Kiss' Modell ist als Datenbank auf einem Computer implementiert; d. Verf.) comes back with a list of 46 items, the beginning of which is: always 30, ever 27, never 12, again 9, love 7, eternity 6, now 6, eternal 4, ... etc. The 'official' solution of this riddle is in fact eternity, which is the sixth item on the list, with a weight of 6. (...) These examples illustrate, if in a somewhat facetious way, that the 'what goes with what' kind of knowledge can serve as an effective aid in retrieving possibilities to aid our reasoning." (Kiss, 1975, 120)

Klarer, als es an diesem Beispiel ersichtlich wird, kann gar nicht aufgezeigt werden, um welchen Preis die Entsprechung "Gedächtnisstruktur = Performanz im Wortassoziations-Versuch" erkauft wird: Bei jeder anderen Aufgabe als der Wortassoziation (für die wegen der methodisch erzwungenen

Übereinstimmung fast keine Prozeßannahmen nötig sind) werden nun vermehrt Prozeßannahmen notwendig, deren Spezifizierung kaum möglich erscheint und von Kiss auch nicht versucht wird - es sei denn, in Kiss' Thesaurus existierte eine Art "kleiner Mann", der aus den ihm von der Datenbank angebotenen 46 Lösungsmöglichkeiten mit sicherem Urteil die richtige Antwort aussucht. Wir dürfen unseren Überblick über die "empirischen", d.h. anhand von Assoziationsverläufen konstruierten Strukturmodelle mit dem Hinweis beschließen, daß derartige Modelle in erhebliche Schwierigkeiten geraten, wenn kognitive Leistungen unter anderer Aufgabenstellung als der des Assoziierens durch dieselbe Struktur erklärt werden sollen. Aber andererseits kann die Lösung dieses Problems wohl kaum darin bestehen, multiple, je aufgabenspezifische Strukturmodelle jeweils als Struktur des Gedächtnisses auszugeben.

Prozeßorientierte Strukturmodelle

Erfreulicherweise gibt es Ansätze, die über ein reines Strukturmodell hinausweisen und aufmerksam machen auf Prozesse, die über die zugrundeliegende Gedächtnisstruktur hinaus die Struktur der assoziativen Produktion bestimmen. Am deutlichsten finden wir solche Gedanken formuliert bei Gruenewald und Lockhead (1980), die die beobachtbare Clusterstruktur des Assoziationsverlaufs aus der Wirkung zweier hypothetischer Prozesse zu erklären suchen:

"... the empirically observed cluster reflects a semantic field, a Bedeutungsfeld... A cluster is a collection of produced terms associated or connected with a particular semantic field in memory, and may contain from one to very many words. (...) One process accounts for the search for semantic fields, and the other process accounts for the production of words when a field is located. (...) we assume that the first process, the search time to access semantic fields, becomes increasingly long with time in the task." (1980, 230)

Die Probleme dieser Vorstellung liegen vor allem in der letzten Annahme, die den Zeitbedarf allein dem Aufsuchen der Bedeutungsfelder zuschreibt und unterstellt, daß diese Felder, einmal gefunden, vollständig "abgearbeitet" werden ("... a cluster is directly produced once that field is accessed": 1980, 230). Dagegen sprechen die Assoziationsverläufe selbst (vgl. Abb. 2 und vor allem Kap. 3): Typischerweise werden solche "Felder" in der assoziativen Produktion mehrmals berührt und keineswegs vollständig "abgegrast". So stellt dieser von Gruenewald und Lockhead vor allem zur Erklärung des Clustering vorgetragene Vorschlag kaum mehr dar als ein fixes Strukturmodell, in dem die Intra-Cluster-Distanzen wesentlich geringer sind als die Inter-Cluster-Distanzen. Dies entspräche dann ziemlich genau der schon von Graesser und Mandler (1978, 99) favorisierten Vorstellung eines hierarchischen Clustermodells semantischer Speicherung - bis auf den neuen Gedanken, daß große "Distanz" auf einen Zeit beanspruchenden Prozeß schließen lasse.

Solche Ansätze weisen darauf hin, daß es zu versuchen gilt, über vornehmlich strukturabhängige (und somit starre) Abrufprozesse hinaus prozessuale Aspekte für eine Theorie des assoziativen Gedächtnisses zum Tragen zu bringen. Einen ersten derartigen, allerdings konsequent gegen die assoziationspsychologische Tradition sich stellenden Ansatz behandelt das folgende Kapitel.

Assoziieren als Sprachproduktion

Ein Überblick über Modelle der Wortassoziation wäre unvollständig ohne die Darstellung der Theorie von Clark (1970). Umso willkommener ist dieses Modell, als es allein steht unter den ansonsten entwickelten. Clark liefert den einzigen Entwurf zu einer Theorie des Assoziierens, der (1) der stark von Linguistik und Computerwissenschaften beeinflußten "kognitivistischen" Psychologie zuzurechnen ist (ebenso wie die bekannten Netzwerk-Modelle des semantischen Gedächtnisses: Collins & Quillian, 1969; Norman & Rumelhart, 1975; usw.), und der (2) neben einer auch, ja vornehmlich anderen Aufgabenstellungen als dem Assoziieren gewidmeten Struktur explizit Prozeßannahmen in Gestalt von Regeln spezifiziert.

Clarks erklärtes Ziel ist es, das "word-association game" ein für allemal seiner in behavioristisch orientierten Theorien zentralen Rolle zu berauben und Wortassoziationen als beiläufiges Ergebnis der Sprachfähigkeit des Menschen darzustellen: "word associations should be thought of as a consequence of linguistic competence" (1970, 272). Ähnlich hat - etwa gleichzeitig - G. A. Miller formuliert: "Speech is not the passive victim of whatever lexical associations we happen to know; lexical memory must be organized in the service of speech" (1969, 235). Dementsprechend geht Clark von einer allgemeinen lexikalischen Struktur aus (einem mentalen "Lexikon", wie auch wir in Kap. 4 es vorausgesetzt haben, für Sprachpsychologen ein fast unabdingbares Konzept: Hörmann, 1983) auf der durch Regeln definierte Prozesse ablaufen, durch welche dann die beobachtbare Produktion im Wortassoziations-Versuch erzeugt wird.

Der strukturelle Teil des Modells von Clark

Clark legt ein mentales "Lexikon" von der Art zugrunde, wie es zuerst von Katz und Fodor (1963) vorgeschlagen und von Chomsky (1965) konkretisiert worden ist. Dieser Auffassung zufolge kann jede semantische Kategorie (d.h. die Bedeutung eines jeden Wortes) dargestellt werden durch eine fortschreitend differenziertere Kennzeichnung, eine Markierung mit semantischen Merkmalen (semantic features). Solche semantischen Merkmale werden als generelles kognitives Einteilungsprinzip benützt und von einigen (z.B. Bierwisch, 1970) geradezu als Erweiterungen der Kantianischen Kategorien von Raum und Zeit verstanden. Das Einteilungssystem, also Zahl und Art der postulierten semantischen Merkmale, ist natürlich das Ergebnis linguistischer Überlegungen und insofern der Diskussion offen: Die Existenz und Allgemeingültigkeit semantischer Merkmale kann lediglich behauptet, und ihre Nützlichkeit für die linguistische Beschreibung aufgezeigt werden; konkrete Vorschläge aber erwecken nicht selten den Eindruck des künstlich konstruierten (vgl. Hörmanns Kritik an solchen Vorschlägen: 1976, 78 ff.).

Die Theorie eines nach "semantic features" strukturierten internen Lexikons definiert die Bedeutung eines jeden Wortes als eine der absteigenden Hierarchieebene (Abstraktionsebene) folgende, einzigartige Reihe semantischer Merkmale. Die Zuordnung bzw. Rekonstruktion dieser Merkmale wird gleichbedeutend dem Prozeß des Verstehens gesetzt:

"Consider the stimulus man... comprehension entails setting up a list of features that completely characterizes this surface realization (d.h. das Wort man selbst; d. Verf.), perhaps as follows: (+Noun, +Det-, +Count, +Animate, +Human, +Adult, +Male)" (Clark, 1970, 274)

Die Prozeßannahmen

Der Prozeß des Assoziierens besteht nach Clark vor allem in einer regelhaften Variierung der "feature list", d.h. der Reihe semantischer Merkmale. Die Regeln, nach denen dieser Prozeß verlaufen soll, bringen Antworten hervor, welche dem Stimulus bedeutungsähnlich sind: das also, was man "paradigmatische Antworten" beim Assoziieren nennt - wenn auf Adler mit Vogel oder auf Löwe mit Tiger geantwortet wird.

Paradigmatische Regeln

Im einzelnen nennt Clark folgende Regeln: (1) Die Antwort soll möglichst bedeutungsähnlich sein (minimal-contrast rule: "change the sign of only one feature": 1970, 275). - (2) Semantische Merkmale können weggelassen werden (feature deletion), oder zusätzliche Merkmale hinzugefügt werden (feature addition), um zu Antworten zu gelangen; dabei führt Weglassen von Merkmalen zu Oberbegriffen (Löwe - Tier), Hinzufügung zu Unterbegriffen (Löwe - Löwin). Die Kombination beider Techniken der Veränderung kann Begriffe gleicher Hierarchiestufe erzeugen - z.B. Löwe -(Raubkatze)- Tiger (Clark nennt diese Möglichkeit zwar nicht, impliziert sie aber m.E. durch seine Beispiele). - (3) Hierarchisch höhere Merkmale werden nur selten oder gar nicht verändert (category-preservation rule: "Do not change features high on the list": 1970, 280). - Clark faßt diese Gruppe von Regeln zusammen:

"Paradigmatic responses, therefore, appear to be produced by a fairly homogeneous set of rules, perhaps ultimately by one very general rule. This simplicity-of-production rule might be stated as follows: 'Perform the least change on the lowest feature, with the restriction that the result must correspond to an English word." (1970, 280)

Wie gut lassen sich tatsächliche Assoziationsverteilungen mit Hilfe dieses Modells erklären? Bleiben wir beim Beispiel man: Die Minnesota-Normen (Palermo & Jenkins, 1952; Jenkins, 1970) führen folgende Häufigkeitsverteilung der Antworten bei 1000 Personen an:

woman / women	767
boy	65
girl	31
dog	18
lady	17
...	...

Die Primärantwort, woman, entspricht aufs beste der "simplicity rule": Das letzte semantische Merkmal in der aufgeführten Reihe, nämlich +Male, wird geändert in -Male. Die zweithäufigste Antwort, boy, gewinnt man durch Anwendung der Regel auf das vorletzte Merkmal der Hierarchie, +Adult. Ähnlich ergibt sich girl durch Veränderung der beiden letzten Merkmale. lady kann man sich als durch Änderung des letzten Merkmals -(woman)- und Hinzufügung eines weiteren, spezifizierenden Merkmals entstanden denken, und dog schließlich bereitet zwar etwas mehr Mühe, läßt sich aber durch Verzicht auf etwas "simplicity" doch erklären über Streichung der drei letzten Merkmale (was animal ergibt, übrigens die siebthäufigste Antwort nach den Minnesota-Normen) und Hinzufügung mehrerer neuer Merkmale.

Tabelle 7 zeigt für die vier in den Minnesota-Normen enthaltenen Tiernamen die häufigsten Antworten (mindestens 3 % der Nennungen) in einer amerikanischen und einer deutschen Stichprobe von 1000 bzw. 300 Personen. Die mit den genannten Regeln ableitbaren Antworten, als "P" signiert, machen etwa die Hälfte aller häufigen Antworten aus. Allerdings bemerken wir, daß die jeweils unterstellte Struktur,

Tabelle 7: Antwortverteilungen auf vier Tiernamen und ihre Klassifikation nach Clarkschen Regeln

butterfly			Schmetterling		
moth	14.4 %	P	Falter	13.0 %	P
insect	11.7 %	P	bunt	6.3 %	S?
wing(s)	10.4 %	??	Vogel	5.7 %	P?
bird	8.4 %	P?	Blüte(n)	4.7 %	??
fly	7.8 %	P	Insekt(en)	4.7 %	P
yellow	6.2 %	S?	flattern	4.3 %	S?
net	4.2 %	S	Tier	4.3 %	P
pretty	3.4 %	S?	Fliege	3.7 %	P
flower(s)	3.3 %	??	Flügel	3.7 %	S?
			Blume	3.0 %	??

eagle			Adler		
bird	55.0 %	P	Vogel	22.7 %	P
fly	7.2 %	S	fliegen	5.0 %	S
scout	3.4 %	S?	Gebirge	4.3 %	??
			Auge(n)	4.0 %	S
			Raubvogel	3.7 %	P
			Geier	3.0 %	P
			Horst	3.0 %	S

lion			Löwe		
tiger	26.1 %	P	Tiger	11.7 %	P
animal	14.8 %	P	Wüste	10.3 %	??
roar	6.9 %	S	Tier	8.0 %	P
cat	3.1 %	P	brüllen	7.0 %	S
cub	3.0 %	P	Mähne	5.7 %	S
			Raubtier	5.0 %	P

sheep			Schaf		
wool	20.1 %	S	Wolle	11.7 %	S
lamb	19.8 %	P	Tier(e)	9.3 %	P
animal	7.5 %	P	Herde	5.7 %	S
mutton	6.6 %	??	dumm	5.0 %	S?
goats	6.4 %	P	Ziege	4.3 %	P
dog	4.1 %	P?	Hammel	3.3 %	P
herd	3.9 %	S	Lamm (Lämmer)	3.3 %	P
			Bock	3.0 %	P/S
			Weide	3.0 %	??

---

*) P = paradigmatisch, S = syntagmatisch.

d.h. die Liste der semantischen Merkmale, dann wohl je nach Stimulus verschieden organisiert sein müßte: Offenbar gilt für Schaf ähnliches wie für man (beim Adler und beim Schmetterling scheint das ja doch vorhandene Geschlecht semantisch jedenfalls keine Rolle zu spielen). Auch werden offenbar nicht alle Möglichkeiten ausgeschöpft, die das Clarksche Regelsystem bietet: human kommt nur in 3 von 1000 Fällen vor, child zweimal, adult gar nicht.

Syntagmatische Regeln.

Um mehr als nur die paradigmatischen Antworten durch Anwendung von Veränderungsregeln auf interne Repräsentationen von Wortbedeutungen erklären zu können, führt Clark zwei weitere Regeln ein: (1) "selectional feature realization rule": Die mit der Bedeutung eines Wortes verbundenen Einschränkungen in der Auswahl möglicher mit ihm in enger syntaktischer Relation stehender anderer Wörter (vor allem bei Adjektiven, Verben und Adverbien, vgl. Chomsky, 1965) müssen befolgt werden, um zu einer Antwort zu kommen: Clark führt als Beispiel Antworten wie child, boy, girl, man, people auf den Stimulus young an. - (2) Geläufige Wortzusammensetzungen und -zusammenstellungen werden für die Produktion von Antworten herangezogen ("idom-completion rule"), z.B. ham - eggs, Hund - Katz usw. - Clark behauptet die grundsätzliche Übereinstimmung der syntagmatischen mit den paradigmatischen Regeln:

"Thus, although syntagmatic responses first appear to be different from paradigmatic responses, they are produced by rules that belong to the same class of rules stated for paradigmatic responses - the simplicity of production rule." (1970, 284)

Man wird desungeachtet zögern, solch angeblicher Übereinstimmung zu trauen. Man wird die "selectional feature realization rule" wohl als den paradigmatischen Regeln ähnlich einstufen können; sie führt zwar zusätzliche "features" ein, befindet sich damit aber in bester Übereinstimmung mit der linguistischen Theorie (Chomsky, 1965). Aber die "idiom-completion rule" führt doch ein Auswahlprinzip ein, das höchstens noch am Sprachgebrauch (und insofern noch "irgendwie" an der Sprache), aber keineswegs mehr an dem Strukturprinzip orientiert ist, welches ansonsten dem Modell zugrundeliegt: Für die Auswahl einer Antwort nach der "idiom-completion rule" ist unter Umständen keine Ähnlichkeit der Merkmalslisten vorhanden (etwa bei Clarks Beispiel "whistle elicits stop": 1970, 282). Allerdings ist Clark zu konzedieren, daß die syntaktische Kategorie und die Bedeutung der zu "idioms" verbundenen Wörter häufig nahezu identisch sind ("hin und her", "hier und dort" usw.).

Wie aus Tab. 7 zu ersehen ist, bleiben nach dieser Erweiterung des Clarkschen Modells um Regeln für die als "S" (= syntagmatisch) klassifizierten Antworten nur wenige der in den Assoziationsnormen häufig genannten Antworten unerklärt. Für die ausgewählten Tiernamen sind es vor allem Bezeichnungen für die Umwelt der Tiere (Gebirge, Wüste, Weide) oder Objekte darin (Blüte und Blume).

Zur Überprüfung des Modells

Bei dem bisherigen guten Abschneiden des Modells von Clark - wir wollen, um einer verbreiteten Kritik an ihm zu begegnen, die Einbeziehung einer Zufallsauswahl der anzuwendenden Regeln stillschweigend unterstellen - muß nun besonders interessieren, ob das Modell über die statistischen Häufigkeiten der auf eine einzige Antwort je Versuchsperson beschränkten Assoziationen hinaus auch individuelle Assozia-

Tabelle 8: Klassifikation fortgesetzter Assoziationen

a LÖWE (Vp.4-14)

Urwald	??
Afrika	??
Raubtier	P
Biologie	??
Neger	??
Tarzan	??
Gebrüll	S?
stark	S?
Mähne	S

b LÖWE (Vp.4-15)

Tiger	P
Käfig	S?
Raubtier	P
Mähne	S
Krallen	??
Löwin	P
Dschungel	??
Steppe	??
Krallen	(Wh.)
Säugetier	P

c SCHAF (Vp.4-20)

Hammel	P
essen	??
Schweinebraten	??
Kartoffeln	??
Bohnen	??
Weide	S?
Wiese	??
Schäfer	S
Hirten	??
Gartenzaun	??
Woody Allen	??
weiß	S?
Schafwolle	S
Jacke	??
Pullover	??
Griechenland	??
Jugoslawien	??
Bergsteigen	??
Alm	??
Almhütte	??
Freiheit	??
Draußensein	??

d SCHAF (Vp.4-21)

Lämmer	P
Pferde	P
Kühe	P
Weiden	S?
Almen	??
Berge	??
Himmel	??
Schafwolken	S
Ostern	??
Zuckerguß	??
Süßigkeiten	??
Kinder	??
Osterhase	??
Wolle	S
Pullover	??
Wärme	??
kuschelig	??
Schmusewolle	??
Geborgenheit	??

---

*) P = paradigmatisch, S = syntagmatisch.

tionsverläufe zu erklären gestattet. Zu diesem Zweck sind in Tabelle 8 vier repräsentative Protokolle aus meinen Erhebungen dargestellt.

Wie die Menge dort sichtbarer Fragezeichen andeutet, versagt die Anwendung der Clarkschen Regeln fast völlig bei der Aufgabe, das Zustandekommen der Antworten zu erklären. Von Löwe zu Urwald führt kein linguistischer Weg, auch die "idiom completion rule" hilft hier nicht mehr weiter, obwohl sie (vgl. Schaf - Schäfer oder Schaf - Wolle) durchaus großzügig angewendet wurde. Und von Löwe zu Tarzan ist der Weg der Merkmalsänderung (erst Weglassen aller tierspezifischen Merkmale, dann Hinzufügung nicht nur allgemein menschlicher, sondern ganz individueller Merkmale) so mühsam und weit, daß er im Geiste der "simplicity-of-production rule" wohl nicht mehr beschritten werden kann.

Selbst letzte Rettungsversuche versagen wie der, "S"- und "P"-Beziehungen zwischen einzelnen Antworten einer Reihe aufzufinden. Nur ein Protokoll, nämlich Nr. c in Tab. 8, weist mehrere solcher Wortpaare auf (z.B. Schäfer - Hirten: P, oder Alm - Almhütte: S).

Damit ist das Modell von Clark als Modell des Assoziierens gescheitert. Doch hat Clark dieses Modell ausdrücklich als vorläufigen Vorschlag verstanden, der weiterer Spezifikation bedürfe (1970, 285). Unsere im ersten Teil dieses Buches dargestellten Ergebnisse lassen erwarten, daß linguistische Merkmale zumindest nicht allein, wie Clark es erwartet, die Lösung des "word-association game" darstellen können, sondern daß insbesondere Kontextmerkmale berücksichtigt werden müssen.

Teil III (Kap. 9 - 12)

Neue Ansätze

Die vorangegangene Diskussion der ausdrücklich zur Erklärung von Wortassoziation vorgeschlagenen Modelle hat vorerst erbracht, daß keines von diesen den Verlauf des Assoziierens befriedigend erklären kann; doch haben wir aus dieser Diskussion wertvolle Hinweise für eine Theorie der Assoziation gewonnen. Es scheint, daß stochastische Modelle bestenfalls Teil einer umfassenderen theoretischen Konzeption sein können, keinesfalls aber allein eine ausreichende Erklärung darstellen. Deutlich geworden sind die Gefahren, die in einer zu eng an den beim Assoziieren produzierten Daten orientierten fixen Struktur liegt, daß nämlich dann für alle davon auch nur geringfügig abweichenden Aufgabenstellungen umso mehr und undurchsichtigere Prozeßannahmen nötig werden. Es ist deutlich geworden, daß linguistische Strukturen sicherlich einen bedeutenden Stellenwert haben; zugleich aber, daß damit nicht alles zu erklären ist. Zwei Punkte verdienen gesondert festgehalten zu werden:

(1) Der beobachtbare Verlauf des Assoziierens, also die Wahl der jeweils nächsten Antwort hängt nicht allein von der unmittelbar vorangegangenen ab. Damit geraten behavioristische Rekonstruktionen der Wortassoziation als Kette von S-R-Verbindungen in Schwierigkeiten; ähnliches gilt für Aristoteles' Beispiel, daß man automatisch von einem Element zum nächsten gelange (vgl. Kapitel 1). Offenbar muß strategischen Prozessen über die "Wahl des Startpunktes" hinaus Raum gege-

ben werden. Linguistische Regeln reflektieren wohl einen Teil solcher Prozesse, doch sind diese nicht identisch mit ihnen.

(2) Jedes Modell des Assoziierens, das die Sackgasse einer ausschließlich auf Wortassoziation zugeschnittenen, festen Struktur vermeiden will, muß mehr als lediglich automatische Prozesse annehmen. Selbst bei einfachsten Modellen wie dem Urnenmodell waren zumindest Prozesse der Beurteilung einer gefundenen möglichen Antwort ("wurde sie schon genannt?") und darauf aufbauende Entscheidungsprozesse unverzichtbar. Wir werden fordern dürfen, daß ein Modell des Assoziierens neben automatischen (Such)-Prozessen auch bewußtseinsfähige und damit steuerbare ("strategische") Prozesse vorsehen muß.

Wir haben die strukturorientierten Modelle kritisiert, weil sie in die Tautologie münden, wonach jeder Aufgabenstellung eine genau auf sie zugeschnittene Gedächtnisstruktur entspricht, und weil die ohnehin zu unterstellende Komplexität der Struktur des menschlichen Langzeitgedächtnisses solcherart zu vervielfachen für die Theoriebildung alles andere als erstrebenswert ist. Diesen Nachteil kann nur ein Modell vermeiden, das die empirisch aufweisbare Vielfalt produzierter Strukturen zurückführt auf eine einzige Struktur des Gedächtnisses als Datenbasis des Modells, in Verbindung mit je aufgabenspezifischen Prozessen, die auf dieser Datenbasis operieren und so die unterschiedlichen produzierten Strukturen erzeugen.

Mit diesem Vorschlag wird die Komplexität der Datenbasis auf ein Minimum reduziert; zum Ausgleich werden mehr und aufwendigere Prozesse erforderlich. Ein solcher "trade-off" zwischen der Menge der gespeicherten Information auf der einen und dem Umfang benötigter Transformations- und Selektionsprozesse ist für jede Art von Informationsverarbeitung gültig, wie einfachste Beispiele demonstrieren: Die Multiplikationsaufgabe "16 mal 6 = ?" läßt sich zum einen mit Hilfe gespeicherten Wissens (dem auswendig gelernten "großen" Einmaleins) lösen, wobei lediglich ein "Nachschlagen" der gesuchten Information als Prozeß zu unterstellen ist. Andererseits läßt diese Aufgabe auch eine mehr prozeßorientierte Lösung zu, die mit einem geringeren Faktenspeicher (lediglich dem "kleinen" Einmaleins) auskommt. Dafür ist der Aufwand an Verarbeitung weitaus höher: Neben dem Aufsuchen gespeicherter Information (z.B. "sechs mal sechs") muß prozedurales Wissen unterstellt werden, mittels dessen die Abarbeitung der Teilschritte geleistet wird. Die Lösung verläuft dann beispielsweise in den Schritten "10 mal 6 = 60 (zwischenspeichern)", "6 mal 6 = 36 (zwischenspeichern)", "60 plus 36: zerlegen in 60 plus 30 = 90 (zwischenspeichern), 90 plus 6 = 96 (Antwort)". Deutlich wird an diesem Beispiel, daß sequentielle Verarbeitungsprozesse sowohl Zeit benötigen als auch zusätzlichen Speicherplatz, und zwar gerade von dem am knappsten bemessenen Speicher, den wir haben, vom Kurzzeitgedächtnis. (Dies gilt auch dann, wenn man wie Shiffrin und Schneider, 1980, das Kurzzeitgedächtnis nicht als eigenes System, sondern lediglich als die Menge gerade aktivierter Information aus dem Langzeitspeicher ansieht.)

Verlagerung des Gewichts auf die Prozeßseite ist also gleichbedeutend mit vermehrtem Bedarf an Verarbeitungskapazität, die als grundsätzlich beschränkt anzusehen ist (z.B. Kahneman, 1973). Lediglich die Aktivierung prozeduralen Wissens, also die Ausführung symbolischer oder effektorischer Operationen, beansprucht mit zunehmender Übung weniger Kapazität. Die darüber hinausgehende, bei einigen Autoren zu findenden Behauptung, hochgeübte und dadurch "automatisierte" Prozesse beanspruchten keinerlei zentrale Verarbeitungskapazität ("knowledge compilation": Anderson, 1982), scheint allerdings nur für den Fall getrennter Subsysteme Gültigkeit zu besitzen (McLeod, 1977; Broadbent, 1982). Generell ist jede Informationsverarbeitung, die auf prozedurales Wissen angewiesen ist, bezüglich Ausführungszeit und Beanspruchung zentraler Ressourcen im Nachteil gegenüber dem bloßen Abrufen sozusagen gebrauchsfertig gespeicherten Wissens.

Der Vorteil prozeßorientierter Informationsverarbeitung, um dessentwillen wir die reinen Strukturmodelle des Gedächtnisses abgelehnt haben, ist die hohe Flexibilität. Der einen fest gespeicherten und sofort abrufbaren Struktur steht als Gewinn der prozeßorientierten Verarbeitung die Fülle der aus dem Gespeicherten generierbaren Strukturen gegenüber.

Wir werden deshalb in diesem Teil versuchen, die für ein Modell des assoziativen Gedächtnisses zu veranschlagenden Teilprozesse anzugeben und für den Spezialfall des Aufzählens von Beispielen einer Kategorie in Gestalt eines Simulationsmodells zu konkretisieren. Dabei soll zunächst der prozessuale Aspekt im Vordergrund stehen, bevor die mögliche Ausformung der Datenbasis des Gedächtnisses diskutiert wird.

Der Prozeß des Erinnerns

Erinnern ist, wie jede kognitive Leistung, eingebettet in einen in kognitivistischen Beschreibungen allein nicht mehr faßbaren psychischen Gesamtzusammenhang, der mindestens auch motivationale und emotionale Faktoren umfaßt (vgl. Kuhl, 1983 b). Dies zielt nicht auf den bei Gedächtnisleistungen üblicherweise betonten Charakter des Materials - etwa die vielbehandelte Frage, ob angenehme Erlebnisse besser behalten werden als unangenehme (zusammenfassend: Bock, 1980) -, sondern auf Faktoren, die im Prozeß des Erinnerns selbst zum Tragen kommen. Dazu zählen situative Gestimmtheit (Bower, 1981) ebenso wie relativ dauerhafte, als Aspekt der Persönlichkeit anzusehende Motivstrukturen (McAdams, 1982). Von besonderer Bedeutung ist, wie wir in Kap. 4 gesehen haben, die Art der Aufgabenstellung, deren Einfluß bereits in der älteren Kognitionspsychologie (z.B. Ach, 1910; vgl. Kap. 1) untersucht wurde: Gleich ob eine Versuchsperson auf das Wort "Pferd" hin frei assoziieren soll oder vom Versuchsleiter zum Vergleich von Pferd mit Hase aufgefordert ist, muß sie auf ihr im Gedächtnis gespeichertes oder aus dem Gespeicherten erschließbares Wissen zurückgreifen. Aber es hängt von der Intention ab, mit der sie das tut, wie das Gedächtnis benützt wird.

Die Organisation steuernder Prozesse

Eine derartige Kontrolle des Erinnerns ist vorstellbar im Rahmen auf mehreren Ebenen übereinandergelagerter steuernder Prozesse. Solche allgemeinen Kontrollmodelle, die einen

Vorläufer bereits in Dewey (1896) haben (vgl. Miller, Galanter und Pribram, 1960), sind in der Form hierarchisch verschachtelter Rückkopplungsschleifen von Powers (1973) auf die Psychologie angewendet worden. Dieses Modell umfaßt Ebenen von der Steuerung der Muskelspannung bis hinauf zur Selbstdefinition des Systems ("system concept"). Der Grundgedanke ist, daß jede Ebene nach dem Prinzip des negativ rückgekoppelten Regelkreises organisiert ist, und daß der Sollwert jedes solchen Regelkreises von der jeweils nächsthöheren Ebene vorgegeben wird (mit Ausnahme der höchsten Ebene natürlich, deren Sollwert für diese Betrachtung als konstant angesehen werden kann). Ein solches System kann ein stabiles Regelverhalten aufweisen unter der Voraussetzung, daß die höher angesiedelten Steuerungsprozesse langsamer ablaufen und langfristiger angelegt sind als die auf den niedrigeren Ebenen (Shallice, 1978).

Carver und Scheier (1982) erweitern dieses hierarchische Grundmodell um den Gedanken, daß jeweils eine bestimmte Ebene zur zentralen Kontrollebene werden kann (Shallice, 1978, spricht vom "dominant action system"), indem eine Verschiebung der Aufmerksamkeit erfolgt: "We suggest that the highest level of control operating at any given moment corresponds to the level to which the person is focally attentive at that moment" (Carver & Scheier, 1982, S. 118). Eine Verschiebung der Aufmerksamkeit auf eine untere Ebene entspricht dabei der bewußten Konzentration auf die Ausführung partieller Handlungseinheiten, etwa bestimmter Bewegungen. (Für das Erinnern müssen wir allerdings berücksichtigen, daß bewußte Aufmerkcsamkeit nicht beliebig "nach unten" verschoben werden kann: Das Auftauchen einer bestimmten Erinnerung kann, anders als die dazu unternommenen Anstrengungen, kaum als bewußtseinsfähig angesehen werden.) Verschiebung der Aufmerksamkeit auf die höchsten Ebenen (Powers: "principles", "system concept") bedeutet Reflexion umfassender Zielvorstellungen. Beides - sehr hohe wie recht niedrige Aufmerksamkeits-Ebene - kann für die Durchführung einer bestimmten Aufgabe dysfunktional sein: Bewußt kontrollierte Ausführung einer Bewegung (z.B. Betätigung der Kupplung und Gangschaltung) führt in der Regel zu schlechteren Ergebnissen als deren automatisierter Ablauf, und Reflexionen darüber, ob man nicht doch besser etwas anderes getan hätte als an einem Gedächtnisexperiment teilzunehmen, kommen der Erinnerungsleistung kaum zugute. - Die bevorzugte Ebene der Steuerung, die im Brennpunkt der Aufmerksamkeit steht, ist daher meist angebbar als das Niveau der konkret gestellten Aufgabe (Powers: "program level").

Unter Beibehaltung dieses Grundmodells formuliert auch Norman (1981) eine Kontrolltheorie als Erklärungsrahmen für die Genese von Fehlhandlungen. Er betrachtet vor allem die Handlungsorganisation unterhalb der Ebene der konkreten Aufgabenstellung, so daß für ihn an oberster Stelle die Intention als "highest-level parent schema" (S. 4) zu stehen kommt. Diesem "parent schema" sind zahlreiche "child schemata" nachgeordnet. Unter "Schema" wird dabei eine (hypothetische) Einheit, eine Art minimales Steuerungsprogramm, verstanden ("sensorimotor knowledge structures", "an organized memory unit": S. 3)

Neu ist am Vorschlag Normans, daß er neurophysiologische und neuroanatomische Erkenntnisse zur Bewegungskontrolle (vgl. z.B. Arbib, 1972; Szentagothai & Arbib, 1975; Kelso, 1982) aufgreift und statt einer - notwendig fest gefügten - Hierarchie von Schemata deren lockere, heterarchische Ordnung postuliert. Ein Schema stellt sich daher nicht etwa dar als eine Art Unterprogramm, das von einer ihm direkt übergeordneten Steuerungsebene aus aufgerufen wird, sondern als ein prinzipiell selbständiges Kontrollsystem, zu dessen Aktivierung es bestimmter Auslösebedingungen bedarf. Die für die Kontrolle der Motorik ja nachgewiesene Existenz multipler Steuerungssysteme wird so zum allgemeinen Strukturprinzip. Dadurch aber wird die gleichzeitige Aktivität unterschiedlicher Teilsysteme ermöglicht, was entweder parallele Verarbeitung bedeuten kann (wo nämlich mehrere gleichartige Teilsysteme existieren), oder wenigstens zeitliche Überlappung unterschiedlicher Verarbeitungsstufen (beispielsweise Aussprechen einer erinnerten Antwort, während schon die Suche nach der nächsten Erinnerung begonnen hat).

Auf das Erinnern angewandt, impliziert eine solche Konzeption interner Kontrollsysteme mindestens zwei Klassen steuernder Prozesse:

(1) Auf "höherer" Ebene ablaufende Prozesse, die den Status motivationaler und voluntionaler Vorgänge erreichen können, und die prinzipiell bewußtseinsfähig (wenn schon nicht notwendig bewußt) sind - wir wollen sie als strategische Prozesse bezeichnen. Solche Prozesse liefern die Sollvorgaben für den Erinnerungsvorgang: Abgrenzung der in Frage kommenden Gedächtnisinhalte, die (von Aristoteles, s. Kap. 1, betonte) Wahl des Startpunkts, Kriterien schließlich für die Evaluation des Erinnerten: ob es tauge als Antwort.

(2) Die auf "niedrigerer" Ebene anzusiedelnde Ablaufsteuerung des eigentlichen Erinnnerungsprozesses. Die Vorbereitung des Inputs für das Gedächtnissystem, möglicherweise die Rückführung von Gedächtnis-Output und dessen Modifikation, das Erkennen neuer Antworten gegenüber bereits gefundenen, schließlich der Abbruch bei erfolgloser Suche: Dies alles wären teils selbständig ablaufende, teils von den Sollvorgaben höherer Prozesse abhängende automatische Prozesse, deren Ausführung sich der bewußten Kontrolle entzieht.

Shiffrins Modell des Erinnerns

Shiffrin (1970) hat ein Modell vorgestellt, das Suchprozesse im Gedächtnis simuliert. Inzwischen ist dieses Modell

Abbildung 22: Das Modell der Durchsuchung des Gedächtnisses von Raaijmakers & Shiffrin (1980; 1981).

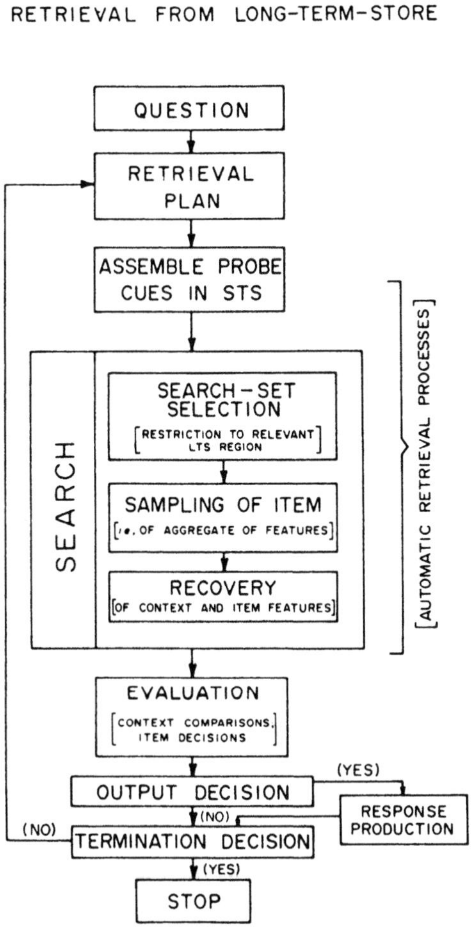

in überarbeiteter Form auf zahlreiche Paradigmen der Gedächtnispsychologie angewandt worden (allerdings nicht auf das Assoziieren) und unter dem Namen SAM, das heißt: "Search of Associative Memory", publiziert (Raaijmakers & Shiffrin, 1980; 1981).

Abbildung 22 zeigt, als Flußdiagramm formuliert, den generellen Ablauf der Gedächtnissuche nach Raaijmakers und Shiffrin. Wie man sieht, sind darin wesentliche prozessuale Elemente enthalten: (1.) der Aspekt kognitiver Steuerung in Gestalt eines Plans für die Suche ("retrieval plan"); (2.) die Evaluation der Antwort und die daran anschließende Entscheidung, ob sie geäußert werden soll, sowie (3.) ein Abbruchkriterium, das zur Rückkehr auf die Ebene der kognitiven Steuerung veranlaßt.

Auch Shiffrin geht von dem Ziel aus, als Korrelat der Prozesse des Erinnerns eine Datenstruktur des assoziativen Gedächtnisses zu entwerfen, "that would not have to be altered with changes in the task and type of test" (1970, 376). Das Ergebnis ist eine Strukturierung des Gedächtnisses nach "images":

"For example, in the case of two words being presented on a card for memorization, the units of information stored in memory could include the following: the size and color of the card and the letters; the form of the letters; the orientation of the words on the cards and other visual characteristics; the verbal representation of the words; the meaning of the words; their parts of speech; associates of the words; codes used to link the two words for later recall; and contextual and temporal information that characterize the current situation. These units of information which are stored together tend to be closely associated, so that they are usually recalled together - it is in this sense that they are termed an 'image'." (1970, 376)

Diese Kollektionen untereinander assoziierter Untereinheiten entsprechen - auch die neuere Version "SAM" - insofern einem traditionellen assoziationistischen Modell, als die Datenstruktur selbst Verknüpfungen zu den "associates of the words" enthält.* Damit allerdings repliziert das Shiffrinsche Modell die schon in den vorangehenden Kapiteln kritisch gewürdigte Identifizierung von hypothetischer Gedächtnisstruktur und assoziativer Produktion.

Infolgedessen kann die Wirkung von "retrieval plans" nur begrenzt sein. Sie besteht denn auch darin, einzelne "images" (oder deren Untereinheiten) als "Suchbezirk" (search-set, d.h. Menge von "images") auszuwählen. Diese Auswahl wird vermittelt durch Untereinheiten bzw. "images", die im Kurzzeitgedächtnis synthetisiert werden; sie stellen den eigentlichen Input für das (Langzeit)-Gedächtnissystem dar, sozusagen eine Sonde (sie werden als "probe cues" bezeichnet).

Die Anwendung, für die Shiffrin sein Modell konzipiert hat, ist die Beschreibung und Erklärung der in der "Verbal-Learning"-Forschung auftretenden Phänomene. Vielleicht ist es diesem Kontext zuzuschreiben, daß neben der ausgiebigen Berücksichtigung der situativen Aspekte eines Lernexperiments die mehr "semantischen" Aspekte recht undifferenziert erscheinen ("the meaning of the words"; vgl. das obige Zitat). Jedenfalls wäre zur Anwendung dieses Modells auf Aufgabenstellungen, wie wir sie hier behandelt haben, eine nähere Aufschlüsselung dieser Untereinheiten erforderlich.

---

*) Raaijmakers & Shiffrin beanspruchen nur, Teilaspekte der Gedächtnisstruktur darzustellen, nämlich eine "retrieval structure". "However, the retrieval structure is designed to capture those aspects of the storage structure that are important for retrieval." (1981, 120)

Auch der "situative Kontext", den SAM immerhin enthält, entspricht nicht dem, was wir im ersten Teil dieses Buches so bezeichnet haben. Vielmehr ist, wie vor allem aus den Ausführungen bei Raaijmakers und Shiffrin (1980) hervorgeht, unter dem situativen Kontext lediglich der Verweis auf diejenige Wortliste zu verstehen, in der das jeweilige Wort gelernt wurde. SAM kennt also drei Arten assoziativer Verbindungen: (a) Wort zu Wort, (b) Wort zu Kontext (d.h. Wortliste, zu der es gehört), und (c) Liste zu Liste.

Von besonderem Interesse sind die Prozesse, die Raaijmakers und Shiffrin beim Erinnern postulieren. "The subject makes a plan, chooses a set of probe cues, samples and tries to recover, decides whether to stop searching, and then loops back to the retrieval plan to begin the next phase" (1981, S. 96 f.). Der "retrieval plan" entspricht also einer Suchstrategie, nach Möglichkeit einer solchen, die sich bereits bei ähnlichen Aufgabenstellungen bewährt hat (a.a.O., S. 124). Es handelt sich also um applikatives Meta-Wissen, wie es im Rahmen der "Metamemory"-Forschung untersucht worden ist (Flavell & Wellman, 1977; Schneider, i.Dr.).

Gleichfalls als strategischer Prozeß konzipiert ist SAMs Evaluierung einer Antwort (verbunden mit der Entscheidung über das Aussprechen der Antwort). Das Hervorbringen der Äußerung selbst, von den Autoren in Abb. 22 wie beiläufig eher neben den Gesamtablauf gezeichnet, dürfen wir wohl als einen jener selbständig ablaufenden Prozesse werten, wie sie für heterarchisch organisierte Kontrollstrukturen typisch sind. - Schließlich wird die Entscheidung über das Abbrechen des Reproduzierens ebenfalls als strategischer Prozeß dargestellt, der seinerseits von einem Kriterium abhängt, nämlich der maximal tolerablen Anzahl von "Fehlschlägen" beim Erinnern.

Diesen strategischen Prozessen stellen Raaijmakers und Shiffrin die als automatisch ablaufend konzipierte eigentliche Durchsuchung des Gedächtnisses gegenüber. Sie beginnt damit, daß gemäß dem "retrieval plan" im Kurzzeitgedächtnis "probe cues" gebildet werden: sondierende Hinweisreize, die den Input des Langzeitspeichers abgeben. Unter Umständen ist damit auch eine lokale Auswahl aus dem Speicher verbunden, wie sie bereits von Shiffrin (1970) formuliert wurde.

Der zentrale Erinnerungsprozeß ist die Ziehung eines Items aus dem Speicher und die anschließende Vervollständigung der entsprechenden Gedächtnisspur (d.h. des "image", durch welches das Item repräsentiert wird). Die Ziehung erfolgt in Abhängigkeit vom anliegenden "probe cue" und wird als probabilistischer Prozeß definiert (s.u.). - Zusammenfassend erhalten wir das Bild eines Bündels eng koordinierter automatischer Prozesse, die unter der Kontrolle "höherer", strategischer Prozesse ablaufen.

Raaijmakers und Shiffrin (1980; 1981) berichten über zahlreiche Anwendungen ihres Modells auf geläufige Versuchsanordnungen (z.B. freies Reproduzieren von Wortlisten). Dabei gelingen ihnen gute Anpassungen des Modells an empirische Daten. Freilich läßt sich auch nicht bestreiten, daß die Zahl der freien Parameter in diesem Modell sehr hoch ist; doch läßt sich das bei der großen Zahl unterstellter Teilprozesse kaum vermeiden (vgl. 1981, S. 97 f.). Jedenfalls entspricht das Modell den von uns erarbeiteten Richtlinien - eine einheitliche Gedächtnisstruktur und vielfältige darauf operierende Prozesse - so gut, daß unsere weitere Diskussion von den bei Raaijmakers und Shiffrin aufgeführten Teilprozessen ausgehen soll.

Die Durchsuchung des Speichers

Die Durchsuchung des Langzeitspeichers umfaßt zunächst eine Gruppe wohl automatisch ablaufender Prozesse, welche direkt auf die Gedächtnisstruktur zugreifen: An der "Eingangsseite" des Speichersystems kommen "Schlüssel" (keys) oder "Suchreize" (probe cues) zu stehen; Ergebnis am Ausgang des Systems soll ein Item sein (z.B. ein Wort aus einer vorher dargebotenen Liste). Dazu tritt eine Gruppe von Teilprozessen, deren Klassifikation als "automatisch" oder "strategisch" verlaufend fraglich ist. Wir wollen davon im einzelnen behandeln: (a) die Unterdrückung bereits im Versuchsverlauf geäußerter Antworten, falls sie nochmals erinnert werden, (b) die Evaluation der Antwort, d.h. die Entscheidung, ob sie den Kriterien der gestellten Aufgabe genügt; schließlich (c) die Entscheidung über Fortsetzung oder Abbruch des Reproduzierens.

Der ekphorische Prozeß

Das Urnenmodell (vgl. Kap. 6) beschreibt den grundlegenden Prozeß des Erinnerns rein funktional: Eine Antwort wird mit einer für sie charakteristischen Wahrscheinlichkeit $p(i)$ aus der Menge aller im Gedächtnis gespeicherten Items "gezogen". In der einfachsten, ursprünglichen Fassung des Urnenmodells sind diese Ziehungswahrscheinlichkeiten alle gleich, bei Reder und Shiffrin (1971) sind sie je itemspezifische Kennwerte, und beim Markov-Modell (vgl. Kap. 7) sind die Ziehungswahrscheinlichkeiten als bedingte Wahrscheinlichkeiten in Abhängigkeit von der vorausgehenden Antwort angebbar: $p(i|j)$ für die Ziehung der Antwort i nach soeben erfolgter Antwort j.

In der neuen Fassung des Shiffrinschen Modells, SAM (Raaijmakers & Shiffrin, 1980; 1981), wird unterschieden zwischen Hinweisitems ("cues") und möglichen Antworten ("images"). Demzufolge wird die Wahrscheinlichkeit der Ziehung eines Items $\underline{I}_i$ angegeben als bedingt durch die im Moment der Ziehung an der Eingangsseite des Speichers anliegenden Cues $\underline{Q}_1, \underline{Q}_2, \ldots \underline{Q}_m$.

Die Assoziationsstruktur des Speichers wird durch die Stärke der Verknüpfung zwischen Cue und Image definiert. Wir wählen im Gegensatz zu Raaijmakers und Shiffrin eine einfachere Schreibweise und bezeichnen mit $\underline{S}_{ij}$ diese Assoziationsstärke zwischen Item $\underline{I}_i$ und Cue $\underline{Q}_j$. Die Gesamtstärke der Assoziation zwischen den zu einem Zeitpunkt anliegenden Cues $\underline{Q}_1, \underline{Q}_2, \ldots \underline{Q}_m$ und einem Item $\underline{I}_i$ ist in SAM durch das Produkt der einzelnen Assoziationsstärken definiert:*

$$\underline{G}_i = \underline{S}_{i1} * \underline{S}_{i2} * \ldots * \underline{S}_{im}.$$

Damit soll gewährleistet sein, daß einzelne hohe Assoziationsstärken weniger ins Gewicht fallen als bei additiver Verknüpfung. (Erzwungen wird damit andererseits, daß ein Item nur dann eine Ziehungschance hat, wenn es mit allen Cues assoziativ verknüpft ist.)

Die Gesamt-Assoziationsstärke $\underline{G}_i$ wird nun noch normalisiert, indem sie durch die Summe der zu allen Items bestehenden Gesamt-Assoziationsstärken dividiert wird, die wir als $\underline{GG}$ bezeichnen: $\underline{GG} = \underline{G}_1 + \underline{G}_2 + \ldots + \underline{G}_n$. Damit erhält man die

---

*) Die einzelnen Assoziationsstärken $\underline{S}_{ij}$ werden von Raaijmakers & Shiffrin noch mit einem gewichtenden Exponenten $\underline{w}_j$ versehen, den sie jedoch für die praktische Prüfung des Modells stets zu Eins annehmen, so daß er für die obige Darstellung entfallen kann.

Ziehungswahrscheinlichkeit für das Item $\underline{I}_i$ unter der Bedingung, daß die Cues $\underline{Q}_1 \ldots \underline{Q}_m$ anliegen, zu

$$p(I_i | Q_1, Q_2, \ldots, Q_m) = G_i / GG.$$

Von der Ziehung eines Items ("sampling of item") wird in SAM die Rekonstruktion der vollständigen Spur, speziell das Auffinden der zugehörigen sprachlichen Bezeichnung, unterschieden ("recovery"). Auch hierfür geben die Autoren eine bedingte Wahrscheinlichkeit in Abhängigkeit von den anliegenden Cues an, die sie selbst (1980, S. 215) als "somewhat arbitrary mathematically" bewerten, und die sich im wesentlichen von der multiplikativen Kombination der Assoziationsstärken in $\underline{G}_i$ dadurch unterscheidet, daß die einzelnen Assoziationsstärken $\underline{S}_{ij}$ jetzt additiv kombiniert werden. Ohne daß die Autoren darauf hinweisen, wird durch diese geschickte Verbindung additiver und multiplikativer Kombinationsregeln in Gestalt unmittelbar aufeinanderfolgender und für das Aussprechen einer Antwort notwendiger Teilprozesse erzwungen, daß ein Item, um als Antwort gefunden und ausgesprochen werden zu können, sowohl mit allen gerade gegebenen Cues assoziativ verbunden sein muß (sonst kann das entsprechende "image" nicht gezogen werden), als auch mit mindestens einem Cue sehr stark assoziiert sein muß (sonst scheitert der "Recovery"-Prozeß).

Insgesamt erweist sich die Konstruktion des ekphorischen Prozesses bei Raaijmakers und Shiffrin als Variante eines reinen S-R-Modells. Da die herkömmlichen Aufgabenstellungen der "Verbal-Learning"-Forschung (vgl. Kap. 1), vor allem das Paarassoziationslernen, diesem Grundmuster folgen, taugt SAM erwartungsgemäß gut zur Rekonstruktion der in diesem Rahmen erhobenen Daten. Da weiterhin als Spezialfall des Modells auch die Items selbst als Cues wirksam werden können, stehen freies Reproduzieren und prinzipiell auch Wortassoziation, z.B. das Aufzählen, dem Modell als Erklärungsgegenstände offen. Für das Reproduzieren gelernter Listen genügt auch die Einengung der kontextuellen Cues auf den jeweiligen Zusammenhang zwischen dem Item und der Liste, in der es dargeboten worden ist. Für freies Assoziieren allerdings dürfte nach den im ersten Teil dieses Buches gewonnenen Erkenntnissen eine solch restringierte Kontextdefinition nicht ausreichen; und vollends unklar scheint, wie aufgrund der in SAM zugrunde gelegten strikt assoziativen Struktur etwa Ähnlichkeitsurteile rekonstruiert werden könnten. Wir wollen daher im nächsten Kapitel einen anderen Vorschlag zur Konzeptualisierung des ekphorischen Prozesses machen.

Das Erinnern des Erinnerten

Wie immer man den ekphorischen Prozeß fassen mag - sofern man ihn nicht explizit als "Ziehung ohne Zurücklegen" definiert (z.B. Albert & Schulz, 1976), wird unweigerlich auch bereits Erinnertes von neuem erinnert werden. Daß dies wohl eine realistische Ansicht ist, beweisen die von Versuchspersonen in Gedächtnisexperimenten gemachten Fehler. Eher selten, aber eben doch, werden im Laufe ein und desselben Versuchsdurchgangs Antworten wiederholt, wobei die Wiederholungen fast immer durch mehrere andere Antworten getrennt sind. Bei Aufzählungen beispielsweise habe ich in etwa vier Prozent aller Versuchsprotokolle solche Wiederholungen gefunden. Oft korrigieren Versuchspersonen sich dann sofort: "Ach, das habe ich ja schon gesagt." Plausibel erscheint also, daß die geringe Zahl solcher Wiederholungen eher auf deren üblicherweise erfolgende Unterdrückung (d.h. Nichtaussprechen) zurückzuführen ist als auf den ekphorischen Prozeß selbst.

Diese Ansicht wird durch Gedächtnisexperimente unterstützt, die sich einer gegenüber dem freien Reproduzieren großzügigeren Instruktion bedienten, nämlich des uneingeschränkten Reproduzierens ("uninhibited recall", z.B. Bousfield & Rosner, 1970). Unter dieser Instruktion, wo den Versuchspersonen erlaubt wurde, alle ihnen während des Erinnerns durch den Kopf gehenden Wörter zu äußern, stieg die Anzahl der Wiederholungen bereits reproduzierter Items gegenüber dem freien Reproduzieren an.

Es wäre demzufolge ein Teilprozeß zu konzipieren, der das Ergebnis des ekphorischen Prozesses daraufhin prüft, ob es sich um eine "alte", schon gesagte Antwort handelt.

Urnenmodelle des Assoziierens postulieren meist eine Markierung ("tag"), die den bereits gezogenen Elementen des Speichers anhaftet, so daß bereits für diese sparsamsten Modelle ein Prozeß unterstellt werden muß, der die Markierungen erkennt und die entsprechenden Elemente, sollte eines davon gezogen worden sein, umgehend zurücklegt. Ein derartiger Prozeß würde wohl als automatischer vorzustellen sein.

Umgekehrt begegnet uns das Erinnern des Erinnerten als "output monitoring" in der Literatur über gedächtnisbezogene Metakognition (z.B. Flavell & Wellman, 1977); in diesem Zusammenhang wäre es dann wohl eher als strategischer Prozeß aufzufassen. Dann aber sollte dieser Prozeß der strategischen Nutzung zugänglich sein. Natürlich ist es kaum möglich, den "on-line", während des Reproduzierens selbst erfolgenden Monitoring-Prozeß experimentell zu isolieren. Daher haben Gardiner und Klee (1976) versucht, das "output monitoring" ex post zu erfassen, indem sie ihren Versuchspersonen nach der Reproduktion (bzw. Rekognition) des vorher dargebotenen Materials dieses erneut vorlegten, diesmal mit der Aufforderung anzugeben, welche Items sie korrekt erinnert (bzw. wiedererkannt) hatten.

Mit demselben experimentellen Paradigma hat Wippich (1982) untersucht, ob die Qualität des "output monitoring" sich steigern läßt, wenn den Versuchspersonen vor dem Lernen und Reproduzieren der Listen angekündigt wird, daß sie anschließend an den eigentlichen Behaltenstest sagen müssen, an welche Items sie sich erinnern konnten. Es zeigte sich jedoch, daß die Güte des "output monitoring" sich nicht durch diese Gelegenheit zur willentlich veranlaßten Vorbereitung auf den Test beeinflussen ließen. Wippich kommt zu dem Ergebnis: "'Output monitoring' scheint uns in weiten Bereichen eher als automatischer Vorgang beschreibbar zu sein, der nur in bestimmten, wahrscheinlich kritischen Momenten bei Erinnerungsversuchen bewußt fokussiert wird." (1982, S. 526)

Die Beurteilung der Antwort

Das Erinnern des Erinnerten ist bereits ein Spezialfall der Evaluation der Antwort (wobei wir hier unter "Antwort" das Ergebnis des ekphorischen Prozesses verstehen, das erst durch das einer positiven Beurteilung folgende Aussprechen zur Antwort im üblichen Sinne wird). In der Regel muß - gerade bei restringierten Formen des Assoziierens - die Antwort weiteren, inhaltlichen Kriterien genügen, um als korrekte Antwort gelten zu dürfen.

Raaijmakers und Shiffrin (vgl. Abb. 22) unterscheiden hier mit "evaluation" und "output decision" zwei Teilprozesse, deren erster die inhaltliche Prüfung darstellt, die möglicherweise nicht eindeutig ausfällt, so daß ein Entscheidungsprozeß nachfolgen muß. Für diese Unterscheidung spricht, daß Fehler (etwa Nennen von Beispielen aus einer anderen Kategorie als der verlangten beim Aufzählen) unter Zeitdruck zunehmen: Wir können dies deuten als Indiz für einen verkürzten, möglicherweise unvollständigen Evaluationsprozeß und zugleich (da die Gesamtzahl der Antworten bei Speed-Instruktion steigt) als Indiz dafür, daß das die Entscheidung über das Aussprechen bedingende Kriterium herabgesetzt worden ist.

Den Wortlistenexperimenten entsprechend, auf die sie ihr Modell anwenden, impliziert "evaluation" bei Raaijmakers und Shiffrin lediglich die Prüfung, ob ein Item vollständig genug erinnert wurde, um ausgesprochen werden zu können ("old or not recovered" nennen sie - 1981, S. 98 - als Entscheidungskriterium).* Möglicherweise wäre dem noch die Prüfung hinzuzufügen, ob das erinnerte Item aus der zu erinnerten Liste stammt.

Für das Assoziieren könnte, bei freier und fortlaufender Assoziation, der Evaluationsprozeß ganz entfallen; für fortgesetztes freies Assoziieren könnte er beschränkt sein auf eine Beurteilung des Abstandes (z.B. der semantischen Distanz) zwischen erinnertem Wort und Reizwort. Beim Aufzählen von Exemplaren einer Kategorie wäre die Zugehörigkeit zu derselben Entscheidungskriterium und könnte durch einen Merkmalsvergleich wie den von Smith, Shoben und Rips (1974) beschriebenen beurteilt werden. Bei artifiziellen Kategorien, beispielsweise den von Bousfield und Sedgewick (1944) verlangten "Wörtern, die M, D und T enthalten" müßte die Beurteilung dagegen ganz anders erfolgen, vermutlich durch sequentielle Prüfung der einzelnen Buchstaben des Wortes gegen M, D, und T. Ein solcher sequentieller Prozeß, dessen Zeitbedarf wir in Analogie zu den Befunden von Sternberg (1966) auf etwa 400 msec je Zeichen schätzen dürfen, müßte besonders

---

*) An dieser Stelle (Raaijmakers & Shiffrin, 1981, S. 98, Fig. 3) scheint es, daß "evaluation" und "output decision" in eins gesetzt werden. Die Autoren gehen sogar noch weiter: "In practice, it is often convenient to combine the recovery process and the subsequent decisions into a single equation." (1981, S. 127). Sie geben dann (wie wir im Abschnitt über das Shiffrin-Modell referiert haben) direkt die Wahrscheinlichkeit für das Aussprechen eines Items an.

viel Zeit in Anspruch nehmen. (Die geringe Zahl der Antworten für solche artifiziellen Kategorien kann aber auch an dürftigen Ergebnissen des ekphorischen Prozesses liegen.)

Die Beurteilung der Antwort ist also ein in strikter Bindung an die gerade gestellte Aufgabe erfolgender Prozeß, kein immer in gleicher Weise ablaufender Vorgang. Die Auswahl der Beurteilungsprozedur und die Setzung des Entscheidungskriteriums sind wohl nicht anders denn als Resultat strategischer Prozesse zu werten. Das bedeutet nicht notwendig, daß die Beurteilung selbst als strategischer Prozeß zu gelten hätte; vielmehr ist anzunehmen, daß hochgeübte Vorgehensweisen wie die Beurteilung der Zugehörigkeit zu natürlichen Kategorien automatisch ablaufende Prozesse sind - Prozesse allerdings, die unter Umständen einen merklichen Zeitaufwand erfordern.

Die Beendigung des Reproduzierens

In vielen Experimenten hat die Versuchsperson gar keine Möglichkeit, all ihre erinnerten Antworten zu sagen, denn der Versuchsleiter hat die Zeit knapp begrenzt. Dann ist die Beendigung des Reproduzierens natürlich nicht das Resultat der intern wirkenden Prozesse, die wir hier betrachten wollen.

Im Zusammenhang des Assoziierens haben wir allerdings auch bemerkenswerte, einem Abbrechen des Reproduzierens beinahe gleichkommende Pausen im zeitlichen Assoziationsverlauf registriert (vgl. Kap. 2 und später), und wir werden im folgenden argumentieren, daß es an solchen Stellen in der Tat zur vorläufigen Beendigung des Reproduzierens und zu einem Neubeginn kommt. Deshalb ist es notwendig zu untersuchen, aufgrund welcher Umstände der Prozeß des Reproduzierens spontan zum Erliegen kommt.

Bereits in der ersten Fassung des Shiffrin-Modells (Atkinson & Shiffrin, 1968) wird der Begriff der Abbruchregel (stopping rule) eingeführt. Demnach erfolge die Beendigung des Reproduzierens beim Überschreiten eines - von der Versuchsperson vermutlich selbst gesetzten - Kriteriums. Außer einem Zeitlimit erwägen die Autoren "... an event counter stopping rule, that would halt the subject when a fixed number of prespecified events had occurred. The events could be a total number of distinct 'searches', total number of incorrect traces found, and so on... For example, search would be stopped whenever x consecutive searches recovered traces that had been found in previous searches." (Atkinson & Shiffrin, 1968, S. 121)

In einem solchen Zählermodell wird die Beendigung der Reproduktion als Folge eines einfachen (und wohl als automatisch zu betrachtenden) Entscheidungsprozesses konzipiert. Andere Möglichkeiten sind damit nicht ausgeschlossen: Es kann durchaus sein, daß der Introspektion zugängliche, ausgiebige Reflexionen der Versuchsperson darüber, ob es noch Sinn habe weiterzumachen, neben Prozessen existieren, wie ein Zählermodell sie fordert. Solche bewußten Erwägungen haben dann aber den Status von Ausnahmen.

Schulz und Albert (1976) haben ein Zählermodell als Semi-Markov-Prozeß formalisiert. Sie gewinnen damit gegenüber einem einfachen Markov-Modell die Möglichkeit unterschiedlicher Wartezeiten beim Übergang von einem Modellzustand in den nächstfolgenden. Leider ist es nicht ohne weiteres möglich, aus den von ihnen angegebenen Wartezeitdichten den erwartbaren (d.h. "mittleren") zeitlichen Verlauf des Reproduzierens zu bestimmen; bei geeigneter Wahl der Modellparameter läßt sich aber zeigen, daß die in Kap. 2 eingeführte Exponentialfunktion mit dem von Schulz und Albert formulierten Zählermodell verträglich ist.

Überprüft wurde dieses Zählermodell anhand der Reproduktionsdaten von zwanzig Versuchspersonen in einem Experiment mit freiem Reproduzieren von Wortlisten. In fünf Fällen zeigten sich dabei signifikante Modellunverträglichkeiten der Daten. Allerdings handelt es sich in allen fünf Fällen um solche Versuchspersonen, die die Wortliste vollständig oder nahezu vollständig (d.h. bis auf ein einziges fehlendes Wort) wiedergegeben hatten - möglicherweise hätte der Modelltest für längere Listen zu besseren Ergebnissen geführt. Auffällig sind ferner die starken interindividuellen Schwankungen des Modellparameters $\underline{k}$, d.h. des Abbruchkriteriums: Es streut für die modellverträglichen Fälle immerhin von 6.1 bis 105.

Dieses Ergebnis weist m.E. darauf hin, daß eine ausschließlich als Zählermodell formulierte Beschreibung des Zeitverlaufs beim Reproduzieren nicht genügt, sondern daß der an das Erreichen des Zählerkriteriums geknüpfte Entscheidungsprozeß nur als einer von mehreren Teilprozessen beim Erinnern zu definieren ist.

Bei Raaijmakers und Shiffrin finden wir eine derartige Differenzierung des Zählerkonzepts. Sie definieren (z.B. 1981, S. 98) zwei Zähler, $\underline{L}$ und $\underline{K}$. Wenn ein Item $\underline{i}$ lediglich anhand des Wortlisten-Cues erinnert wurde, beginnt eine von $\underline{L}$ kontrollierte Suchschleife, die den Listenkontext und das Item $\underline{i}$ als Cues verwendet. Die (im Computerprogramm SAMS) äußere Suchschleife wird von $\underline{K}$ gezählt, wobei auch das Erreichen von $\underline{K}_{max}$ noch nicht zum völligen Abbruch des Reproduzierens führt, sondern zu wiederholten Anstrengungen ("rechecking", a.a.O., S. 97). In dieser Fassung scheint das Zählerkonzept auch auf das Assoziieren anwendbar, und in den Mittelpunkt rückt die Frage, was denn geschieht, wenn das Zählerkriterium überschritten wird. Hier vermuten wir den hauptsächlichen Ansatzpunkt für das Wirken strategischer Prozesse.

Strategische Prozesse

Die zahlreichen Teilprozesse, die wir bereits für einfachste Erinnerungsleistungen in Rechnung stellen müssen, bedürfen ihrerseits der Steuerung. Diese kann zum Teil asynchron erfolgen - im Vorhinein also, oder durch je kontingente Eingriffe - oder aber in "Echtzeit", als ständige Überwachung der Abrufprozesse während ihrer Ausführung.

Die Setzung interner Kriterien stellt einen Fall dar, wo es lediglich vorgängiger oder gelegentlicher steuernder Eingriffe bedarf. Solche Kriterien haben wir für die Beurteilung einer Reproduktion ebenso veranschlagt wie für die Beendigung des Reproduzierens im Zählermodell. Das Kriterium "maximaler Zählerstand" bespielsweise erschließt sich einer motivationalen oder auch differentialpsychologischen Interpretation in Konzepten wie "Ausdauer", "Rigidität vs. Flexibilität" usw. Freilich werden wir den steuernden Prozeß des "Einstellens" eines solchen Kriteriums nicht als bewußt betrachten (sonst müßten wir womöglich Selbstinstruktionen wie "ich höre auf, wenn mir fünfmal nichts Neues einfällt" unterstellen). Wir werden ihn aber als Resultat von Prozessen definieren, die auf einer höheren Kontrollebene ablaufen.

Im Gegensatz dazu gibt es Momente, wo der Prozeß des Erinnerns nicht länger automatisch ablaufen kann, wo er also der Steuerung "in Echtzeit" bedarf. Wir haben als einen solchen Zustand soeben das Überschreiten eines Zählerkriteriums definiert. An einem solchen Punkt ist die Fortsetzung des Erinnerns unter geänderten Ausgangsbedingungen gefordert, und zu unterstellen ist ein Prozeß, der eine solche neue Suche in Gang setzt.

Eine solche Sicht der Dinge impliziert, was wir (Kap. 1) strategische Prozesse genannt haben: kognitive Vorgänge, die bewußtseinsfähig, wenn auch nicht notwendig bewußt sind, und die zumindest prinzipiell verschiedene Vorgehensweisen ermöglichen (wenngleich Aufgabenstellung und individuelle Lerngeschichte im Einzelfall eine eindeutige Festlegung erzwingen mögen). Die in Kapitel 1 angesprochenen "determinierenden Tendenzen" im Sinne Achs, bzw. die "Tätigkeitsbereitschaft" sensu Lewin sind als solche strategischen Prozesse anzusehen.

Empirische Indizien

Ein erster Anhaltspunkt für die Wirkung strategischer Prozesse ist die auffällige zeitliche Gliederung des einzelnen Assoziationsverlaufs. Gerade bei längeren Pausen (bis zu zwanzig Sekunden in unseren Daten) erscheint die Unterstellung, in dieser ganzen Zeit laufe lediglich ein automatischer Suchprozeß ergebnislos ab, geradezu an den Haaren herbeigezogen (und doch ist dies die Annahme aller statistischen Modelle) - umso mehr, wenn man selbst als Versuchsleiter erlebt hat, was Versuchspersonen in solchen Pausen wirklich tun: oft nämlich laut nachdenken über Möglichkeiten (Strategien!), wie ihnen doch noch einige brauchbare Antworten einfallen könnten. (Oder auch, nicht weniger häufig, geäußerte Verwerfungen nicht ausgesprochener Einfälle, die auf durchaus bewußte Urteilsprozesse verweisen.) Der mögliche Einwand, solche Pausen könnten unter Umständen auch Ursachen haben, die überhaupt nicht mit dem Assoziieren zusammenhängen (es kommt vor: eine Versuchsperson bekundete zwischendurch Eile, sie müsse weg), wird jedoch widerlegt durch die in der vorliegenden Arbeit mehrfach empirisch abgesicherte Feststellung, daß temporale Cluster im Assoziationsverlauf mit semantischer Gruppierung einhergehen.

Ein weiterer Anhaltspunkt entstammt den methodisch natürlich weniger tragfähigen Nachbefragungen von Versuchspersonen im Assoziationsexperiment. Etwa ein Drittel der von mir

Befragten gab an, bewußt Strategien zur Auffindung von Einfällen angewandt zu haben ("Ich habe versucht, an die Tiere zuhause zu denken, dann an die Tiere im Zoo..."). Die übrigen gaben an, gesagt zu haben, was ihnen in den Sinn gekommen sei. Auch Lewin berichtet Ähnliches von seinen Versuchspersonen, die er (allerdings in einem Paar-Assoziations-Versuch mit sinnlosen Silben als Lernmaterial) assoziieren ließ:

> "Häufig war der Vp die Instruktion Eif (d.h. 'Einfallen lassen'; Anm. d. Verf.) 'sehr unangenehm infolge der Unbestimmtheiten' (Vp. J.); es herrschte ein 'beklommener Zustand', ohne daß irgendwelche Silben auftauchten. Bisweilen trat dann, zumal häufig nach den ersten Darbietungen, nach dem Lesen (der sinnlosen Silbe; Anm. d. Verf.) eine 'vollkommene Gedankenleere' ein (Vp. A, B, F). Fast immer aber kommt es bei den folgenden Darbietungen zu einer Befreiung aus dieser peinlichen Lage durch irgendwelche mehr oder weniger aktiv veranlaßten Tätigkeiten." (1922, 107; Hervorhebungen im Original)

Darüber hinaus können wir auf einige experimentelle Daten zurückgreifen, die aus Versuchen stammen, den assoziierenden Personen strategisches Vorgehen zu induzieren.

Die Wirksamkeit induzierter Strategien

Unter den von mir erhobenen Daten finden sich solche zur Wirksamkeit induzierter Strategien beim Assoziieren (Erhebung Nr. 5, vgl. Kapitel 2; diese Ergebnisse sind auch berichtet in Strube, 1983). Die 36 Versuchspersonen in diesem Assoziationsexperiment assoziierten jeweils zwei Minuten lang (freie Ass.) auf insgesamt sechs Stimuli, nämlich die Adjektive kurz, laut und weich (Wortgruppe 1), sowie ängstlich, grell und lieblich (Wortgruppe 2). Diese Stimuli wurden sowohl in der Reihenfolge der Vorgabe randomisiert als auch zufällig

Abbildung 23: Der Effekt induzierter Strategien. Reaktionszeiten für die Adjektive kurz, laut, weich (Klasse 1) und ängstlich, grell, lieblich (Klasse 2) unter den Instruktionen neutral (Standard), positiv (= Gegenteil nennen) und negativ (nicht das Gegenteil nennen).

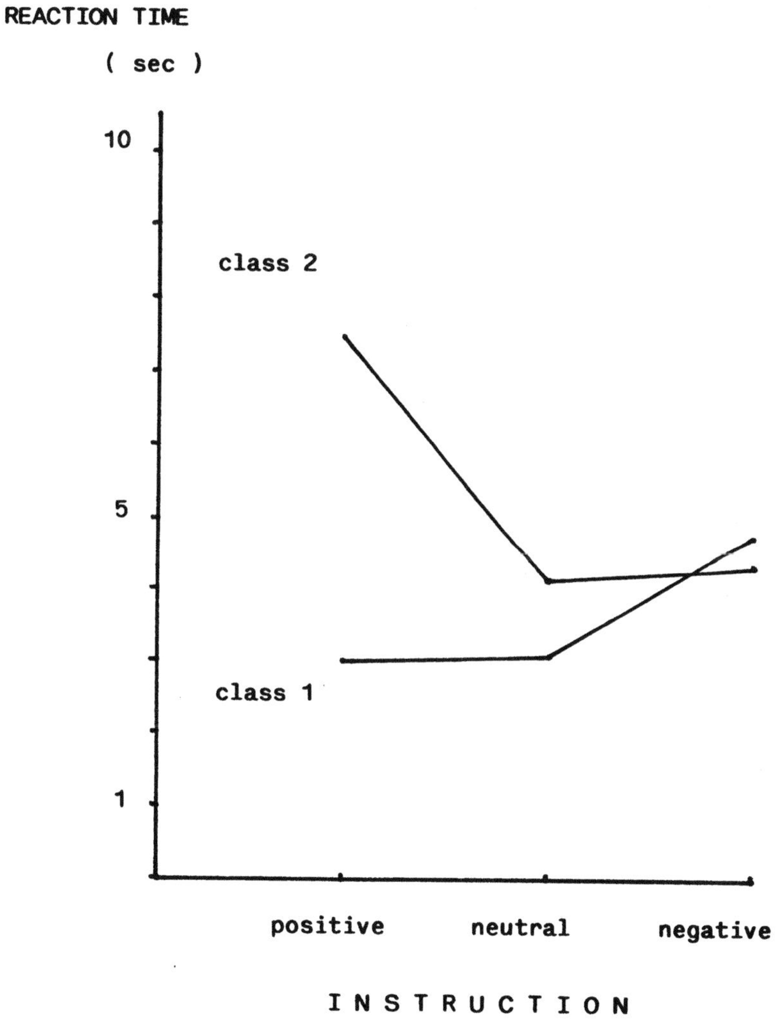

(und über alle Vpn gleich häufig) mit einer von drei Instruktionen verknüpft: (1) normale Instruktion für freies Assoziieren, sog. neutrale Instruktion, (2) zusätzlich Anweisung, das Assoziieren mit der Nennung des Gegenteils zu beginnen (sog. positive Instruktion), (3) zusätzlich Anweisung, nicht mit dem Gegenteil des Reizwortes zu antworten (sog. negative Instruktion). Diese Instruktionen sollten, zieht man etwa die von Russell (1970) erhobenen deutschen Assoziationsnormen zu Rate, mit den Wortgruppen in Wechselwirkung treten: Für die Wörter der Wortgruppe 1 gilt nämlich, daß sie in mindestens 30% aller Fälle ihr Gegenteil als Erstantwort auslösen (kurz - lang usw.); für die Wörter der Wortgruppe 2 trifft dies nicht zu. Entsprechend war zu erwarten, daß die Wörter der Wortgruppe 1, die ihr Gegenteil hervorzurufen pflegen, sich nicht unterscheiden würden bezüglich der unter "neutraler" wie "positiver" Instruktion zu erwartenden Erstantworten und Reaktionszeiten, daß aber die "negative" Instruktion aufgrund der notwendigen Zurückweisung der üblichen Antwort und wegen der Notwendigkeit, eine andere Antwort zu finden, mehr Zeit benötigen würde. Umgekehrt war für die Wortgruppe 2 zu erwarten, daß gerade die "positive" Instruktion zu langen Reaktionszeiten führen mußte, weil es zu allen drei Wörtern dieser Wortgruppe mehrere mögliche Alternativen als "Gegenteil" gibt, so daß eine Auswahl und eine Entscheidung nötig wird. "Neutrale" und "negative" Instruktion hingegen sollten für die Wörter der Wortgruppe 2 keine unterschiedlichen Zeiten ergeben.

Wie aus Abbildung 23 zu ersehen ist, entsprachen die gemessenen Reaktionszeiten (von der mündlichen Darbietung des Reizwortes bis zum Beginn der ersten Antwort; die Daten waren auf Tonband festgehalten) genau diesen Vorhersagen. Es muß betont werden, daß Modelle des Assoziierens, die keine strategischen Prozesse wie Auswählen, Beurteilen, Entscheiden usw. vorsehen, nur mit Zusatzannahmen ähnliche Vorhersagen über unterschiedliche Reaktionszeiten machen können. (Für ein

Strukturmodell mit verschiedenen Übergangswahrscheinlichkeiten müßte gefordert werden, daß die Reaktionszeit von der Übergangswahrscheinlichkeit abhängt.) Prozeßannahmen aber führen ganz von selbst zur Vorhersage der beobachteten Zeitunterschiede. - Einschränkend ist allerdings festzuhalten, daß dieses Experiment ausschließlich Erstantworten berücksichtigte, so daß wir keinerlei Schlüsse auf die generelle Auswirkungen induzierter Strategien beim Assoziieren ziehen können.

Ausführlichere Untersuchungen stammen von Matthäus (1980), der seine 22 Versuchspersonen (Psychologiestudenten) auf die Stimuli Schlüssel, Flasche, Wasser, Lehm, Kraft, Zeit, Freude und Wunsch assoziieren ließ, wobei er neben der Standardinstruktion für freies (fortlaufendes) Assoziieren (S) ausführlichste Anweisungen verwendete zur Begriffsbestimmung (B: "lockere Definitionen", a.a.O., 297) und zur "Konkretisierung" (K: "Phantasiespiel", Situationsbeschreibung). Als vierte Bedingung verwendete er eine "Tempo-Instruktion" (T), wobei er die Versuchspersonen zur Eile anhielt und ihnen den Versuch als Wettbewerbssituation darstellte. - Das für unsere Fragestellung wesentlichste Ergebnis läßt sich in Matthäus' eigenen Worten zusammenfassen:

"Die Idee war, daß unter der neutralen Instruktion S die Vpn viele Strategien wählen und auch wechseln können, so daß das durchschnittliche Assoziationsprofil unter S einen Mischtyp des Assoziierens beschriebe, während unter den Instruktionen B, K und T die Wählbarkeit von Strategien eingeschränkt, mithin die Profile einheitlicher sein sollten. (...) Die Voraussetzung zur Realisierung dieser Idee war, daß die Merkmalsprofile, die unter dem Regime jeder der 'präzisen' Aufgaben zustandekommen, deutlich homogener sind als die Profile unter S. Bei der Überprüfung der Streuungen von 24 Variablen (Merkmalen der Assoziationsreihen) fand sich aber die erwartete Vereinheitlichung durch Präzisierung der Aufgabe nicht." (1980, 347)

Ein negatives Ergebnis also? Analysieren wir Matthäus' Voraussetzungen: Er nimmt an, daß unter Normalbedingungen Strategiewechsel häufig und die Assoziationsreihen (auf deren Analyse durch sog. Merkmalsprofile ich nicht weiter eingehen will) dementsprechend heterogen seien. Die Annahme von Strategien muß aber keineswegs die eines häufigen Wechsels der Strategie einschließen. Im Gegenteil zeigen die in Kap. 3 aufgeführten Beispiele von Assoziationsverläufen deutlich, wie einheitlich ein ganzer mehrminütiger Assoziationsverlauf sein kann (vgl. Abb. 5). Somit erweist sich lediglich das von Mathhäus vorgeschlagene Überprüfungsverfahren als ungeeignet zur Entscheidung der Frage, ob strategische Prozesse beim Assoziieren anzunehmen sind. (Im übrigen sind auch die "präzisen" Aufgabenstellungen dieses Autors so reichhaltig - die Instruktionen beanspruchen ohne Wiederholungen mehr als eine halbe Manuskriptseite, eng beschrieben -, daß wir an der Einschränkung auf eine bestimmte Strategie durch solche Instruktionen zweifeln dürfen.) So bleibt als einzig nennenswerte Alternative die Tempo-Instruktion T, von der allerdings auch nur quantitative Auswirkungen (etwas erhöhte Antwortzahl) berichtet werden. - Ein weiterer wesentlicher Punkt für die Wirksamkeit von Instruktionen ist sicherlich deren Glaubwürdigkeit. Wie aber soll in einem Versuchsplan, in dem jede Versuchsperson nacheinander jede Instruktion erhält, abwechselnd eine Wettbewerbssituation und die Gelöstheit eines "Phantasiespiels" überzeugend (und damit wirksam) vermittelt werden? Ich meine also, daß wir Matthäus' Untersuchung nicht als "Abgesang auf die Tradition des Standard-Wortassoziationsversuchs" werten müssen, wie er selbst das tut (1980, 635), sondern uns weiter um die Erklärung dieses Phänomens bemühen dürfen.

Abbildung 24: Der Effekt induzierter Strategien.

Assoziationsverläufe zweier Versuchspersonen A und B, die japanische Städte in Nord-Süd-Richtung aufzuzählen hatten (aus: Indow & Togano, 1970)

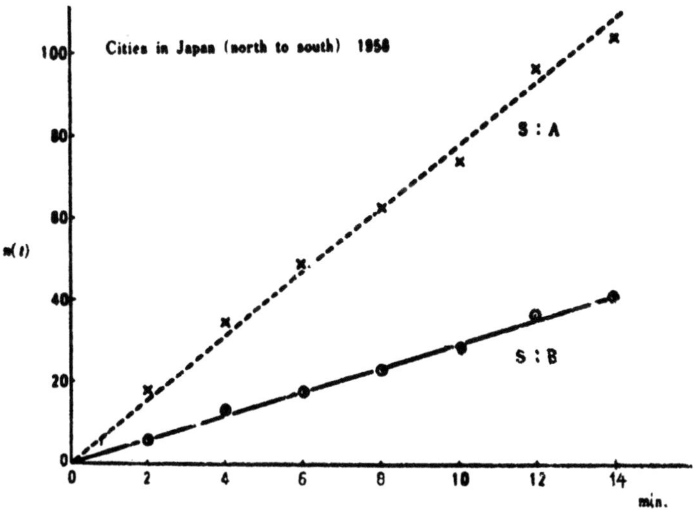

Zumindest die Möglichkeit des Assoziierens unter extern, per Instruktion gesetzten Abrufstrategien demonstrieren schließlich die von Indow und Togano (1977) durchgeführten Experimente. Die Autoren ließen ihre (japanischen) Versuchspersonen Städte Japans aufzählen, ein Experiment zum restringierten Assoziieren also, vergleichbar den Untersuchungen von Bousfield und Sedgewick (1944), die unter anderem Städte der USA aufzählen ließen. Für die Standardinstruktion, so berichten Indow und Togano, habe der Assoziationsverlauf der üblichen, schon von Bousfield und Sedgewick berichteten Kurve entsprochen (vgl. Kap. 2). Wurde der Standardinstruktion aber hinzugefügt, die Städte sollten in der Reihenfolge von Nord nach Süd aufgezählt werden (wozu sich Japan wegen seiner relativ geringen Ost-West-Erstreckung gut eignet), so ergab sich indessen selbst für einzelne Assoziationsverläufe der aus Abb. 24 ersichtliche lineare Anstieg. Wir dürfen daraus schließen, daß die strategische Angabe einer Suchrichtung in der Instruktion deutliche Auswirkungen im Assoziationsverlauf zeigte.

Insgesamt zeigt der Überblick über diese experimentellen Ergebnisse, daß der Vorgang des Assoziierens in Grenzen beeinflußbar ist durch die Instruktion, bestimmte Strategien zu benützen. Ein Schluß von diesen Ergebnissen auf notwendig und stets beim Assoziieren aktivierte strategische Prozesse ist indessen nicht zwingend. Somit bleibt es der erfolgreichen Konstruktion eines Modells für das Assoziieren überlassen, die aus theoretischen Gründen geforderte und anhand der Interpretation von Assoziationsverläufen und Nachbefragungen von Versuchspersonen plausibel gemachte Annahme des Wirkens strategischer Prozesse beim Assoziieren zu erhärten. Doch wie sollen solche Prozesse inhaltlich beschaffen sein, welche Strategien kommen für das Assoziieren in Frage?

Strategische Prozesse beim Assoziieren

Die Aufgabenstellung des Assoziierens, insbesondere bei Vorliegen einer vom Versuchsleiter gesetzten Instruktion, bietet mindestens zwei Ansatzpunkte für das Wirken strategischer Prozesse. Um nicht wahllos Antworten zu produzieren (wie ja selbst bei freier Assoziation die Antworten gerade nicht wahllos aufeinanderfolgen), wäre der Suche nach Antworten eine Leitlinie vorzugeben: eine Vorselektion des für die Durchsuchung des Gedächtnisses Relevanten. Und um Einfälle auszusondern, die der gestellten Aufgabe nicht genügen (beim Aufzählen von Beispielen für eine Kategorie z.B. Namen von Objekten, die nicht der Kategorie angehören), wäre ein Prozeß zu veranschlagen, der zu einem Urteil über die Adäquatheit eines Einfalls führt.

Eine "Leitlinie" für das Durchsuchen des Gedächtnisses entspricht den Gemeinsamkeiten zeitlich zusammen gruppierter ("geclusterter") Antworten, wie sie in den Interpretationen der Kapitel 3-5 entwickelt wurden. Solche "Leitlinien" sind Auswirkung strategischer Prozesse (und keineswegs mit den Prozessen selbst zu verwechseln). Dies ist zu berücksichtigen, wenn wir sie im folgenden als "strategische Perspektiven" oder lediglich als "Strategien" bezeichnen.

Aufgrund unserer inhaltlichen Analysen des Assoziationsverlaufs müssen wir mindestens zwei hauptsächlich gebrauchte Strategien annehmen: (1) eine an Eigenschaften der bezeichneten Objekte und deren Ähnlichkeit orientierte Strategie, sowie (2) ein vom den Kontext geleitetes Vorgehen. Wie aus den inhaltlichen Analysen individueller Assoziationsverläufe (Kap. 3) hervorgeht, sind die der zweiten Strategie zuzurechnenden Antworten dadurch gekennzeichnet, daß sie einem jeweils gemeinsamen Wahrnehmungs- und Handlungskontext einzupassen sind.

Darüber seien die zwar selteneren, doch umso auffälligeren Strategien nicht vergessen, die wir als "linguistische" bezeichnet haben (vgl. Kap. 3). In diese Kategorie zählen die im engeren Sinne syntagmatischen Assoziationen - also die Vervollständigungen geläufiger Redewendungen oder die Bildung zusammengesetzer Wörter -, dann die Fortsetzung des Assoziierens durch synonyme Wörter (vor allem kommt die Bildung "synonymer Paare" häufig vor), und schließlich auch die normalerweise seltenen Klangassoziationen - Homophone, vor allem natürlich Reimwörter. Das Kennzeichen dieser Gruppe beim Assoziieren aufweisbarer Strukturierungsprinzipien ist, daß sie nicht mit den durch die Wörter bezeichneten Objekten (oder deren situativem Kontext) zu tun haben, sondern überwiegend oder (bei Klangassoziationen) ausschließlich mit den Wörtern selbst.

Dies ist ein Grund (wenn auch nicht der einzige) für die verbreitete Unterscheidung zwischen einer kognitiven Repräsentation der Wörter (einschließlich ihrer phonetischen und möglicherweise auch ihrer für die Schriftform relevanten visuellen Merkmale) und einer Repräsentation der Begriffe, konkreter (d.h. Objekte) wie abstrakter. Die den Wortschatz eines Sprechers repräsentierende Struktur sei (nach Katz & Fodor, 1963) als mentales Lexikon bezeichnet und von den übrigen Inhalten des Langzeitgedächtnisses unterschieden. (Inwiefern die zweite Komponente, die kognitive Repräsentation des begrifflichen Bereichs, sich mit dem sogenannten "semantischen" Gedächtnis deckt, sei vorerst dahingestellt.)

Wir gehen davon aus, daß keine eindeutige Abbildung zwischen dem Lexikon (der Menge der Wörter) und der Menge des damit Bezeichneten besteht; vielmehr ist eine in beiden Richtungen mehrdeutige Zuordnung vorauszusetzen. Neben der Existenz von Synonymen und Homonymen (der auch in herkömmlicher Manier mit Vervielfachung der Lexikoneinträge beizukommen wäre, vgl. Katz & Fodor, 1963), sprechen für die Annahme solch mehrdeutiger oder gar "unscharfer" Bezogenheit beider Bereiche aufeinander die Existenz von intendiert unexakten Referenzen im Sprachgebrauch (sog. "hedges", vgl. Lakoff, 1972) ebenso wie die aufweisbar fragmentarische Verfügbarkeit von Wörtern und besonders Namen bei guter Kenntnis des so Bezeichneten (vgl. Brown & McNeill, 1966).

Unter der Annahme eines mentalen Lexikons stellen wortbezogene Strategien diejenige Gruppe vermuteter strategischer Prozesse dar, welche den Klangassoziationen und den im engeren Sinne syntagmatischen Assoziationen zugrundeliegt. Sie sind insofern distinkt von den auf Objekt-Ähnlichkeit oder situativen Kontext bezogenen Strategien. Für ein Modell des Assoziierens dürfen wir sie jedoch wegen ihrer Seltenheit vernachlässigen.

Die für ein Modell der Wortassoziation zu spezifizierenden strategischen Prozesse müssen demnach (mindestens) zwei, nach Ähnlichkeit und Kontext unterscheidbare Suchperspektiven umfassen. Zu diesen Prozessen müssen solche kommen, wie sie auch in den von uns besprochenen Modellen (zum Teil implizit) enthalten sind: Bewertungen der Einfälle, (1) ob sie den Anforderungen der Instruktion entsprechen (beispielsweise Kategoriezugehörigkeit bei Aufzählungen), und (2), ob sie schon genannt wurden. Beide Teilprozesse können für das Assoziieren als unter ldegilich initialer strategischer Kontrolle automatisch ablaufend betrachtet werden. Als echter automatischer Prozeß beim Assoziieren ist zumindest ein möglichst effizienter Suchprozeß zu postulieren, der entsprechend der gewählten Suchperspektive aus den Inhalten des Langzeitgedächtnisses eine Antwort produziert. Wir begrenzen den strategischen Suchprozeß also auf die Etablierung einer Perspektive; die Durchführung der Suche selbst wird als automatisch gedacht. - Damit ist der Rahmen für ein nun zu entwickelndes Prozeßmodell abgesteckt.

Ein Simulationsmodell

Prozeßmodelle für das Erinnern lassen viel Spielraum, je vielfältiger die postulierten Teilprozesse werden an Art und Zahl. Selbst statistische Modelle erreichen mühelos eine horrible Anzahl von Parametern (vgl. Schulz & Albert, 1976); umso mehr gilt das für Prozeßmodelle (Raaijmakers & Shiffrin, 1981, diskutieren zehn freie Parameter, die $m*n$ Assoziationsstärken nicht gerechnet). Schlimmer noch: Wenn die Zahl der einzelnen Teilprozesse - und seien sie noch so einfach - ansteigt, kann das Gesamtverhalten des Systems meist nicht mehr vorausgesagt oder gar in einer einzigen Gleichung ausgedrückt werden. Um hier zu prüfen, ob die Menge postulierter Teilprozesse überhaupt zu einem System sich fügt, das funktioniert, und dessen Output den empirischen Befunden Rechnung trägt, bedarf es der Konstruktion eines Simulationsmodells.

Simulation bedeutet auch den heilsamen Zwang zur vollständigen Konkretisierung selbst der kleinsten Details des Modells - einschließlich derer, die vom Modellkonstrukteur lieber im unklaren belassen worden wären. Geglückte Simulation bedeutet, wie in der Einleitung zu Teil 2 ausgedrückt, noch keinesfalls die "Richtigkeit" einer Modellvorstellung. Es läßt sich aber wenigstens eine Entscheidung darüber treffen, ob ein Modell ein ernstzunehmender Kandidat ist im Konzert der Theorien. Wir wollen deshalb für einen Teilbereich der in diesem Buch erörterten Versuchsanordnungen, nämlich das Aufzählen von Beispielen einer Kategorie, ein Simulationsmodell erstellen. Der prozessuale Rahmen ergibt sich aus der im vorigen Kapitel geführten Diskussion. Zu reden ist daher als erstes über die Struktur der Datenbasis und den ekphorischen Prozeß.

Die Datenstruktur eines assoziativen Gedächtnisses

Die Datenstruktur, welche von einem psychologischen Modell postuliert wird, stellt das Komplement dar zu den kognitiven Prozessen, die auf der Grundlage dieser Datenstruktur ablaufen sollen. Insofern entspricht der Aufbau eines Modells kognitiver Vorgänge der Konstruktion von Computerprogrammen (Wirth, 1979) - und nicht wenige psychologische Modelle sind ja als Programme realisiert worden. Einige dieser Modelle beziehen sich auf das Gedächtnis und tragen eindeutig assoziationistischen Charakter, insofern sie nämlich die Verknüpfung von Elementen als grundlegende Relation ihrer Datenstruktur enthalten (vgl. die Ausführungen über Netzwerkmodelle des semantischen Gedächtnisses in Kap. 1 und über das Shiffrin-Modell im vorigen Kapitel).

Für unsere Zwecke bedarf es einer Struktur, die auf einfache Weise als Grundlage dienen kann für verschiedene Aufgabenstellungen. Außer dem Assoziieren (d.h. Wortassoziations-Versuch) wollen wir fordern, daß die unserem Modell zugrunde gelegte Gedächtnisstruktur wenigstens auch die Aufgabenstellung des Beurteilens (Ähnlichkeitsurteile, vgl. Kapitel 4) unterstützt. Denn wir haben ja in Kapitel 7 bei der Diskussion der zur Erklärung des Assoziierens entwickelten Strukturmodelle betont, daß die enge Rückbindung der Organisationsstruktur assoziativer Performanz an eine dieser völlig entsprechende Struktur des Gedächtnisses den hauptsächlichen Mangel solcher Modelle darstellt.

Unter dieser Zielsetzung tritt als eine wesentliche Schwäche von Netzwerkmodellen zutage, daß sie nicht ohne Umständlichkeiten die Bestimmung der Ähnlichkeit zwischen den im Netzwerk enthaltenen semantischen Einheiten (Elementen) ermöglichen. Die Bestimmung der Ähnlichkeit ist gewiß leichter, ja geradezu selbstverständlich in anderen, etwa mengentheoretisch formulierten Modellen (allerdings nicht solchen, die lediglich die Elemente verschieden zuordnen, wie beispielsweise Meyer, 1970, sondern Modellen, in welchen den Elementen Mengen von Eigenschaften zugeordnet sind: Rips et al., 1973; Smith et al., 1974). Zwar lassen sich grundsätzlich solche auf Eigenschaftsmengen (feature lists) aufgebauten Modelle in Netzwerkmodelle überführen, aber die praktische und psychologisch relevante Differenz bleibt bestehen, daß allein auf Eigenschaftsmengen aufgebaute Modelle einen einfachen Weg zur Bestimmung der Ähnlichkeit semantischer Einheiten anbieten (nämlich durch Abzählen der features), und daß, wie Smith et al. (1974) demonstriert haben, dieses Modell auch bei der Vorhersage von Reaktionszeiten in Satzverifikationsaufgaben allen anderen bisher vorgeschlagenen Modellen überlegen ist.*

---

*) Der einzige m.E. wesentliche Einwand gegen das "feature comparison"-Modell von Smith, Shoben und Rips (1974) stammt aus Experimenten von Glass und Holyoak (1975). Im Gegensatz zu den Vorhersagen des Modells, das die Länge der Reaktionszeit beim Verneinen falscher Sachaussagen an die Anzahl der vorhandenen gemeinsamen Merkmale bindet, erwies sich, daß ein Satz wie "some chairs are tables" (etliche gemeinsame Merkmale vorhanden) dennoch schneller als falsch beurteilt wird als ein Satz wie "some chairs are rocks" (so gut wie keine gemeinsamen Merkmale vorhanden). - Mir scheint indes dieses Ergebnis weniger ein Beleg gegen den Merkmalsvergleich als vielmehr ein Anhaltspunkt mehr für die Bedeutsamkeit der Perspektive bzw. des Kontexts, worin ein Urteilen statthat: "Stuhl" und "Tisch" zu vergleichen, kann sich im üblichen beiden Begriffen gemeinsamen Kontext vollziehen; für "Stuhl" und "Fels" gilt das wohl nicht. - Der andere, von Loftus und Loftus (1976, 133 f.) gegen das Modell vorgebrachte Einwand betrifft die Unterscheidung von "defining features" und "characteristic features"

Dies ist nicht der einzige Grund, nach Alternativen zu den bekannten Netzwerkmodellen des Gedächtnisses zu suchen. Ein weiterer wesentlicher Gesichtspunkt ist, ob ein Modell wenigstens prinzipiell dem bisher bekannten Aufbau und der Funktion des physiologischen Substrats unserer Geistestätigkeit nahesteht. Davon erscheinen viele herkömmliche Modelle weit abgehoben. Sie sind nicht nur - wie notwendigerweise alle Modelle - beschränkt auf den Bereich des symbolisch Repräsentierbaren, es läßt sich auch nicht erkennen, auf welche Weise eine Verbindung hergestellt werden könnte von den Inhalten des Modells zu denjenigen Prozessen, die wesentlichen Anteil haben an der Genese und der Qualität von "Bedeutung": also zur Sinneswahrnehmung (z.B. Paivio, 1971), oder zur Motorik (vgl. McNeill, 1979). Auch die bisherigen Forschungen über elementare Funktionen des Gedächtnisses weisen den in Netzwerkmodellen zum Ausdruck kommenden Vorstellungen Modellcharakter nur in auf der Ebene einer abstrakten Repräsentation genereller Funktionen zu, wohingegen andere Modellvorstellungen sich durch unmittelbare Nähe zu physiologischen Prozessen und damit durch einen höheren Anteil modellhafter Züge auszeichnen (vgl. <u>Kap. 11</u>).

Ein Modell des menschlichen Gedächtnisses (oder auch nur einer Teilfunktion), so lauten die Voraussetzungen gerade der neuesten Vorschläge (z.B. Hinton & Anderson, 1981; Murdock, 1982; Palm, 1982), soll ausgehen von den elementaren Gedächtnisfunktionen und ihren bekannten Charakteristika. Das erste dieser Charakteristika ist die <u>autoassoziative Funktion</u> des Gedächtnisses, d.h. die Fähigkeit, anhand eines Suchreizes (key), der Teil eines bekannten, im Gedächtnis gespeicherten Reizmusters ist, dieses Reizmuster zu selektieren und

---

und damit ein Spezifikum des Modells von Smith et al., nicht aber ein generelles Kennzeichen von Modellen, die Merkmalslisten zugrundelegen.

intakt zu reproduzieren. Das zweite Kennzeichen des Gedächtnisses besteht in der lokalen Distribuiertheit des Gespeicherten. Gerade diese Eigenheit, die z.B. in den diffusen und eben selten scharf umgrenzten Beeinträchtigungen der Gedächtnisleistung nach lokalen Hirntraumen zutage tritt, hat zu Vorstellungen quasi holografischer Informationsspeicherung Anlaß geboten (Pribram, 1969). Indes sind zahlreiche andere Möglichkeiten für eine ortsunabhängige Informationsspeicherung gegeben (Willshaw, 1981). - Das dritte Charakteristikum des Gedächtnisses ist der verzögerungslose, parallele Zugriff auf die gespeicherte Information, wie er z.B. von Ratcliff (1978) in die Metapher der "Resonanz" gefaßt worden ist.

Mit solchen Grundvorstellungen läßt sich, wie wir in Kapitel 11 sehen werden, ein Datenformat für die "Elemente" des Gedächtnisses, d.h. die Einheiten der gespeicherten Information, vereinbaren, das sich höchst einfach als Vektor aus zahlreichen Komponenten darstellen läßt.

Merkmalsmengen als Datenbasis

Wir werden also nicht schlecht beraten sein, Komponentenvektoren oder (was auf dasselbe hinausläuft)* Merkmalslisten als Elemente eines Modells für das assoziative Gedächtnis anzunehmen. Eine solche Datenstruktur ist vereinbar

---

*) Die Menge beliebiger Mengen $\underline{M} = (\underline{m}_1, \underline{m}_2, \dots \underline{m}_n)$ von Merkmalen $\underline{m}$ läßt sich stets als Menge von Merkmalsvektoren darstellen, wobei die Zahl der Komponenten dieser Vektoren jeweils gleich ist und mindestens gleich der Anzahl der Elemente in der Vereinigung aller Mengen $\underline{M}$ sein muß. Umgekehrt läßt sich jeder Komponentenvektor (u.U. nach binärer Codierung der Werte seiner Komponenten) als Menge von Merkmalen darstellen.

mit den physiologischen Funktionsprinzipien des Gedächtnisses; sie besitzt eine gute psychologische Tradition (vgl. Bower, 1967), und sie hat sich auch im Zusammenhang der Forschungen zum "semantischen Gedächtnis" gut bewährt (Smith et al., 1974; s.o.). Als Element der modellhaften Gedächtnisstruktur diene daher eine Merkmalsmenge

$$M = (m_1, m_2, m_3 \ldots m_n),$$

deren Elemente die Merkmale der Gedächtniseintragung M sind. Unter Merkmalen sollen aber nicht nur Merkmale eines durch M repräsentierten Gegenstandes (z.B. eines Tieres) verstanden werden, sondern ebenso Merkmale eines Wahrnehmungs- und Handlungskontexts, in dem das repräsentierte Objekt (so es sich um einen konkreten Begriff handelt, dem also ein Objekt zugeordnet ist) vorkommt. Damit ist das episodische Element betont, das wir bei unseren inhaltlichen Analysen des Assoziationsverlaufs immer wieder angetroffen haben. Der Aspekt einer durch Kontiguität gestifteten Assoziation ist damit in die Datenstruktur selbst integriert.*

Die Ähnlichkeitsrelation

Der für unsere Zwecke wesentlichste Vorteil einer solchen Wahl der Datenstruktur ist die überaus einfache Definition von Ähnlichkeitsrelationen zwischen Elementen der Datenstruktur. Vor allem Tversky (1977) hat herausgestellt, daß eine auf Merkmalsmengen aufgebaute Repräsentation eine weit-

---

*) Dies geht weit über das hinaus, was im Shiffrin-Modell (vgl. Kap. 9) als "context cue" erscheint: Die Gedächtniseinheiten haben dort eine "Assoziation" zum Kontext, hier enthalten sie Kontextmerkmale.

aus bessere - weil flexiblere und auf praktisch alle üblichen Urteilsaufgaben anwendbare - Operationalisierung des Ähnlichkeitskonzepts erlaubt als andere Repräsentationen. Wie Tversky nachweist, kann aus der Erfüllung einiger Bedingungen, denen ein auf Merkmalsmengen definierter Ähnlichkeitsbegriff im allgemeinen genügt, die Existenz einer Ähnlichkeitsskala $\underline{S}$ abgeleitet werden, welche alle Voraussetzungen einer Intervallskala erfüllt. Insbesondere genügt ein Verhältnismodell (ratio model) der Ähnlichkeit den von Tversky angegebenen Bedingungen:

$$S_{a,b} = \frac{f(A*B)}{f(A*B) + g * f(A-B) + h * f(B-A)},$$

wobei $\underline{S}_{a,b}$ die Ähnlichkeit zweier Elemente $\underline{a}$ und $\underline{b}$ bezeichnet, $\underline{A}$ und $\underline{B}$ die diesen Elementen entsprechenden Merkmalsmengen sind, $\underline{A*B}$ den Durchschnitt der Merkmalsmenge und $\underline{A-B}$ bzw. $\underline{B-A}$ die jeweils nur einer der beiden Mengen angehörigen Merkmale bezeichnen, $\underline{f}$ eine beliebige monotone Funktion ist, und schließlich $\underline{g}$ und $\underline{h}$ positive Gewichtungen darstellen.

Tversky und andere Autoren (z.B. Gregson, 1975) haben dargelegt, wie auf der Grundlage einer derartigen Definition von Ähnlichkeit die Ergebnisse von Ähnlichkeitsbeurteilungen zu erklären sind. Wir dürfen also für die von uns gewählte Repräsentation der Elemente unseres Modells des assoziativen Gedächtnisses behaupten, daß sie für Ähnlichkeitsurteile (vgl. die in Kap. 4 berichteten Ergebnisse) eine geeignete Datenstruktur ist. Nachzuweisen bleibt, daß eine solche Datenstruktur auch für das Assoziieren eine geeignete Grundlage abgibt. Dies läßt sich am besten dadurch bewerkstelligen, daß ein befriedigend funktionierendes Simulationsmodell auf der Grundlage einer solchen Datenstruktur realisiert wird.

Ein Simulationsmodell des Aufzählens von Exemplaren einer Kategorie

Das Ergebnis der vorausgegangenen Überlegungen läßt sich in folgendem Modellschema veranschaulichen:

```
----------------------------------------------------
I             Ebene der kognitiven Steuerung        I
I  (intentionale u. sonstige strategische Prozesse) I
----------------------------------------------------
                          V
                          V
    Selektion relevanter Merkmale ("Perspektive")
                          V
                          V
----------------------------------------------------
I    Gedächtnis: Ebene der automatischen Prozesse   I
I  (Suche per Ähnlichkeit: autoassoziative Funktion) I
I--------------------------------------------------I
I         Gedächtnis: Ebene der Datenstruktur       I
I (Merkmalsmengen: Objekt- u. Kontextrepräsentation) I
----------------------------------------------------
```

Die unterste Ebene des Modells ist die der Datenstruktur selbst. Die Einheiten dieser Struktur bestehen aus Mengen von Merkmalen (feature sets), die jeweils einem Konzept zugeordnet sind. Unter diesen Merkmalen sind auch kontextuelle Merkmale enthalten als Merkmale der für das repräsentierte Konzept typischen Situationen.

Die nächste Ebene implementiert die grundlegende Funktion des Gedächtnisses, die <u>autoassoziative Funktion</u>. Ein Suchreiz (z.B. die Teilmenge einer oder mehrerer im Gedächtnis gespeicherter Merkmalsmengen) führt zu einer Reproduktion einer vollständigen Einheit (d.h. der gesamten Merkmalsmenge). Diese Reproduktion wird als Ergebnis eines automatischen

Prozesses konzipiert, der auf der Basis der Ähnlichkeit zwischen Suchreiz und den existierenden Gedächtniseinheiten eine dieser Einheiten zur Reproduktion auswählt. (Wenn es mehrere Einheiten gibt, die beträchtliche Ähnlichkeit mit dem Suchreiz aufweisen, bestimmt sich die Wahrscheinlichkeit der Auswahl einer Einheit nach dem Grad ihrer Ähnlichkeit zum Suchreiz.) - Dieser Prozeß wird als paralleler, automatisch ablaufender Suchprozeß angesehen.

Die darüber liegende Hierarchie vermutlich höchst komplexer zentraler Steuerungsvorgänge wird im Modell stark vereinfacht dargestellt als Ebene der kognitiven Steuerung. Dabei sind nicht die dort im einzelnen wirksamen Prozesse Gegenstand unseres Modells, als vielmehr die Auswirkung dieser strategischen Prozesse, soweit sie die Gedächtnisfunktion beeinflußt. Hierzu wird postuliert, daß die Etablierung von Suchperspektiven oder verwandte strategische Prozesse eine Filterwirkung zeitigen, die zur Ausblendung von Merkmalen führt. So wäre etwa ein Filter denkbar, das "vom situativen Kontext abstrahiert", d.h. veranlaßt, daß die kontextuellen Merkmale der Gedächtniseinheiten beim automatischen Suchprozeß nicht berücksichtigt werden.

Zusammenfassend können wir sagen, daß unser Modell neben den beiden unteren Ebenen der Gedächtnisstruktur und der darüber operierenden automatischen Suche Aspekte einer darüberliegenden Ebene der kognitiven Steuerung umfaßt, die für die assoziative Gedächtnisfunktion relevant sind.

Die Datenbasis des Modells

Eine für die Konstruktion eines Modells für das Assoziieren zu treffende grundlegende Entscheidung bezieht sich auf die Abgrenzung des zu modellierenden Inhaltsbereichs. Wenn wir uns daran erinnern, daß Kiss (1975; vgl. Kap. 7) über

8000 Wörter in seinen "associative thesaurus" einbezogen hat, so erscheint sogleich die Notwendigkeit einer Eingrenzung unabweisbar. Es ist uns ja nicht darum zu tun, die Gesamtheit menschlicher Assoziationen zu simulieren, sondern lediglich die prinzipielle Realisierbarkeit und Tragfähigkeit unserer bisher artikulierten theoretischen Vorstellungen nachzuweisen. Wenn es aber gelingt, unsere Vorstellungen in einem funktionierenden Prozeßmodell des Assoziierens zu konkretisieren, so sind wir wenigstens zu einer ernstzunehmenden theoretischen Erklärung gelangt.

Im Einklang mit den in Teil 1 präsentierten Beispielen sei der inhaltliche Bereich auf die Repräsentationen von Tieren eingeschränkt. Die Datenbasis unseres Modell-Gedächtnisses besteht also aus Merkmalslisten für Tiere (wobei wir uns weiter auf lediglich sechzig verschiedene Tiere beschränken wollen), sowie den zugehörigen Lexikon-Eintragungen, d.h. den Tiernamen. (Auch hier wird vereinfachend eine eindeutige Zuordnung vorgenommen.)

Die Auswahl der Merkmale selbst wurde unter Berücksichtigung der von uns erhobenen freien Tierbeschreibungen und Situationsbeschreibungen vorgenommen. Selbstverständlich kann aber nicht behauptet werden, daß genau die von uns ausgewählten Merkmale den hypothetischen Merkmalslisten "im Kopfe" entsprächen. Abbildung 25 zeigt die Definition der Merkmale selbst und die Deklaration der Datentypen.*

---

*) Das Modell wurde in der Programmiersprache Pascal formuliert (vgl. Anm. auf S. 136). Aus technischen Gründen entspricht die Wiedergabe der Programmtexte (z.B. eckige Klammern, Größer- u. Kleiner-Zeichen) nicht völlig dem bei Jensen & Wirth (1975) formulierten Standard.

Abbildung 25: Merkmale und Datentypdeklarationen im Simulationsmodell.

```
type

feature = (
  haus, stall_weide, wald_feld, wasser, zoo_zirkus,
  film_werbung,                                     (* sit. Ktxt.*)

  heimisch, arktis, tropen,                         (* geo. Ktxt.*)

  wald, urwald, wueste, steppe, gebirge, meer, eis,
  luft, stadt, land,                                (* oek. Ktxt.*)

  mensch, futter, baum, himmel, gitter, herde, beissen,
  essen, streicheln, jagen, vernichten, angst,(* div. Ktxt.*)

  experiment,                  (* = Kontext des Experiments *)

  gross, klein, winzig, flink, traege, wild, zahm,
  nuetzlich, schaedlich, stark,                     (* div. Char.*)

  vier_beine, augen, ohren, fell, krallen, hufe,
  schwanz, gebiss, federn, fluegel, schnabel, flossen,
  schuppen, beinchen, insekt_form,                  (* vis. Char.*)

  w_los_tier, fisch_tier, vogel_tier, saeugetier,
  p_fresser, raubtier);                             (* zool.Char.*)

featset = set of feature;

animal  = record
             name: string;
             sign: featset
           end;

var fauna: external array (1 .. 60) of animal;
```

Aufgenommen wurden sowohl kontextuelle als auch objektgebundene Merkmale. Zu "sachbezogenen" Kontextbezeichnungen (geographischer und ökologisch-biologischer Kontext) wurden erlebnisbezogene Kontextmerkmale hinzugenommen (situativer Kontext und diverse Kontextmerkmale, die vor allem die Relation Tier - Mensch charakterisieren). Die objektbezogenen Merkmale unterteilen sich in Klassenbezeichnungen (zoologische Klassifikationsbegriffe wie "w-los-tier" = wirbelloses Tier, "p-fresser" = Pflanzenfresser usw.), sichtbare Merkmale und Merkmale, die typischerweise in Beurteilungen ihren Niederschlag finden ("groß" und "klein", "wild" und "zahm", "nützlich", "stark" usw.). All diese Merkmale repräsentieren den Datentyp "feature", aus dem Merkmalsmengen gebildet werden können (Datentyp "featset = set of feature" in Abb. 25; die Bezeichnungen "fisch-tier" und "vogel-tier" wurden deshalb notwendig, weil "Fisch" und "Vogel" selbst als Tiernamen in der Datenbasis enthalten sind und dies sonst zu Verwechslungen hätte führen können).

Ein "Element" der Datenbasis setzt sich zusammen aus einer Merkmalsliste und dem zugehörigen Tiernamen. Dies wird durch den Datentyp "animal" in Abb. 25 repräsentiert. Abbildung 26 zeigt die konkreten Werte für die ersten siebzehn der sechzig Tiere des Modells ("fauna").

Ein besonderes Problem stellt der Stimulus dar, in unserem Fall also die Repräsentation für "Tier" selbst. Hier wurde der Weg beschritten, als Wert für den Stimulus die Vereinigung der Merkmalsmengen der vier in unseren empirischen Untersuchungen als besonders typisch beurteilten Säugetiere mit den Merkmalslisten für "Vogel" und "Fisch" festzulegen. Dieses Vorgehen findet seine Berechtigung in den Untersuchungen von Rosch (1973; 1975), wonach die kognitive Repräsentation von Kategorien vornehmlich in Gestalt typischer Vertreter der jeweiligen Kategorie zu fassen ist. Der Stimulus ist daher definiert als

```
stimulus :=  fauna(25).sign (* Hund    *)
          +  fauna(31).sign (* Katze   *)
          +  fauna(34).sign (* Kuh     *)
          +  fauna(49).sign (* Schwein*)
          +  fauna(56).sign (* Vogel   *)
          +  fauna(14).sign (* Fisch   *)
```

Die Implementierung der Prozesse

Das Modell enthält eine Reihe von auf der Datenbasis operierenden Prozessen, die in automatische und strategische unterschieden werden können. Als automatisch wird die elementare Gedächtnisfunktion konzipiert: nämlich auf einen Suchreiz (key) hin, allerdings in Abhängigkeit von einer gewählten strategischen Perspektive, ein bestimmtes Element der Datenbasis zu selegieren. Darauf muß ein strategischer Prozeß folgen, den wir in Kapitel 9 eingeführt haben: die Evaluation des selektierten Begriffs. Aufgrund der ohnehin auf Vertreter der Kategorie reduzierten Datenstruktur kann dieser Prozeß sich für die Zwecke unseres Modells darauf beschränken festzustellen, ob das ausgewählte Element bereits als Antwort genannt wurde (vgl. Kap. 9: Erinnern des Erinnerten).

Damit der Suchprozeß neue Antworten finden kann, werden zwei weitere Prozesse in das Modell eingeführt:

(1.) Ein automatischer Modifikationsprozeß wird im Gefolge einer jeden "erfolgreichen", d.h. neuen Antwort angenommen. Diese Modifikation soll auf den Suchreiz (key) wirken und ihn minimal in Richtung der eben gefundenen Antwort verändern. Diese Annahme führt ein Moment der Anpassung ein,

Abbildung 26: Die Datenbasis des Modells.
Namen und Merkmalslisten für die ersten der 60 im Modell repräsentierten Tiere.

```
fauna(1).name := 'Adler';
fauna(1).sign := ( heimisch, gebirge, luft,
  himmel, jagen, gross, stark, wild, flink, krallen, federn, fluegel,
  schnabel, augen, vogel_tier, raubtier );
fauna(2).name := 'Affe';
fauna(2).sign := ( zoo_zirkus, tropen, urwald, mensch,
  futter, baum, gitter, beissen, herde, zahm, flink, fell, gebiss,
  schwanz, augen, ohren, saeugetier );
fauna(3).name := 'Ameise';
fauna(3).sign := ( wald_feld, heimisch, wald, stadt, land,
  futter, beissen, vernichten, winzig, nuetzlich, beinchen, insekt_form,
  w_los_tier);
fauna(4).name := 'Amsel';
fauna(4).sign := ( haus, wald_feld, heimisch, stadt, land,
  futter, baum, klein, flink, schwanz, federn, fluegel, schnabel, augen,
  vogel_tier );
fauna(5).name := 'Baer';
fauna(5).sign := ( wald_feld, wasser, zoo_zirkus, film_werbung,
  wald, gebirge, futter, baum, gitter, beissen, jagen, gross, stark,
  wild, zahm, flink, traege, vier_beine, fell, gebiss, krallen, augen,
  ohren, saeugetier, raubtier );
fauna(6).name := 'Biene';
fauna(6).sign := ( stall_weide, wald_feld, heimisch, land,
  himmel, beissen, essen, winzig, flink, nuetzlich, fluegel,
  insekt_form, w_los_tier )
fauna(7).name := 'Bueffel';
fauna(7).sign := ( steppe, herde, jagen,
  vernichten, gross, wild, stark, vier_beine, augen, ohren, fell,
  hufe, saeugetier, p_fresser );
fauna(8).name := 'Delphin';
fauna(8).sign := ( wasser, zoo_zirkus, film_werbung,
   meer, flink, zahm, nuetzlich, augen, flossen, saeugetier );
```

```
fauna(9).name := 'Eisbaer';
fauna(9).sign := ( wasser, zoo_zirkus, arktis, eis, futter,
  gitter, beissen, gross, wild, stark, vier_beine, augen, ohren,
  fell, krallen, gebiss, saeugetier, raubtier );
fauna(10).name := 'Elefant';
fauna(10).sign := ( zoo_zirkus, tropen, urwald, steppe, herde,
  jagen, gross, stark, vier_beine, augen, ohren,
  saeugetier, p_fresser );
fauna(11).name := 'Ente';
fauna(11).sign := ( stall_weide, wasser, heimisch, land,
  futter, essen, jagen, klein, augen, federn, fluegel, schnabel,
   vogel_tier, p_fresser );
fauna(12).name := 'Esel';
fauna(12).sign := ( stall_weide, zoo_zirkus, heimisch, land, mensch,
  wild, zahm, nuetzlich, vier_beine, augen, ohren, fell, hufe,
  saeugetier, p_fresser )
fauna(13).name := 'Eule';
fauna(13).sign := ( wald_feld, heimisch, wald, baum, himmel,
  klein, wild, nuetzlich, augen, ohren, krallen, schwanz, federn,
  fluegel, schnabel, vogel_tier );
fauna(14).name := 'Fisch';
fauna(14).sign := ( wasser, meer, futter, essen, schwanz, flossen,
  schuppen,  fisch_tier );
fauna(15).name := 'Fledermaus';
fauna(15).sign := ( wald_feld, heimisch,
  land, luft, angst, klein, ohren, fell, krallen, fluegel,
  gebiss, saeugetier, raubtier );
fauna(16).name := 'Fliege';
fauna(16).sign := ( haus, stall_weide, heimisch, stadt, land,
  vernichten, winzig, flink, fluegel, insekt_form, w_los_tier );
fauna(17).name := 'Frosch';
fauna(17).sign := ( wald_feld, wasser, heimisch, land, klein, flink,
  vier_beine, augen, gebiss );
```

wie es fester Bestandteil zahlreicher Modelle des Lernens ist (z.B. Grossberg, 1971). Daß "erfolgreiche" Cues im weiteren Verlauf der Suche verwendet werden, ist auch im Simulationsmodell SAM (Raaijmakers & Shiffrin, 1980; 1981) vorgesehen ("rechecking", vgl. Kap. 9). Allerdings wird eine solche Modifikation auf ein Minimum begrenzt (nämlich auf die nach Zufall erfolgende Ersetzung lediglich eines einzigen Merkmals), so daß der Prozeß des Aufzählens keinesfalls allein von Item zu Item verläuft. (Dies steht im Einklang zu dem in Kap. 7 dargestellten Befund, wonach Assoziieren nicht als Markov-Prozeß beschreibbar ist.) Ein solches Verfahren garantiert jedoch keinesfalls das Fortschreiten des Aufzählens, wie sich in der Simulation zeigt (s.u.); vielmehr fährt der Prozeß sich bald fest, und ein "perseverierendes" Gedächtnis resultiert, weil vorzugsweise bereits genannte Antworten selektiert werden. Die bisher "erfolgreichen" Cues anzuwenden, ist eine vortreffliche Strategie für das Erinnern der Items einer vorher dargebotenen Wortliste (vgl. SAM), kann sich bei "freien" Aufgaben wie dem Aufzählen jedoch als kontraproduktiv erweisen. Es bedarf daher noch eines fundamental anders gearteten Prinzips.

(2.) Als solches wird ein strategischer Prozeß angenommen, der durch einen Zählerüberlauf ausgelöst wird (nämlich dann, wenn die Suche mehrmals ergebnislos verläuft). Dann soll ein Wechsel der strategischen Perspektive statthaben. Die Annahme eines solchen Prozesses ergibt sich aus unseren Befunden zur inhaltlichen Gliederung von Assoziationsverläufen (die wir zwar anhand freier Assoziationen erhoben haben, von denen wir aber annehmen, daß sie auch für Aufzählungen zutreffen). Dieses Prinzip erst garantiert, zusammen mit einem von der Wahl der strategischen Perspektive abhängigen automatischen Suchprozeß, den Fortgang des Erinnerns auch dann, wenn die in herkömmlichen Modellen (vgl. Kap. 9) spezifizierten Prozesse keinen nennenswerten Zuwachs der assoziativen Produktion mehr ermöglichen.

Der Suchprozeß. Die elementare Gedächtnisfunktion wird als autoassoziative konzipiert (s. auch Kap. 11): Ein Suchreiz evoziert "Antworten" des Gedächtnisses, die selbst Vervollständigungen des als unvollständiges Muster begriffenen Suchreizes darstellen. Damit ist die Selektion eines Gedächtniselementes nach seiner Ähnlichkeit zum Suchreiz möglich. Die verwendete Ähnlichkeitsfunktion ("function raw-similarity") entspricht dem oben beschriebenen Verhältnismodell der Ähnlichkeit, wobei die Koeffizienten g und h der Gleichung entweder zu g=0, h=1, oder aber zu g=h=1 gesetzt werden. Das bedeutet, daß jeweils die Anzahl der dem Suchreiz (key) und einem Gedächtniselement gemeinsamen Merkmale - "count-features (set1 * set2)" genannt - ins Verhältnis gesetzt werden zur Gesamtheit der Merkmale des Gedächtniselements bzw. zur Gesamtheit der in Element und Suchreiz insgesamt enthaltenen Merkmale:

```
function raw_similarity (set1, set2: featset): real;
(* BERECHNET AEHNLICHKEIT ZWEIER MERKMALSMENGEN, INDEM DIE
ANZAHL DER ELEMENTE DES MENGENDURCHSCHNITTS INS VERHAELTNIS
GESETZT WIRD ZUR ANZAHL DER IN DER MENGENVEREINIGUNG ENT-
HALTENEN ELEMENTE; ERGIBT WERTE ZWISCHEN 0 UND 1 *)
var i: real;
begin
  i := count_features (set1 * set2);
  if i GREATER 0 then
    begin
        i := i / count_features (set1 + set2);
        if i LESS min_similarity then i := 0
    end;
  raw_similarity := i
end;
```

Diese Funktion benützt die Funktion count_features, welche die in einer Menge enthaltenen Elemente zählt.

Dieses Ähnlichkeitsmaß stellt also den Anteil der dem Element und dem Suchreiz gemeinsamen Elemente dar, bezogen auf Element und Suchreiz gemeinsam. Zwar wäre es von der Logik eines assoziativen Gedächtnisspeichers her lediglich notwendig, bezüglich des auszuwählenden Gedächtniselements zu normieren, denn ein Mindestanteil von dessen Merkmalen muß angesprochen werden, um zu einer Antwort zu führen. Die Crux eines solchen Ansatzes ist jedoch, daß dabei Elemente mit nur wenigen Merkmalen bevorzugt werden. (Diese Schwierigkeit entfiele, wenn wir jedem Element der Datenbasis eine gleiche Zahl von Merkmalen zuordneten und damit auf Komponentenvektoren übergingen.) Die Normierung nach der Gesamtzahl der in Suchreiz und Element zusammen enthaltenen Elemente wirkt dieser Verzerrung entgegen.

Es wird ferner gefordert, daß die Ähnlichkeit zwischen Suchreiz und Element einen wählbaren Mindestanteil erreicht, damit das Element als "erkennbar" gelten darf und also zur Reproduktion ausgewählt werden kann. Dieser Mindestwert der Ähnlichkeit heißt im Programm "min_similarity". Für unsere Simulationsläufe wurde dieser Parameter angesichts unseres Modellgedächtnisses von nur 60 Einheiten auf 33-45 % festgelegt, obwohl er in einem "echten", ja um Größenordnungen umfassenderen Speicher weit höher sein dürfte.

Der wesentlichste Aspekt unserer Überlegungen betrifft die Wahl einer strategischen Perspektive, unter der die Gedächtnisfunktion aktiviert wird. Diese Perspektive hat die Wirkung eines Filters, der bestimmte Merkmale als "relevant" berücksichtigt und alle anderen Merkmale für die Ähnlichkeitsbestimmung ausfiltert. Das Simulationsprogramm implementiert diese Filterwirkung durch die Bildung des Mengendurchschnitts zwischen Filter und Suchreiz (sowie zwischen Filter zwischen Suchreiz und Element, sondern zwischen den relevanten Aspekten des Suchreizes und den relevanten Aspekten des Gedächtniselements:

```
function f_similarity (filter,set1,set2: featset): real;
(* GIBT DIE AEHNLICHKEIT UNTER EINER PERSPEKTIVE AN *)
var i: real;
begin
  set1 := set1 * filter;
  set2 := set2 * filter;
  f_similarity := raw_similarity (set1, set2)
end;
```

Das Konzept eines inhaltsadressierten assoziativen Gedächtnisses impliziert, wie wir oben anläßlich der "Resonanz-Metapher" bemerkt haben, die parallele Suche, also die gleichzeitige Aktivierung aller Gedächtniselemente mit dem Ergebnis, daß eines der Elemente als "Antwort" selegiert wird. Grundlage der Selektion ist die Ähnlichkeit, deren Bestimmung eben beschrieben worden ist. Für die Auswahl entfallen alle Elemente, die das Mindestmaß der Ähnlichkeit nicht erreichen. Für die übrigen Elemente gilt, daß die Wahrscheinlichkeit, ausgewählt zu werden, proportional der Ähnlichkeit sein soll. Das bedeutet ganz einfach: Elemente des Gedächtnisses, die unter der "Filterwirkung" der gewählten Perspektive eine hohe Ähnlichkeit mit dem Suchreiz aufweisen, werden mit hoher Wahrscheinlichkeit als "Antwort" ausgewählt.

<u>Die Evaluierung der Antwort.</u> Da unsere Datenbasis auf Elemente beschränkt ist, die alle als Antworten in Frage kommen (weil es sich stets um Tiere handelt), vereinfacht sich gegenüber der Realität für das Simulationsmodell die Evaluierung der Antwort. (Wir sind aber in <u>Kap. 9</u> zu dem Ergebnis gelangt, daß die Feststellung der Zugehörigkeit zu einer natürlichen Kategorie wohl als automatischer Prozeß zu betrachten ist.) Die Evaluation beschränkt sich also darauf

festzustellen, ob die Antwort bereits im laufenden Experiment geäußert wurde. Eine Versuchsperson im Assoziationsexperiment kann sich dabei auf zwei Mechanismen stützen: Einmal auf ihr Kurzzeitgedächtnis, wo in aller Regel die zuletzt gegebenen Antworten gespeichert sind, und dann auf den Kontext des laufenden Versuches selbst, mit dem die bereits geäußerten Antworten als verbunden gedacht werden müssen (vgl. Raaijmakers & Shiffrin, 1980; 1981). Beide Mechanismen sind in unserem Modell realisiert.

Das Modell enthält ein Merkmal "experiment", das als Kontextmerkmal auf den laufenden Versuch verweist. Bei jedem selegierten Element wird überprüft, ob dieses Merkmal bereits vorhanden ist. Es wird jedoch ein zufälliger Fehler von 10 % eingeführt. Zusätzlich existiert ein Kurzzeitspeicher ("mem_ buf") für maximal sechs Elemente ("mem-size" = 6), der die sechs jeweils letzten geäußerten Antworten enthält. Für diese letzten Antworten läßt das Modell keinen Fehler zu. Damit hält die Gesamtzahl mehrfach produzierter Assoziationen sich in dem bei Experimenten zu beobachtenden Rahmen (ca. 4 %):

```
function new_answer (element: animal): boolean;
var i: integer; q: boolean;
begin
  q := not (experiment in element.sign);
  (* assume 10 percent errors *)
  if not q then if random ² 10 then q := not q;
  for i := 1 to buf_size do
    if  element.name = mem_buf(i)  then  q := false;
  new_answer := q
end;
```

Die Modifizierung des Suchreizes. Der Suchreiz (key) wird im Modell nach jeder "erfolgreichen" (d.h. neuen) Antwort leicht in Richtung größerer Ähnlichkeit zur letzten

Antwort verändert. "e-set" repräsentiert das soeben als zu äußernde Antwort ausgewählte Gedächtniselement (oder genauer, dessen Merkmalsliste). Die Prozedur "modify-key" löscht aus dem Suchreiz ein Merkmal, das nicht in "e-set" enthalten ist, und fügt dafür aus "e-set" ein bisher nicht im Suchreiz enthaltenes relevantes Merkmal hinzu. Die Auswahl der zu löschenden bzw. neu in den Suchreiz aufzunehmenden Merkmale erfolgt nach Zufall (Funktion random_feature). Dieses Vorgehen erbringt die oben beschriebene minimale Veränderung des Suchreizes.

```
procedure modify_key (e_set: featset);
  var fi: feature; m_set: featset;
begin
          (* delete a feature of key which is not in e_set *)
  m_set := key - e_set;
  if (m_set NOT_EQUAL () ) then
  begin
    repeat fi := random_feature  until fi in m_set;
    key := key - (fi)
  end;            (* add relevant feature from e_set to key *)
  m_set := (e_set * filter) - key;
  if (m_set NOT_EQUAL () ) then
  begin
    repeat fi := random_feature  until fi in m_set;
    key := key + (fi)
  end
end;

function random_feature: feature;
  var i: integer; fi: feature;
begin     i := 1 + random mod ord( pred(last_feature));
          fi := first_feature;
          while (i NOT_EQUAL ord(fi)) do fi := succ (fi);
          random_feature := fi
end;
```

Die Wahl der strategischen Perspektive. Unter dem Begriff der strategischen Perspektive fassen wir die Wirkungen aller auf der Ebene kognitiver Steuerung ablaufenden strategischen Prozesse zusammen. Wie bereits dargestellt, entspricht diese Wirkung einem Ausfiltern der für die parallele Suche als irrelevant geltenden Merkmale. Im Modell wird eine strategische Perspektive dargestellt als die Menge der Merkmale, die "relevante Merkmale" im Sinne der jeweiligen Suchperspektive sind. In das Modell wurden vier Perspektiven aufgenommen (im Programm als "strategy" bezeichnet):

Perspektive Nr.1: Sie enthält die Merkmale "heimisch" bis "land" (vgl. Abb. 25), also die den geografischen und ökologisch-biologischen Kontext angebenden Merkmale. Sie ist das Beispiel einer sozusagen "sachbezogenen", kontextorientierten Perspektive.

Perspektive Nr.2: Sie enthält alle Kontextmerkmale mit Ausnahme des geografischen Kontexts, also insbesondere den "situativen" Kontext und die "diversen" Kontextmerkmale. Damit ist Perspektive Nr.2 ein Beispiel für eine "erlebnisorientierte", kontextbetonte Perspektive.

Perspektive Nr.3: Sie umfaßt die "diversen" objektbezogenen Charakteristika, sowie die sichtbaren ("visuellen", vgl. Abb. 25) Merkmale. Wir können sie als allgemeine objektbezogene Perspektive verstehen.

Perspektive Nr.4: Sie soll einen betont "sachlichen", quasi "wissenschaftlichen" Ansatz verkörpern. Daher enthält Perspektive Nr.4 die der zoologischen Klassifikation entsprechenden Merkmale und die sichtbaren Merkmale, aber auch den "biologisch-ökologischen" Teil der Kontextmerkmale.

Eine dieser Perspektiven kann als "bevorzugte" Perspektive gewählt werden (im Programm und den Outputs als "Strategie Nr.0" bezeichnet). Sie ist zugleich die Perspektive, unter der der Assoziationsverlauf beginnt. - Wenn, aus welchen Gründen auch immer, im weiteren Verlauf die Suche mehrmals (viermal, so wird im Modell angenommen) ergebnislos verläuft - sei es, daß kein Element den Minimalwert der Ähnlichkeit erreicht, oder daß das jeweils ausgewählte Element bereits genannt wurde -, dann führt das Simulationsprogramm einen Wechsel der Suchstrategie durch. Die Wahl der nächstfolgenden Suchstrategie geschieht zufällig; es wird lediglich vermieden, die alte Perspektive fortzusetzen. Eine Veränderung des Suchreizes (key) beim Wechsel der Perspektive (filter) erfolgt nicht:

```
procedure change_strategy;
var i: integer;
begin
  repeat  i := random mod 5  until strategy(i) NOT_EQUAL filter;
  filter := strategy(i)
end;
```

<u>Zeitbedarf</u> <u>der</u> <u>einzelnen</u> <u>Prozesse.</u> Es ist schwer, für die Wahl der den Zeitbedarf angebenden Parameter Begründungen zu finden, die <u>nur</u> die gewählten Werte zulassen würden. So möge es genügen festzustellen, daß die gewählten Werte <u>in ihrer Größenordnung zueinander</u> den in <u>Kapitel 9</u> dargestellten Kriterien entsprechen, wonach ein Perspektivenwechsel erheblich längere Zeit in Anspruch nimmt als alle anderen Prozesse zusammen. Die Dauer eines Perspektivenwechsels wurde auf 10 Zeiteinheiten (im Vergleich zu realen Experimenten rechnen wir 3 Zeiteinheiten je Sekunde) festgesetzt. Die Modifikation des Suchreizes soll (einschließlich der ja anzunehmenden Vorbereitung des Aussprechens der Antwort) 3 Zeiteinheiten beanspruchen, und die Überprüfung, ob eine Antwort bereits

geäußert wurde, schlägt im Modell mit zwei Zeiteinheiten zu Buche. Die Suche selbst beansprucht wegen der angenommenen parallelen Arbeitsweise des Gedächtnisses (vgl. Kap. 11) nur ein Minimum an Zeit: Lediglich eine Zeiteinheit wird dafür veranschlagt. Besonders dieser letzte Punkt unterscheidet unser Modell ganz wesentlich von den bisher besprochenen Modellen (und auch von Vorstellungen, wie sie beispielsweise Collins & Quillian, 1969, vertreten haben), denn entweder nehmen diese Modelle an, daß vor allem die Suche selbst Zeit beansprucht, oder sie machen gar keine Vorhersagen über den zeitlichen Verlauf.

Die Integration der Prozesse im Modell

Das Modell soll jeweils einen vollständigen Assoziationsverlauf simulieren. Die Gesamtdauer ist auf 360 Zeiteinheiten (2 Minuten, wenn je 3 Zeiteinheiten auf eine Sekunde verrechnet werden) begrenzt. Für jeden Simulationslauf frei wählbare Parameter sind die bevorzugte Perspektive, sowie der geforderte Minimalwert der Ähnlichkeit zwischen Gedächtniselement und Suchreiz. Die Simulation beginnt damit, daß der Suchreiz (key) mit dem Stimulus ("Tier" = Vereinigung der Merkmalsmengen von Hund, Katze, Kuh, Schwein, Vogel und Fisch; s.o.) identisch gesetzt und "filter" die gewählte Perspektive zugewiesen wird.

Während der Zeit eines Simulationslaufes werden ständig die folgenden Arbeitsschritte wiederholt:

(1) Suche nach einem Gedächtniselement, das als Antwort auf den Suchreiz in Frage kommt. Die Funktion "remember (filter, key)" realisiert den oben beschriebenen Suchprozeß und kehrt entweder mit der Nummer des selegierten Gedächtniselements zurück, oder, falls keines der Elemente die geforderte Mindestähnlichkeit mit dem Suchreiz

erreichte, mit dem Wert Null. Diese Suche wird solange fortgesetzt, bis entweder ein Element gefunden wurde, oder viermal ("frust" = 4 in der gegenwärtigen Programmversion) vergeblich gesucht wurde.

(2) Wenn ein Element gefunden wurde (d.h. i größer 0"), dann wird mittels der Funktion "new-answer" überprüft, ob es sich um eine neue, noch nicht genannte Antwort handelt. Dieser Prozeß verläuft wie oben beschrieben.

(3) Für den Fall, daß keine neue Antwort gefunden wurde (man beachte, daß auch die Abfolge der Schritte (1) und (2) bis zu viermal wiederholt wird), dann erfolgt ein Perspektivenwechsel (Prozedur "change-strategy").

(4) Für den Fall, daß eine neue Antwort gefunden wurde, ist mehreres zu tun: (a) Der Kontext des Asoziationsversuchs selbst (Merkmal "experiment") wird der Merkmalsliste des gefundenen Elements hinzugefügt; (b) der simulierte Kurzzeitspeicher wird auf den neuesten Stand gebracht (Prozedur "update"); (c) der Suchreiz wird in der oben geschilderten Weise leicht verändert (Prozedur "modify-key").

Diese Abfolge der einzelnen Prozesse bildet die Hauptschleife des Simulationsprogramms:

```
key := stimulus;
filter := strategy(0);  (* preferred strategy *)

while (time LESS limit-10) do
begin

  repeat
    trial := 0;
```

```
    repeat
      repeat
        i := remember (filter, key);
        trial := trial +1;
        time  := time  +1;
      until (i GREATER 0) or (trial = frust);
      if i GREATER 0 then
      begin
        element   := fauna(i);
        retrieved := element.name;
        new_word := new_answer (element);
        time := time + 2;
        write(output_file, time:8,
                          '  erinnert:',retrieved: 16,'    ');
        if new_word then  writeln (output_file,'neue Antwort')
                    else  writeln (output_file,'(alt)')
      end
      else new_word := false
    until new_word or (trial = frust);

    if (trial = frust) and (not new_word) then
    begin
      change_strategy;
      time  := time + 10      (* assume 10 time units *)
    end
  until new_word or (time GREATER limit);

  if new_word then
  begin
    fauna(i).sign := fauna(i).sign + (experiment);
    update (element);      (* enter in STM *)
    modify_key (element.sign);
    time := time + 3    (* assume 3 time units *)
  end;
end;
```

Die Leistungsfähigkeit des Modells

Simulation des Assoziationsverlaufs

Abbildung 27 gibt das vollständige Protokoll eines Programmlaufs wieder. Die Suche beginnt unter der gewählten Perspektive Nr.3, einer Perspektive also, welche die diversen und sichtbaren Merkmale der Tiere berücksichtigt. Als erste Antwort wird nach 3 Zeiteinheiten Schaf gefunden. Darauf folgen in jeweils minimalem Abstand (6 Zeiteinheiten = 1 Einheit für Suche + 2 Einheiten für Evaluierung + 3 Einheiten für Modifikation des Suchreizes) die Antworten Ziege, Fuchs und Pferd. Danach tritt eine geringfügig (3 Einheiten = 1 Einheit für Suche + 2 Einheiten für Evaluierung) längere Pause ein, weil das ausgewählte Element Ziege ein bereits genanntes darstellt. Weitere Mitglieder der Säugetierklasse folgen, bis im Anschluß an Kamel viermal hintereinander keine neue Antwort mehr gefunden wird. (Wir erinnern uns, daß die Auswahl des "gefundenen" Elements unter Berücksichtigung seiner Ähnlichkeit mit dem Suchreiz zufällig erfolgt.)

Damit ist die Bedingung erfüllt, um einen Perspektivenwechsel einzuleiten. Die neugewählte Perspektive, Nr.1, berücksichtigt Merkmale der Lebenswelt des Tieres, also vor allem die ökologisch-biologischen Kontextmerkmale. Die Applikation dieser neuen Perspektive auf den Suchreiz ergibt zunächst dic Antwort Adler. Es scheint, daß durch diese Antwort das Merkmal "luft" in den Suchreiz geraten ist, denn bis auf das Element Ziege, das noch zweimal (ohne geäußert zu werden) in die Auswahl gelangt, werden ausschließlich "fliegende" Tiere, und zwar quer durch die zoologischen Kategorien, ausgewählt.

Ein weiterer Perspektivenwechsel führt zu Nr.4 (zoologische Klassifikation, sichtbare Merkmale, und wiederum ökolo-

Abb. 27: Ergebnis eines Simulationslaufes

gewaehlte Strategie: Nr. 0 = Nr. 3
minimale Aehnlichkeit = 40

3	erinnert:	Schaf	neue Antwort
9	erinnert:	Ziege	neue Antwort
15	erinnert:	Fuchs	neue Antwort
21	erinnert:	Pferd	neue Antwort
27	erinnert:	Ziege	(alt)
30	erinnert:	Eisbaer	neue Antwort
36	erinnert:	Baer	neue Antwort
42	erinnert:	Katze	neue Antwort
48	erinnert:	Esel	neue Antwort
54	erinnert:	Loewe	neue Antwort
60	erinnert:	Nashorn	neue Antwort
66	erinnert:	Kamel	neue Antwort
72	erinnert:	Fuchs	(alt)
75	erinnert:	Fuchs	(alt)
78	erinnert:	Kamel	(alt)
81	erinnert:	Pferd	(alt)
Neue Strategie: Nr. 1			
94	erinnert:	Adler	neue Antwort
100	erinnert:	Storch	neue Antwort
106	erinnert:	Ziege	(alt)
109	erinnert:	Fledermaus	neue Antwort
115	erinnert:	Fledermaus	(alt)
118	erinnert:	Fledermaus	(alt)
121	erinnert:	Ziege	(alt)
124	erinnert:	Storch	(alt)
Neue Strategie: Nr. 4			
137	erinnert:	Zebra	neue Antwort
143	erinnert:	Katze	(alt)
146	erinnert:	Leopard	neue Antwort
152	erinnert:	Baer	(alt)
155	erinnert:	Kamel	(alt)
158	erinnert:	Fuchs	(alt)
161	erinnert:	Ziege	(alt)
Neue Strategie: Nr. 1			
174	erinnert:	Ziege	(alt)
177	erinnert:	Adler	(alt)
180	erinnert:	Storch	(alt)
183	erinnert:	Storch	(alt)
Neue Strategie: Nr. 3			
196	erinnert:	Leopard	(alt)
199	erinnert:	Pferd	(alt)
202	erinnert:	Wolf	neue Antwort
208	erinnert:	Esel	neue Antwort
214	erinnert:	Schaf	(alt)
217	erinnert:	Kamel	(alt)
220	erinnert:	Kamel	(alt)
223	erinnert:	Ziege	(alt)
Neue Strategie: Nr. 2			
Neue Strategie: Nr. 0			
250	erinnert:	Leopard	(alt)
253	erinnert:	Fuchs	(alt)
256	erinnert:	Kamel	(alt)
259	erinnert:	Tiger	neue Antwort
265	erinnert:	Loewe	(alt)
268	erinnert:	Esel	(alt)
271	erinnert:	Kamel	(alt)
274	erinnert:	Loewe	(alt)
Neue Strategie: Nr. 2			
287	erinnert:	Wolf	(alt)
290	erinnert:	Wolf	(alt)
293	erinnert:	Wolf	(alt)
296	erinnert:	Wolf	(alt)
Neue Strategie: Nr. 1			
309	erinnert:	Schmetterling	neue Antwort
315	erinnert:	Ameise	neue Antwort
321	erinnert:	Schmetterling	(alt)
324	erinnert:	Spatz	neue Antwort
330	erinnert:	Schmetterling	(alt)
333	erinnert:	Schmetterling	(alt)
336	erinnert:	Moewe	neue Antwort
342	erinnert:	Kaefer	neue Antwort
348	erinnert:	Moewe	(alt)
351	erinnert:	Adler	(alt)
354	erinnert:	Adler	(alt)
357	erinnert:	Adler	(alt)
Neue Strategie: Nr. 2			

Aufgeführt sind die wählbaren Parameter (bevorzugte Strategie, hier Nr.3), die minimale Ähnlichkeit, um ein Element "auffindbar" zu machen (hier 40%), sowie der zeitliche Ablauf des Assoziationsprozesses in willkürlichen Zeiteinheiten (3, 9 .. 357). - Strategie Nr. 1 und Nr. 2 sind kontextorientiert, Strategie Nr. 3 (hier identisch mit Nr. 0) ist merkmalsorientiert, und Strategie Nr. 4 faßt eine "zoologische" Strategie (Berücksichtigung der zoologischen Klassifikation, sichtbarer Merkmale und des ökologischen Kontexts) zusammen. (Näheres s. Text).

gisch-biologischer Kontext). Unter dieser Perspektive gelangen wieder Vierbeiner in die Auswahl, worunter sich Zebra und Leopard als neue Antworten finden.

Die nun gewählte Perspektive Nr.1 erweist sich im folgenden als fruchtlos; lediglich schon genannte Antworten werden produziert. Dagegen ergibt eine neuerliche Wahl der Eingangs-Perspektive Nr.3 außer "alten" auch zwei "neue" Antworten, nämlich Wolf und Esel. - Unter der nun gewählten Perspektive Nr.2 erreicht kein einziges Element die Mindestähnlichkeit mit dem Suchreiz, weshalb die Perspektive erneut gewechselt und unter der erneut gewählten (und ja als "bevorzugt" hier voreingestellten) Perspektive Nr.3 immerhin eine neue Antwort, Tiger, produziert wird.

Danach fällt die Wahl wieder auf Perspektive Nr.2, unter der aber nur ein bereits genanntes Element ausgewählt wird, und dann auf Perspektive Nr.1, die wiederum bevorzugt zur Auswahl "fliegender" Tiere führt. Nach insgesamt 24 Antworten ist das Zeitlimit (360 Einheiten) überschritten und der Simulationslauf beendet. Abbildung 28 a zeigt den Verlauf noch einmal in der schon aus den vorigen Kapiteln bekannten Darstellungsform.

Bewertung. Als Kriterien für die Bewertung des Modellcharakters kommen sowohl formale Aspekte (zeitlicher Verlauf) in Frage wie die inhaltliche Gruppierung der Antworten. Der Zeitverlauf weist generell die charakteristische Abflachung der Kurve auf, bedingt durch die geringere "Ergiebigkeit" der Suche. Daneben stellen wir die bekannte zeitliche Gruppierung der Antworten in Cluster fest. Und diese zeitliche Gliederung paßt auch, wie zu fordern ist, mit der inhaltlichen Gliederung der Antworten zusammen (Gruppe Adler, Storch, Fledermaus; Schmetterling etc.). Damit sind auf dem Niveau der Datendeskription die Grundvoraussetzungen erfüllt.

Abbildung 28: Simulierte Assoziationsverläufe

(a) Der zum Protokoll der Abb. 27 gehörende Assoziationsverlauf.

(b) bevorzugte Perspektive: Nr.3 - minimale Ähnlichkeit: 50. Perspektivenwechsel von Nr.3 auf Nr.4 vor Kuh / Hund, danach Nr.3 (ohne Ergebnis) und wieder Nr.4 mit Kamel und Nashorn, dann erneut Perspektive Nr.3 bis zum Schluß: Ein ausschließlich auf objektbezogene Merkmale Gewicht legender Verlauf also!

(c) bevorzugte Perspektive: Nr.4 - minimale Ähnlichkeit: 40. Ab Frosch (bis Ameise) Perspektive Nr.1 (kontextbezogen), ab Eule wieder Perspektive Nr.4, ab Taube wieder Perspektive Nr.1. Wie man sieht, bewirkt die (minimale!) Veränderung des Suchreizes nach jeder neuen Antwort schließlich eine sogar trotz zwischenliegenden Perspektivenwechsels festzustellende inhaltliche Kontinuität der Assoziationen.

(d) bevorzugte Perspektive: Nr.2 - minimale Ähnlichkeit: 35. Ab Bär neue Perspektive Nr.4.

(e) bevorzugte Perspektive: Nr.4 - minimale Ähnlichkeit: 40. Ab Hund bis Kamel Perspektive Nr.3, danach wieder Perspektive Nr.3 (Hase). Neue Perspektive: Nr.2 (Bär), und zuletzt Perspektive Nr.1 (Kuckuck). Dieser Verlauf ähnelt (was aber auch in realen Experimenten selten ist) stark der über viele Verläufe gemittelten Kurve, wie sie schon von Bousfield & Sedgewick (1944) beschrieben wurde.

(f) bevorzugte Perspektive: Nr.2 - minimale Ähnlichkeit: 33. Ab Hirsch Wechsel zur Perspektive Nr.4. Ganz zum Schluß (Delphin) wieder Perspektive Nr.2.

Abb. 28 a

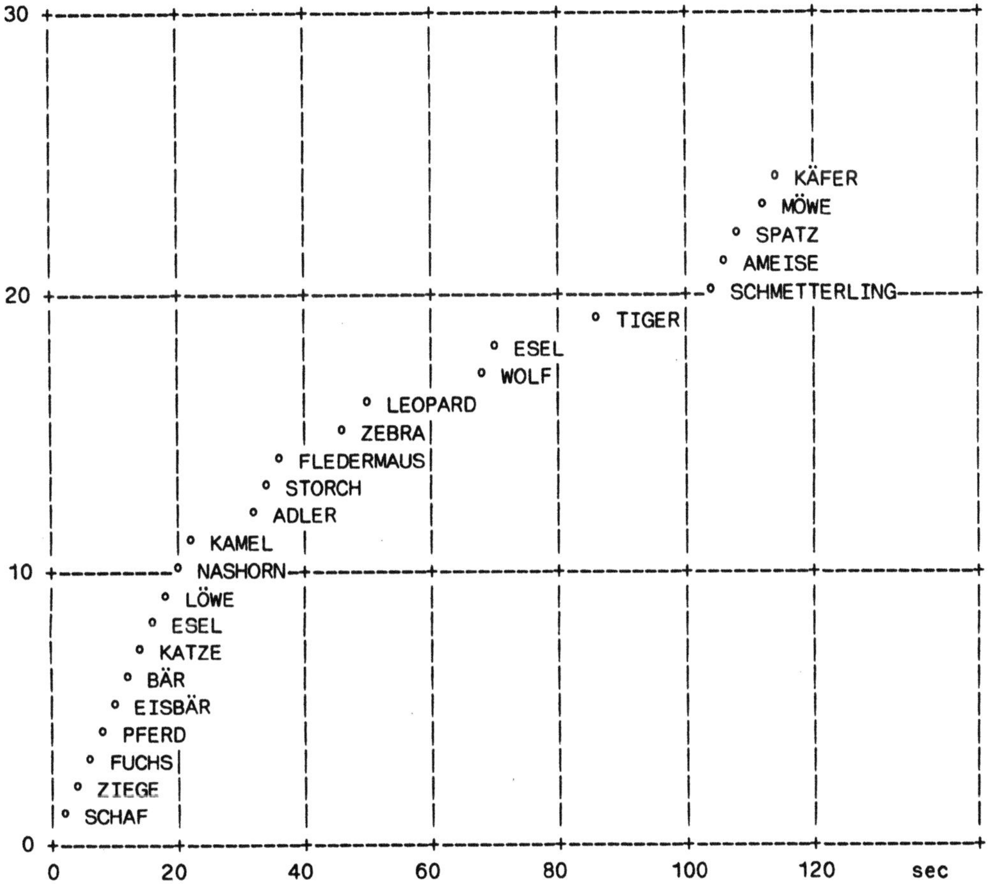
30
20
10
0
0
20
40
60
80
100
120
sec
KÄFER
MÖWE
SPATZ
AMEISE
SCHMETTERLING
TIGER
ESEL
WOLF
LEOPARD
ZEBRA
FLEDERMAUS
STORCH
ADLER
KAMEL
NASHORN
LÖWE
ESEL
KATZE
BÄR
EISBÄR
PFERD
FUCHS
ZIEGE
SCHAF

Abb. 28 b

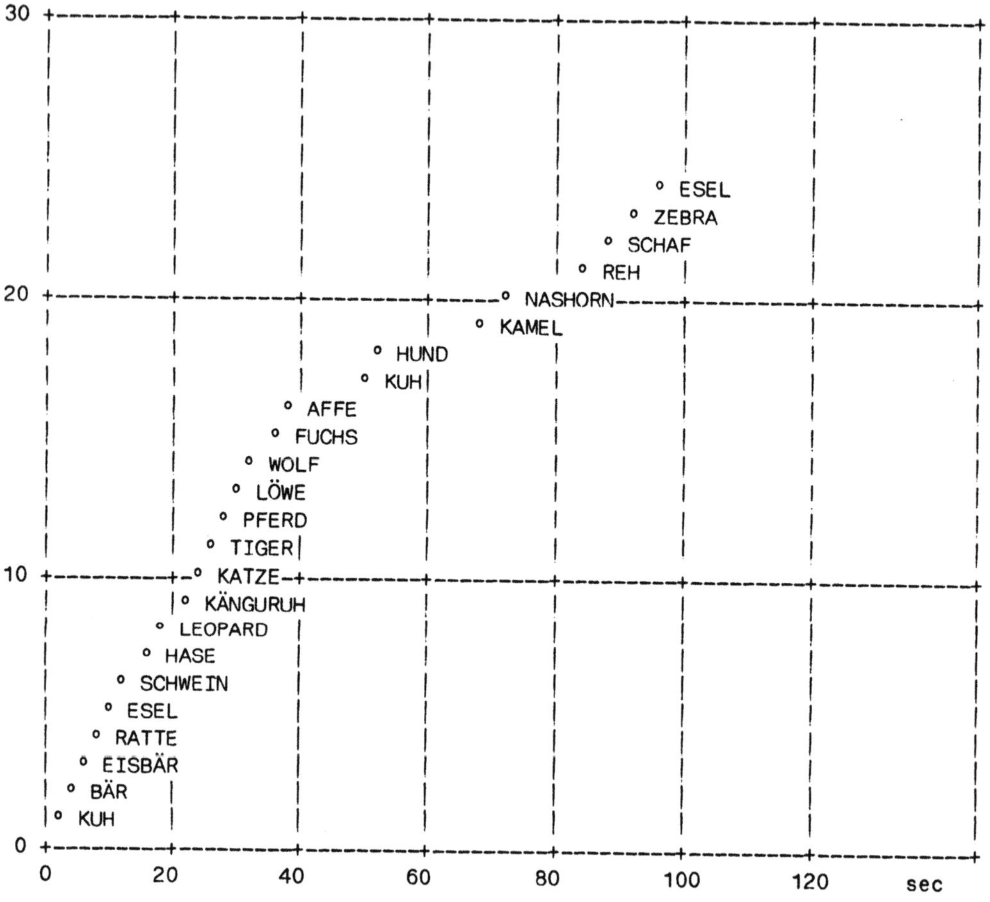
ESEL
ZEBRA
SCHAF
REH
NASHORN
KAMEL
HUND
KUH
AFFE
FUCHS
WOLF
LÖWE
PFERD
TIGER
KATZE
KÄNGURUH
LEOPARD
HASE
SCHWEIN
ESEL
RATTE
EISBÄR
BÄR
KUH
30
20
10
0
0
20
40
60
80
100
120
sec

Abb. 28 c

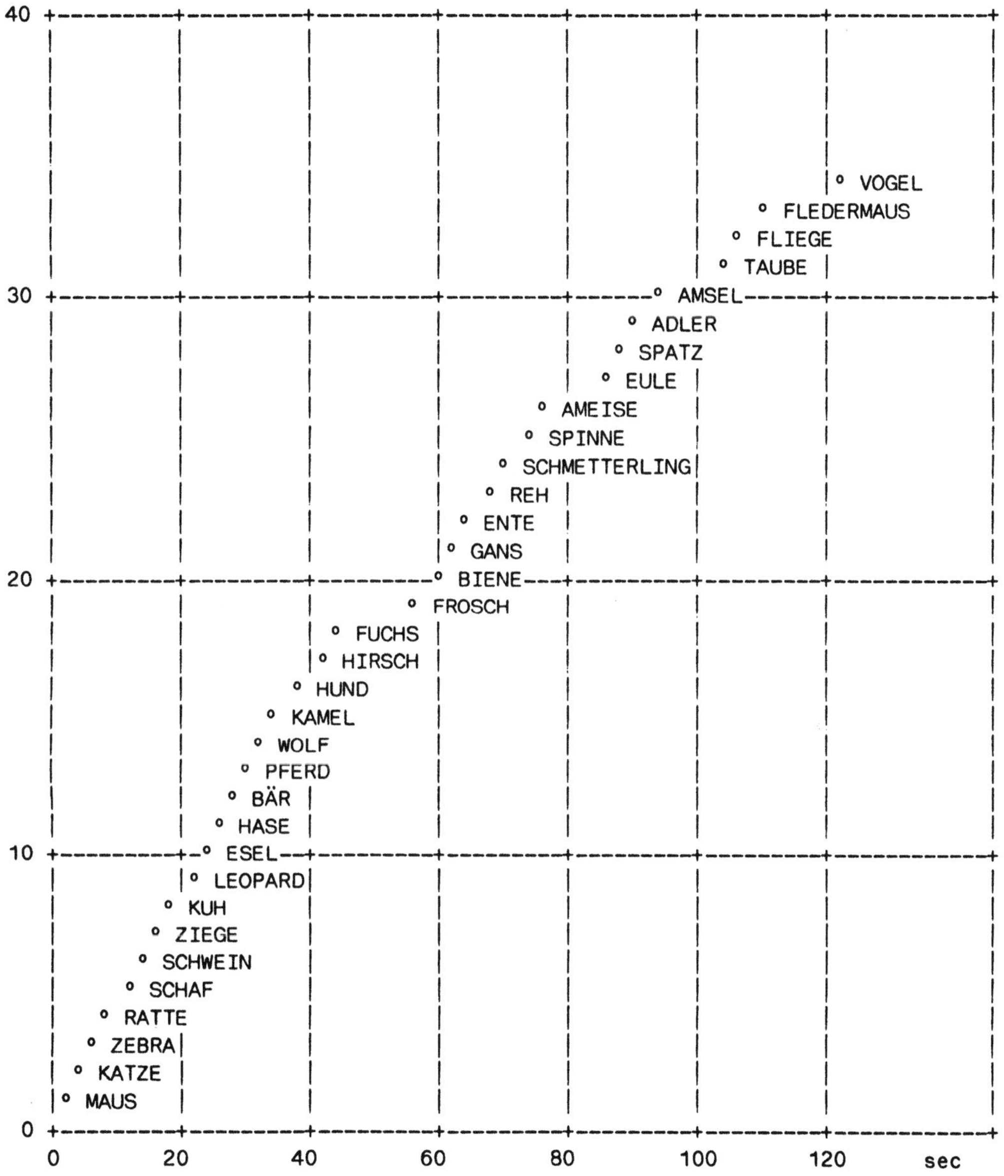
40
30
20
10
0
VOGEL
FLEDERMAUS
FLIEGE
TAUBE
AMSEL
ADLER
SPATZ
EULE
AMEISE
SPINNE
SCHMETTERLING
REH
ENTE
GANS
BIENE
FROSCH
FUCHS
HIRSCH
HUND
KAMEL
WOLF
PFERD
BÄR
HASE
ESEL
LEOPARD
KUH
ZIEGE
SCHWEIN
SCHAF
RATTE
ZEBRA
KATZE
MAUS
0
20
40
60
80
100
120
sec

Abb. 28 d

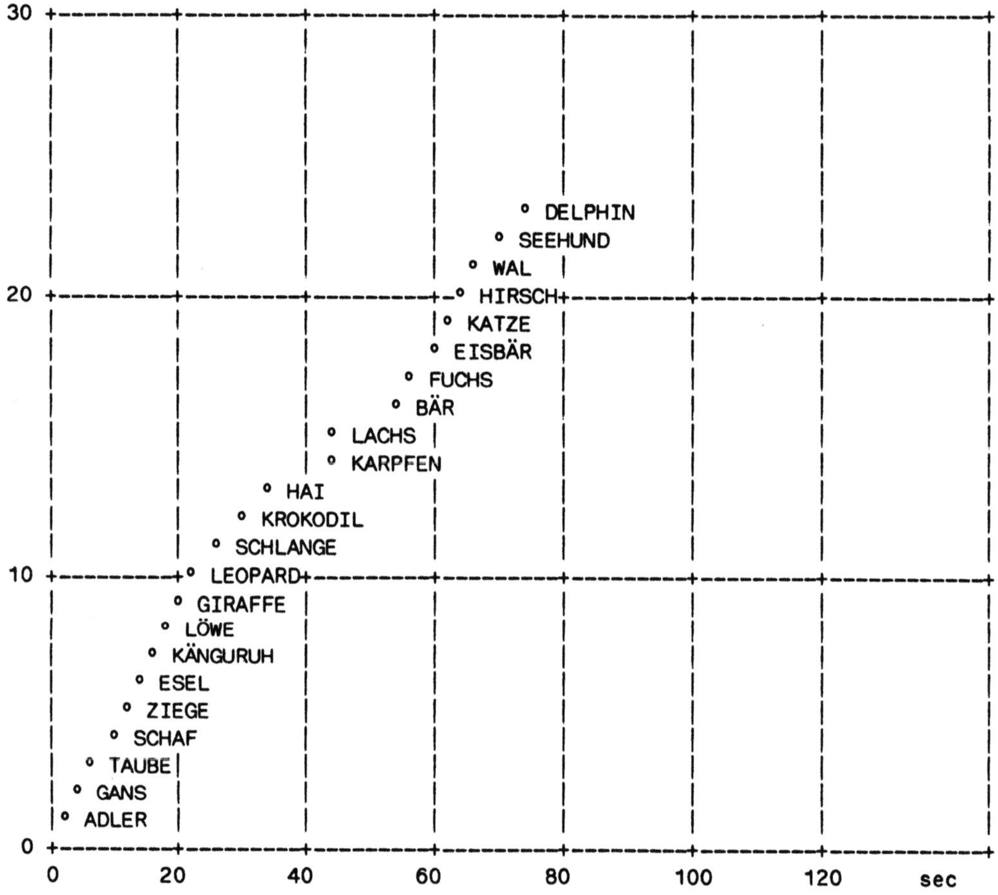
DELPHIN
SEEHUND
WAL
HIRSCH
KATZE
EISBÄR
FUCHS
BÄR
LACHS
KARPFEN
HAI
KROKODIL
SCHLANGE
LEOPARD
GIRAFFE
LÖWE
KÄNGURUH
ESEL
ZIEGE
SCHAF
TAUBE
GANS
ADLER
30
20
10
0
0
20
40
60
80
100
120
sec

Abb. 28 e

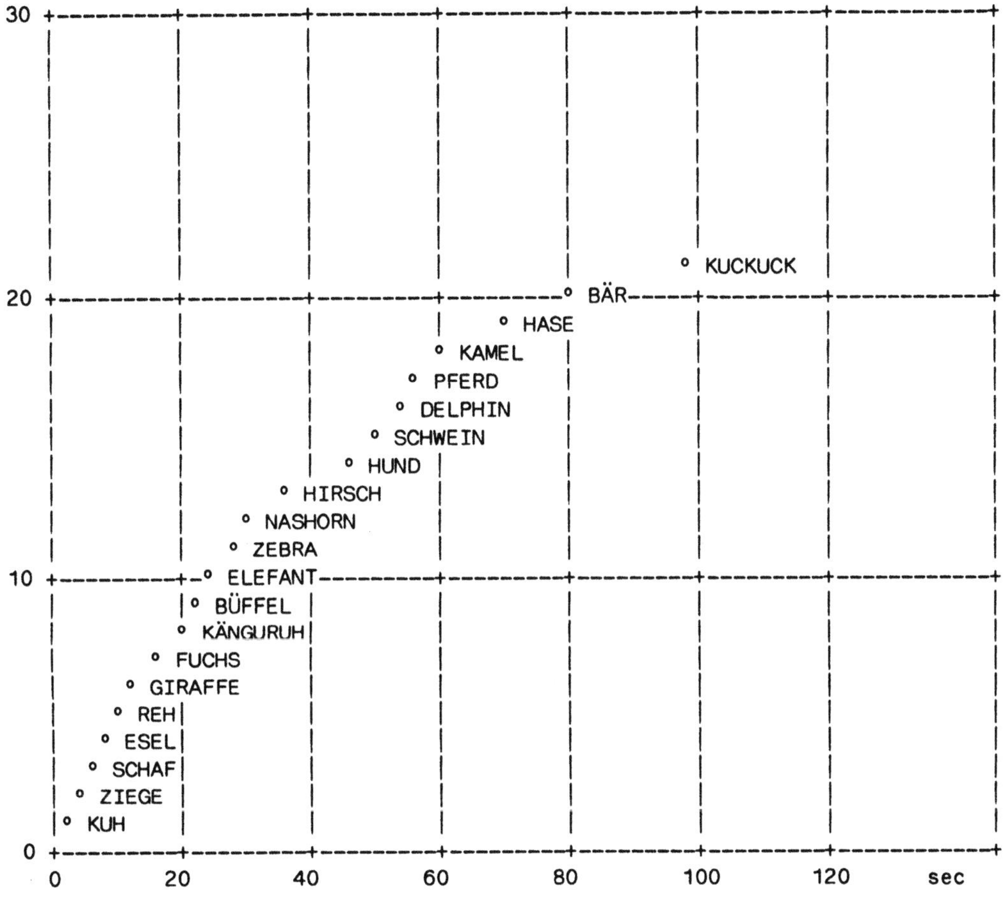
30
20
10
0
0
20
40
60
80
100
120
sec
KUCKUCK
BÄR
HASE
KAMEL
PFERD
DELPHIN
SCHWEIN
HUND
HIRSCH
NASHORN
ZEBRA
ELEFANT
BÜFFEL
KÄNGURUH
FUCHS
GIRAFFE
REH
ESEL
SCHAF
ZIEGE
KUH

Abb. 28 f

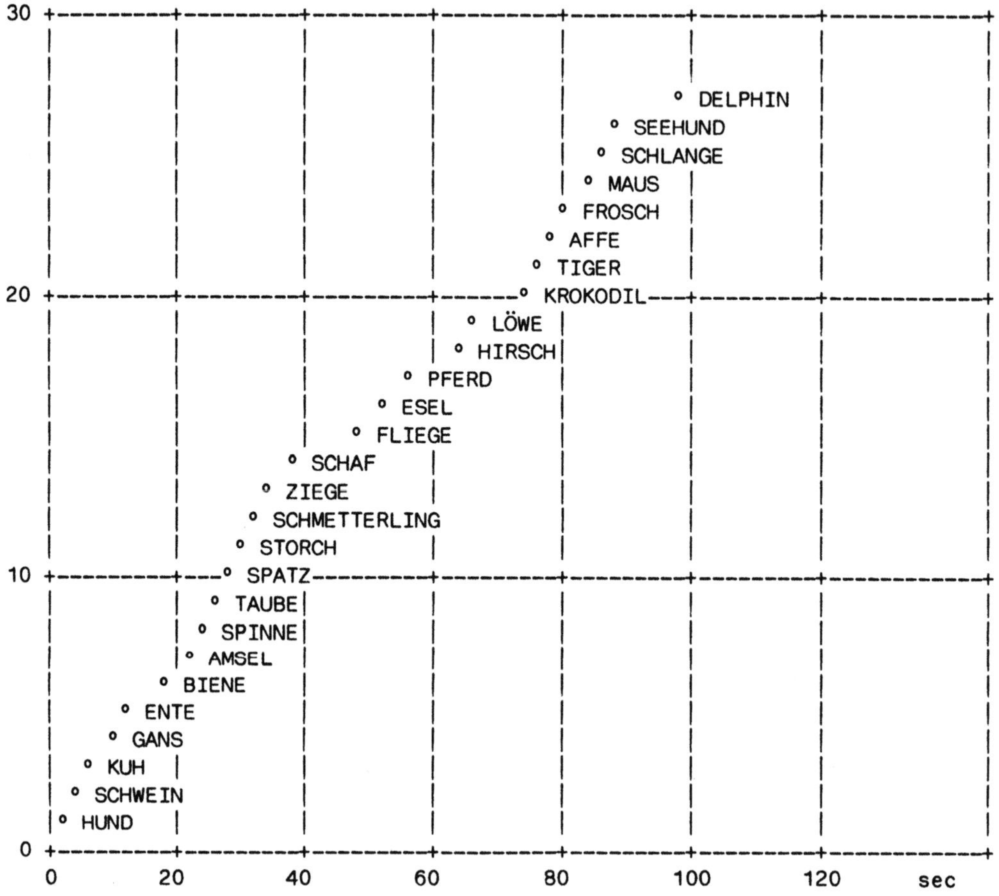
30
20
10
0
DELPHIN
SEEHUND
SCHLANGE
MAUS
FROSCH
AFFE
TIGER
KROKODIL
LÖWE
HIRSCH
PFERD
ESEL
FLIEGE
SCHAF
ZIEGE
SCHMETTERLING
STORCH
SPATZ
TAUBE
SPINNE
AMSEL
BIENE
ENTE
GANS
KUH
SCHWEIN
HUND
0
20
40
60
80
100
120
sec

Abbildung 29: Reale Assoziationsverläufe zum Vergleich

(a) Vp. 7-1, Alter 23 Jahre, weiblich. Sehr produktiv, Annäherung an die Bousfield-Kurve, mindestens drei größere Pausen: vor Biber (beachte die ausgeprägt kontextorientierte Perspektive), vor Eisbär, vor Laus.

(b) Vp. 7-2, Alter 25 Jahre, weiblich. Ausgeprägtes Clustering. Bemerkenswert die auch bei den simulierten Verläufen zu beobachtende inhaltliche Heterogenität am Anfang des Verlaufs.

(c) Vp. 7-4, Alter 43 Jahre, weiblich. Die hohe Produktivität erweist sich als Frucht einer deutlichen Bevorzugung linguistischer Perspektiven (vgl. die "Spechte" und "Käfer"), bzw. weiterer kategorialer Eingrenzungen (Singvögel, Hunderassen). Solche Perspektiven werden im Simulationsmodell nicht erfaßt.

(d) Vp. 7-5, Alter 45 Jahre, weiblich. Keine deutlichen Cluster, fast linearer Verlauf, aber inhaltlich wechselnde Antwortgruppen.

(e) Vp. 7-6, Alter 24 Jahre, männlich. Ausgeprägte zeitliche und inhaltliche Gruppenbildung; zum Schluß linguistische Strategie. Einige Antworten unverständlich (mit Fragezeichen markiert).

(f) Vp. 7-7, Alter 28 Jahre, weiblich. Sehr ausgeprägtes Clustering, zeitlich wie inhaltlich. Vgl. Abb. 28 a mit ähnlicher Formung des Gesamtverlaufs.

Abb. 29 a

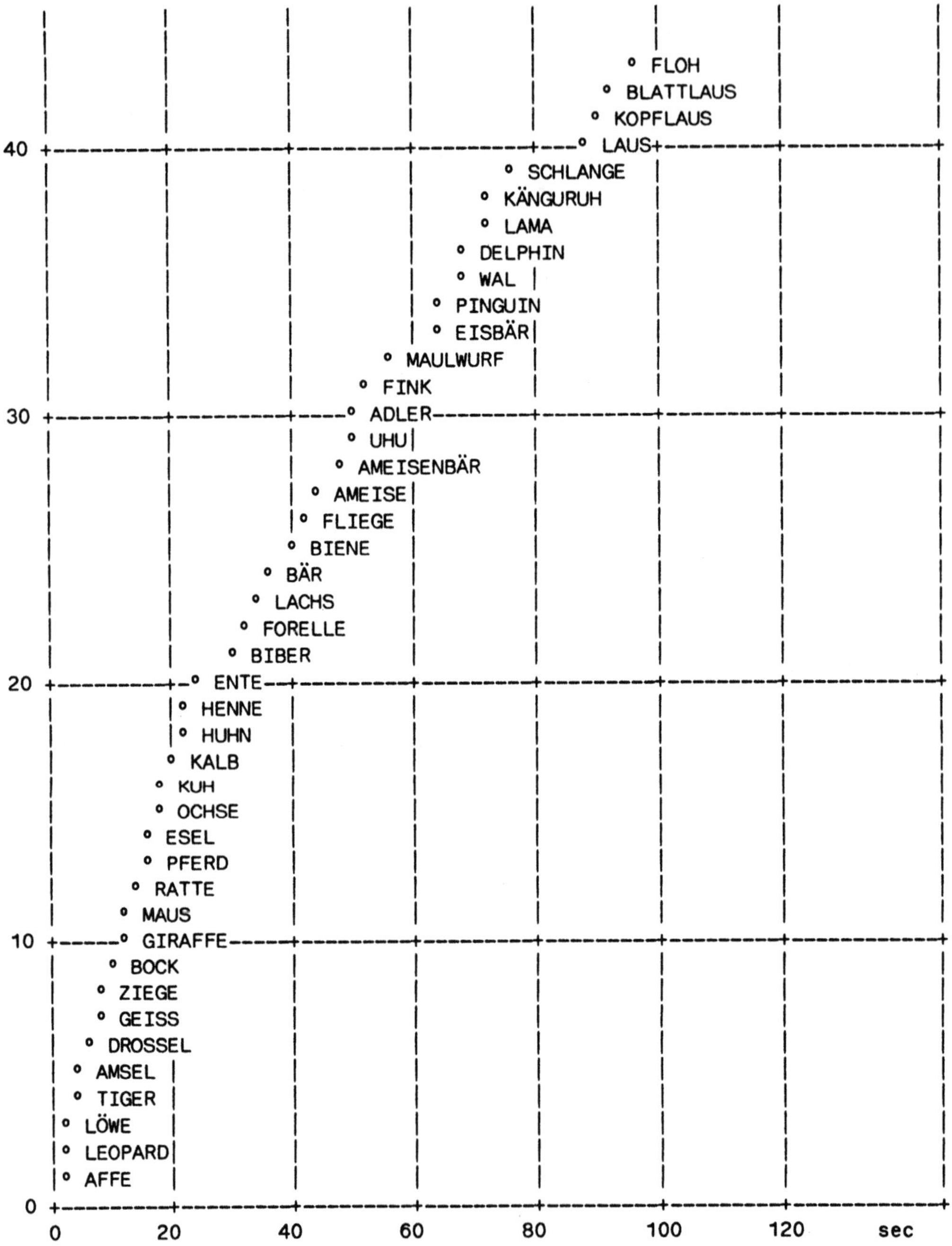
FLOH
BLATTLAUS
KOPFLAUS
LAUS
SCHLANGE
KÄNGURUH
LAMA
DELPHIN
WAL
PINGUIN
EISBÄR
MAULWURF
FINK
ADLER
UHU
AMEISENBÄR
AMEISE
FLIEGE
BIENE
BÄR
LACHS
FORELLE
BIBER
ENTE
HENNE
HUHN
KALB
KUH
OCHSE
ESEL
PFERD
RATTE
MAUS
GIRAFFE
BOCK
ZIEGE
GEISS
DROSSEL
AMSEL
TIGER
LÖWE
LEOPARD
AFFE
40
30
20
10
0
0
20
40
60
80
100
120
sec

Abb. 29 b

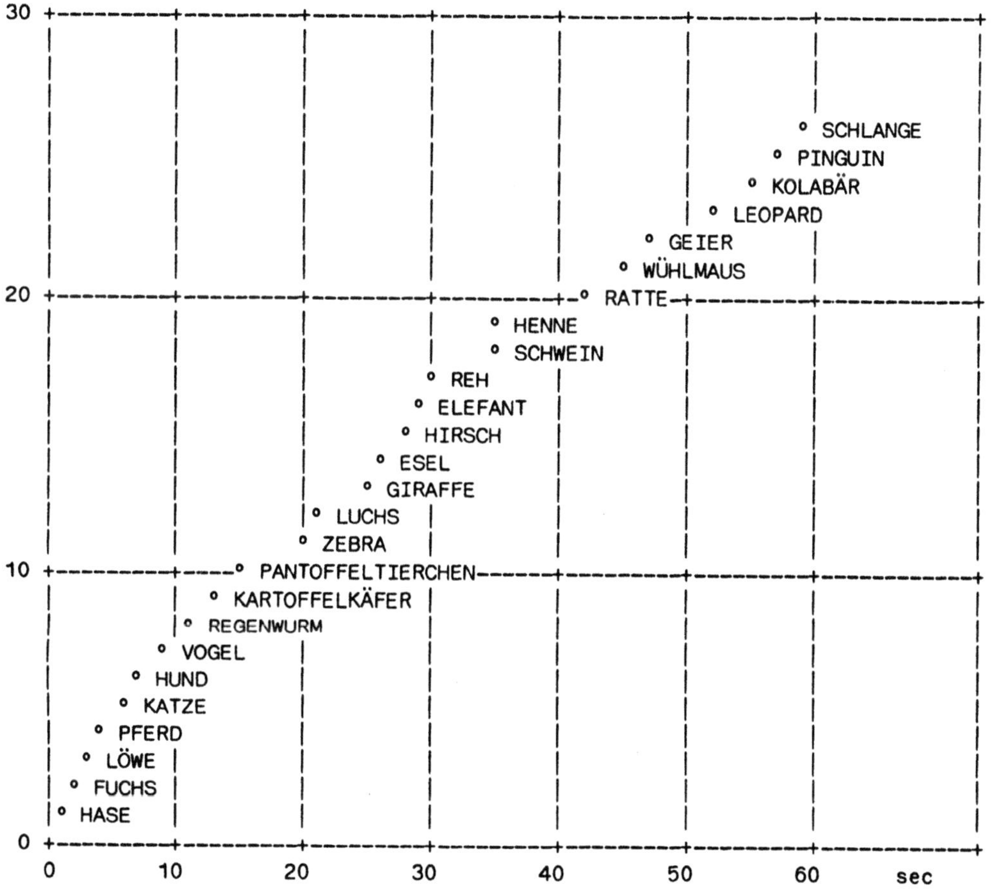
SCHLANGE
PINGUIN
KOLABÄR
LEOPARD
GEIER
WÜHLMAUS
RATTE
HENNE
SCHWEIN
REH
ELEFANT
HIRSCH
ESEL
GIRAFFE
LUCHS
ZEBRA
PANTOFFELTIERCHEN
KARTOFFELKÄFER
REGENWURM
VOGEL
HUND
KATZE
PFERD
LÖWE
FUCHS
HASE
30
20
10
0
0
10
20
30
40
50
60
sec

Abb. 29 c

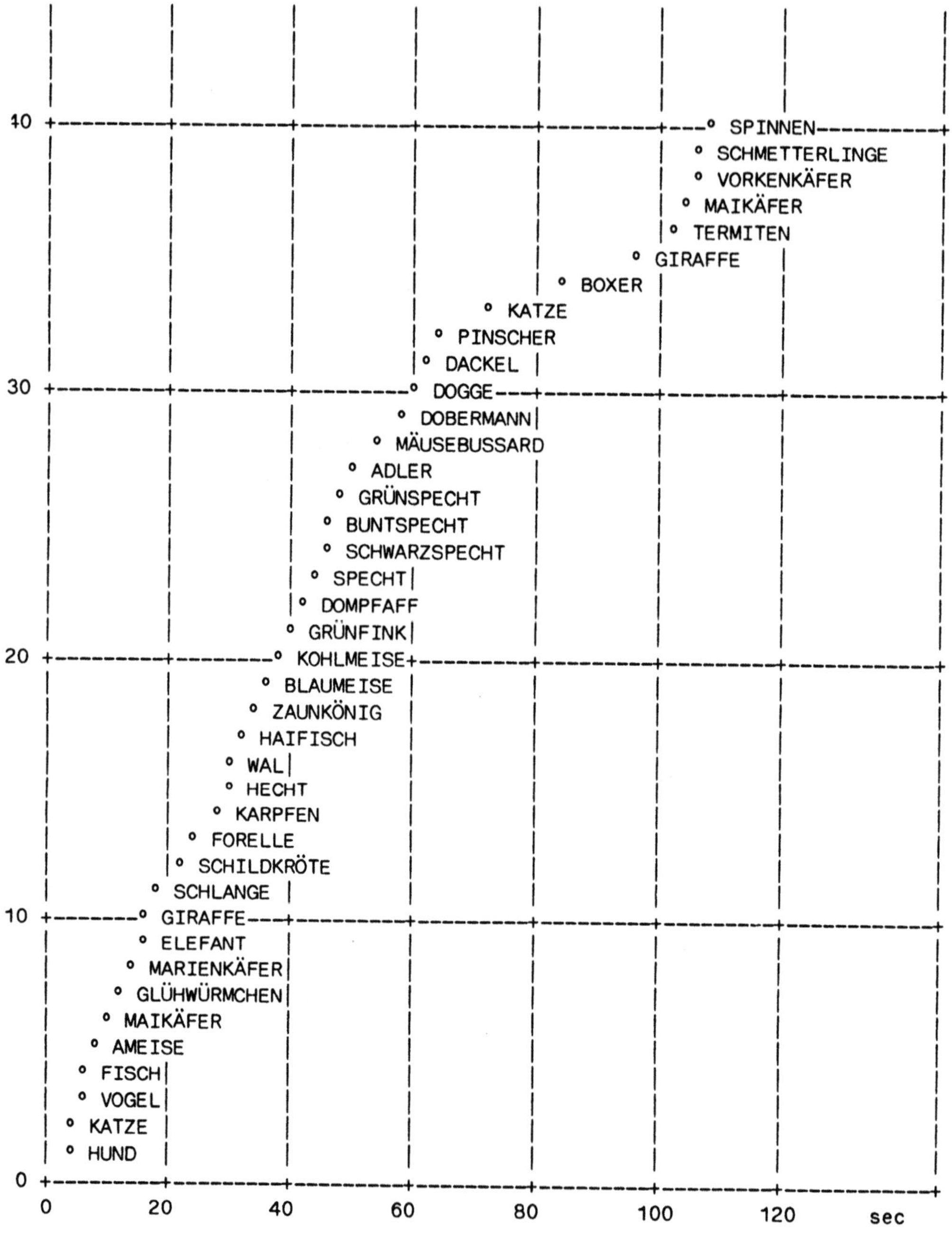
SPINNEN
SCHMETTERLINGE
VORKENKÄFER
MAIKÄFER
TERMITEN
GIRAFFE
BOXER
KATZE
PINSCHER
DACKEL
DOGGE
DOBERMANN
MÄUSEBUSSARD
ADLER
GRÜNSPECHT
BUNTSPECHT
SCHWARZSPECHT
SPECHT
DOMPFAFF
GRÜNFINK
KOHLMEISE
BLAUMEISE
ZAUNKÖNIG
HAIFISCH
WAL
HECHT
KARPFEN
FORELLE
SCHILDKRÖTE
SCHLANGE
GIRAFFE
ELEFANT
MARIENKÄFER
GLÜHWÜRMCHEN
MAIKÄFER
AMEISE
FISCH
VOGEL
KATZE
HUND
40
30
20
10
0
0
20
40
60
80
100
120
sec

Abb. 29 d

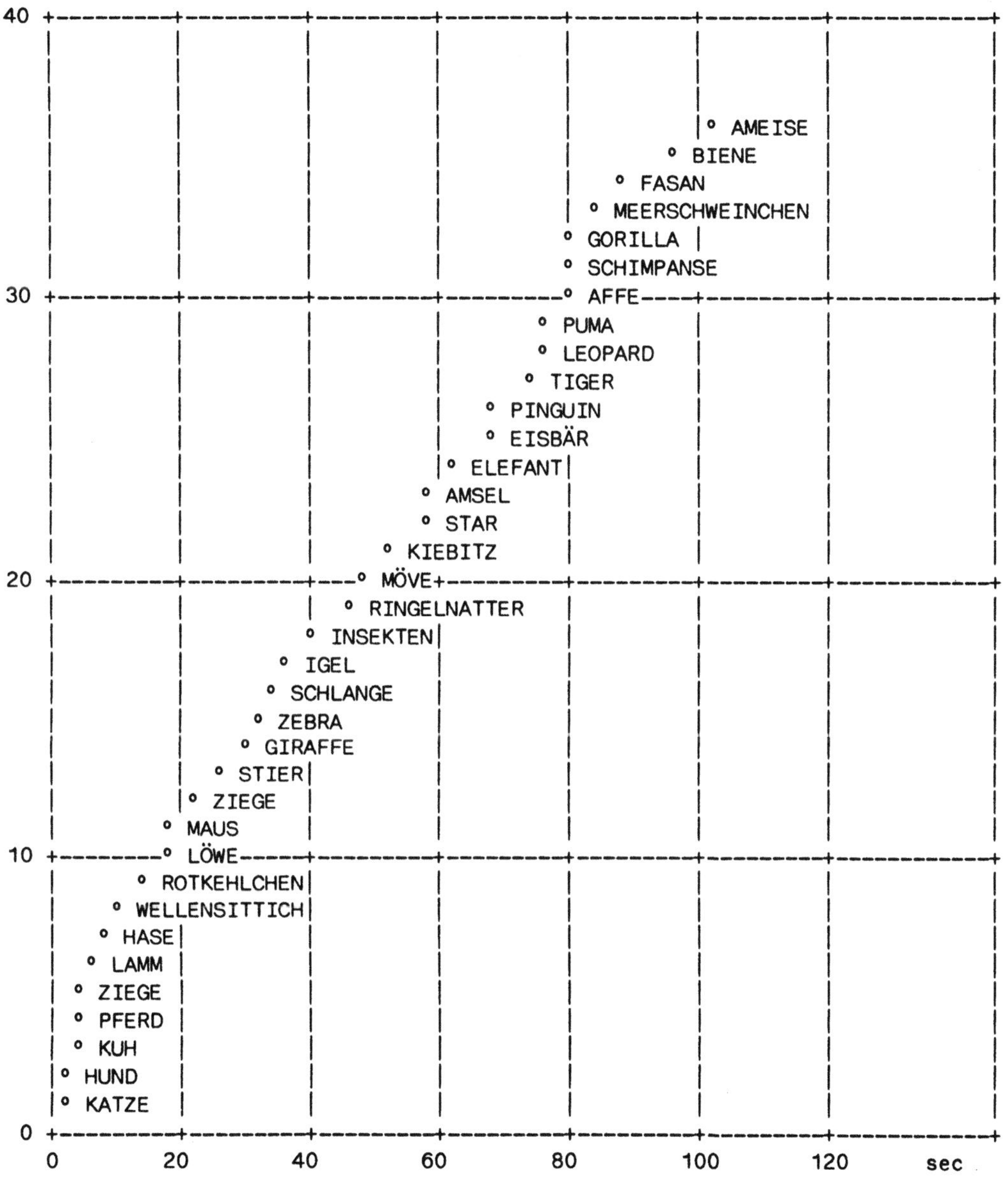
40
30
20
10
0
AMEISE
BIENE
FASAN
MEERSCHWEINCHEN
GORILLA
SCHIMPANSE
AFFE
PUMA
LEOPARD
TIGER
PINGUIN
EISBÄR
ELEFANT
AMSEL
STAR
KIEBITZ
MÖVE
RINGELNATTER
INSEKTEN
IGEL
SCHLANGE
ZEBRA
GIRAFFE
STIER
ZIEGE
MAUS
LÖWE
ROTKEHLCHEN
WELLENSITTICH
HASE
LAMM
ZIEGE
PFERD
KUH
HUND
KATZE
0
20
40
60
80
100
120
sec

Abb. 29 e

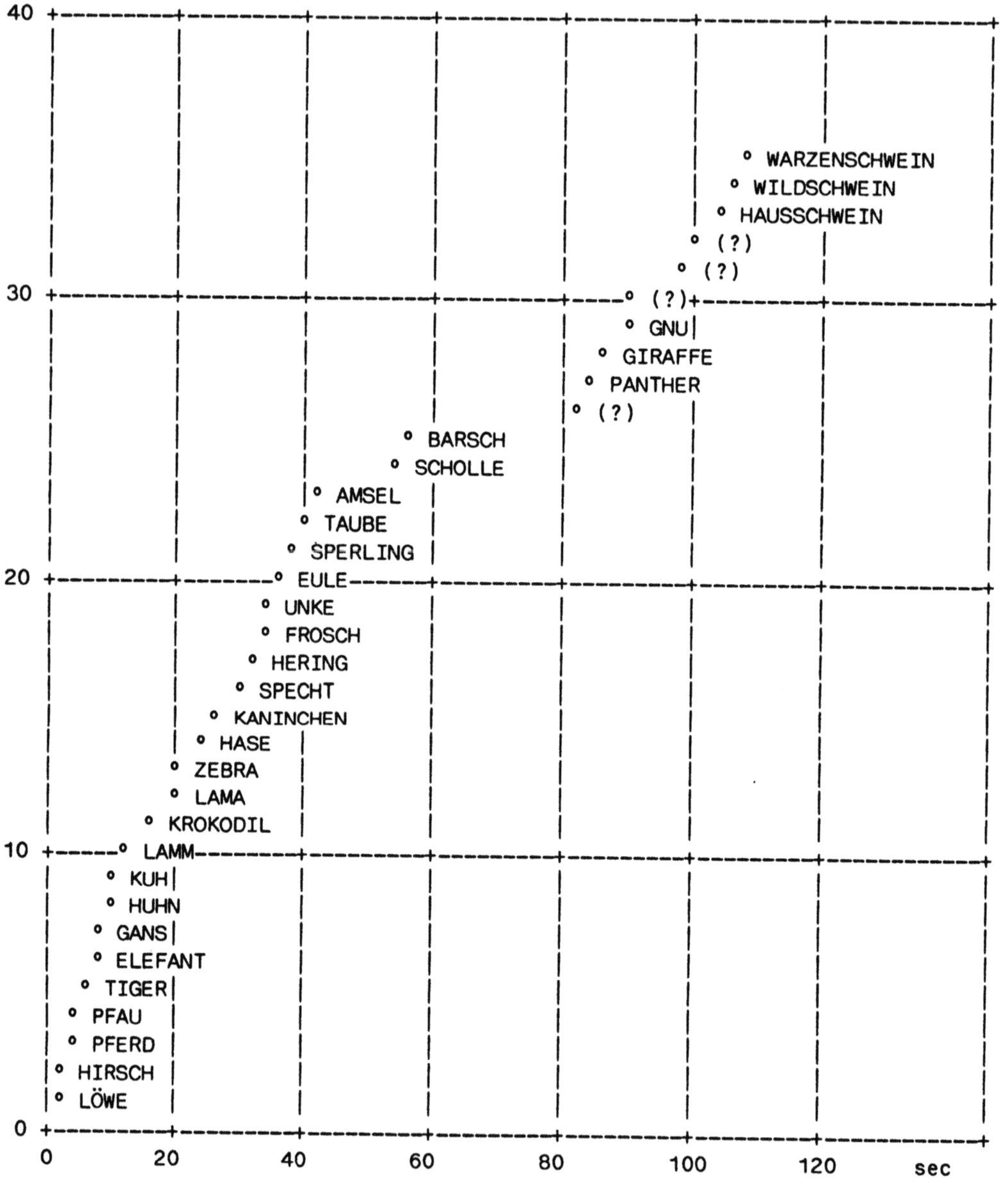
40
30
20
10
0
0
20
40
60
80
100
120
sec
WARZENSCHWEIN
WILDSCHWEIN
HAUSSCHWEIN
(?)
(?)
(?)
GNU
GIRAFFE
PANTHER
(?)
BARSCH
SCHOLLE
AMSEL
TAUBE
SPERLING
EULE
UNKE
FROSCH
HERING
SPECHT
KANINCHEN
HASE
ZEBRA
LAMA
KROKODIL
LAMM
KUH
HUHN
GANS
ELEFANT
TIGER
PFAU
PFERD
HIRSCH
LÖWE

Abb. 29 f

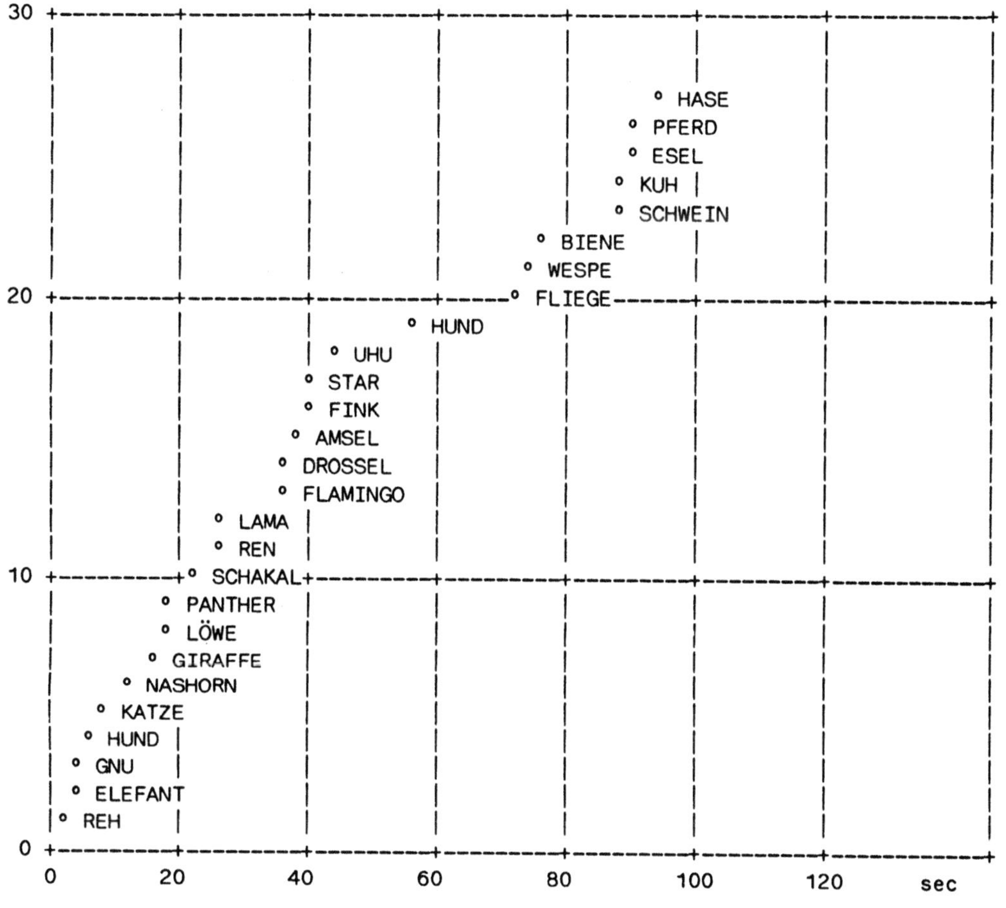
30
20
10
0
HASE
PFERD
ESEL
KUH
SCHWEIN
BIENE
WESPE
FLIEGE
HUND
UHU
STAR
FINK
AMSEL
DROSSEL
FLAMINGO
LAMA
REN
SCHAKAL
PANTHER
LÖWE
GIRAFFE
NASHORN
KATZE
HUND
GNU
ELEFANT
REH
0
20
40
60
80
100
120
sec

Diese Merkmale finden wir auch an den anderen in Abbildung 28 dargestellten Verläufen, zum Teil sogar noch deutlicher ausgeprägt als im eben diskutierten Beispiel. Und vollends dürfte der Vergleich mit den "echten", aus Assoziationsexperimenten stammenden Verläufen der Abbildung 29 klarstellen, daß eine befriedigende Simulation des Assoziierens gelungen ist: Die "echten" und die simulierten Verläufe ähneln einander so sehr, daß es nicht ohne weiteres gelingen will, sie auseinanderzuhalten. (Die Zuordnung gelingt am sichersten anhand der Kriterien "Wortschatz" und "synonyme Antworten", da der Wortschatz unseres Modells auf 60 Tiernamen begrenzt ist und linguistische Strategien nicht in die Simulation einbezogen wurden.)

Festzuhalten ist besonders, daß der markante Anstieg der Produktion nach längeren Pausen (besonders deutlich in den empirischen Verläufen Abb. 29 e,f und in den Simulationsläufen Abb. 28 a,b) durch den Wechsel der strategischen Perspektive ermöglicht wird. Versucht man Simulationsläufe ohne diesen Prozeß, so wird sehr früh eine "Decke" erreicht: die Produktion stockt, und nur mit großen Abständen werden einzelne Antworten produziert, nie aber kommt es dann noch zur Produktion ganzer Gruppen von Antworten.

Zwischen den zeitlichen (und auch in den simulierten Verläufen leidlich "semantischen") Clustern folgt der Prozeß der Produktion von Antworten dem bekannten Muster einer negativ beschleunigten Exponentialfunktion. Trotz der groben Rasterung unserer graphischen Darstellung (in Einheiten von 2 sec) wird dies in Abb. 28 c-e recht gut sichtbar. Es kann auch gar nicht anders sein, da die innere Programmschleife, die solange durchlaufen wird, bis ein Wechsel der Perspektive eintritt, eine Variante des Zählermodells darstellt. Da ein solches Modell aber eine Verallgemeinerung des Urnenmodells darstellt (Schulz & Albert, 1976, S. 687), kann es auch den wohlbekannten Verlauf erzeugen.

Reproduktion der Distanzstrukturen

Einen in zeitlichen und inhaltlichen Aspekten den empirischen Daten entsprechenden Verlauf der Antwortproduktion zu generieren, ist nur das eine wesentliche Ziel der Simulation. Das andere muß sein, die unterschiedlichen empirisch aufgewiesenen Ähnlichkeitsstrukturen (vgl. Kap. 4) zu reproduzieren, denn eines unserer Argumente für Prozeßmodelle war, daß sie die Vielfalt der in der Produktion aufweisbaren Strukturen aus ein und derselben zugrundeliegenden einfachen Struktur der Gedächtnisinhalte abzuleiten in der Lage sein sollten. Nun haben wir sicherlich eine recht einfache Gedächtnisstruktur vorausgesetzt, nämlich lediglich Merkmalsmengen ohne eine assoziative Struktur im herkömmlichen Sinne. Welche Strukturen werden daraus durch Anwendung der unterschiedlichen Perspektiven erzeugt?

Kriterium für die Wahl einer Antwort ist für das Simulationsprogramm die Ähnlichkeit unter dem Blickwinkel einer der vier im Modell spezifizierten strategischen Perspektiven. Unter der Voraussetzung, daß jeweils eine dieser Perspektiven zur Anwendung kommt, wird die Struktur der Produktion im Mittel die "gefilterten" Ähnlichkeiten zwischen den im Gedächtnis vorhandenen Eintragungen reflektieren. Die für zwei unterschiedliche Perspektiven, nämlich Nr.2 (reine Kontextstrategie) und Nr.3 (rein objektbezogene Strategie), sich ergebenden Strukturen zeigt Abbildung 30 für die zwölf Tiere, die in den in Kap. 4 berichteten Untersuchungen verwendet wurden.

Bereits eine kurze Inspektion und ein Vergleich mit den Abbildungen 11 und 14 macht deutlich, daß die unter Perspektive Nr.2 erzeugte Ähnlichkeitsstruktur bis auf die unterschiedliche Position von "Löwe" sehr gut mit der aus den freien Assoziationen erhobenen Struktur übereinstimmt; in

Abbildung 30: Simulierte Distanzstrukturen
(a) Perspektive Nr.2 (kontextbezogen)

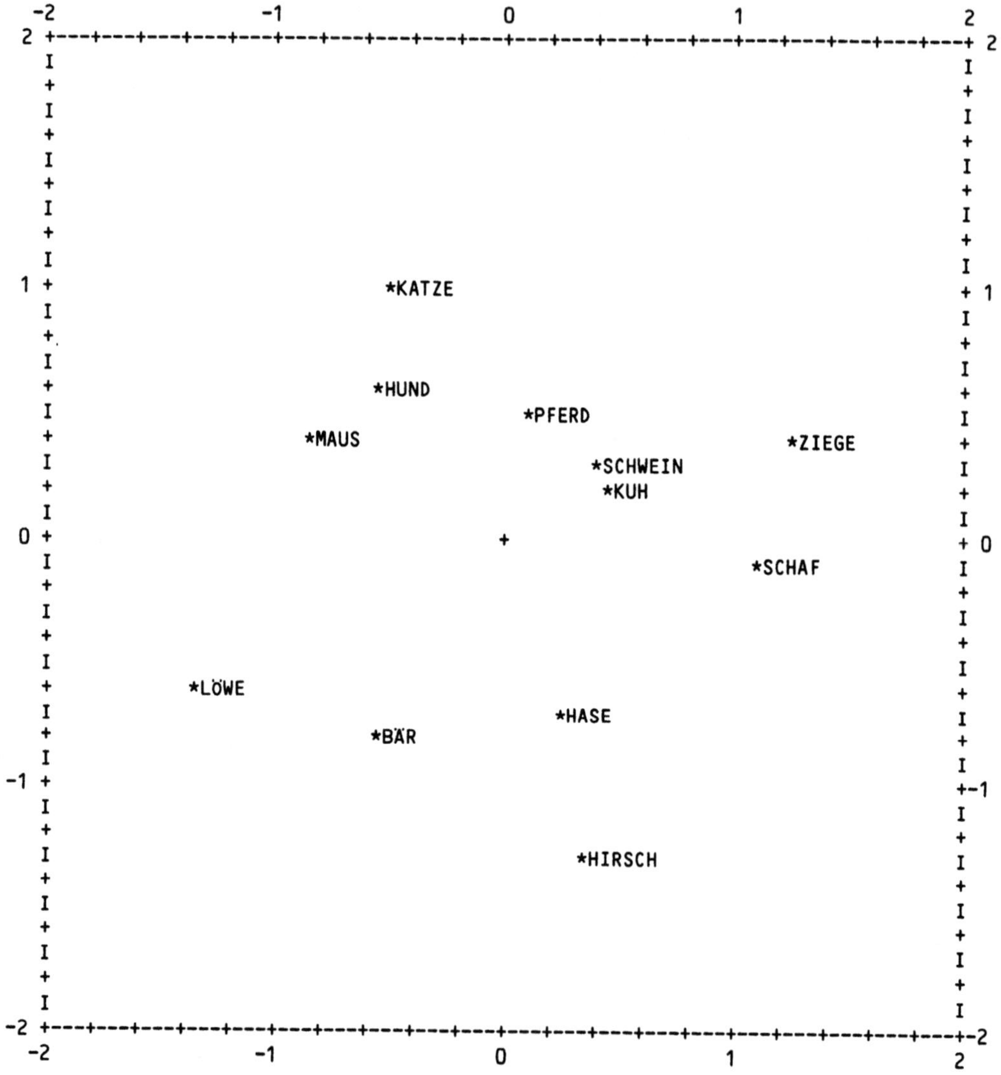

(b) Perspektive Nr.3 (objektbezogen)

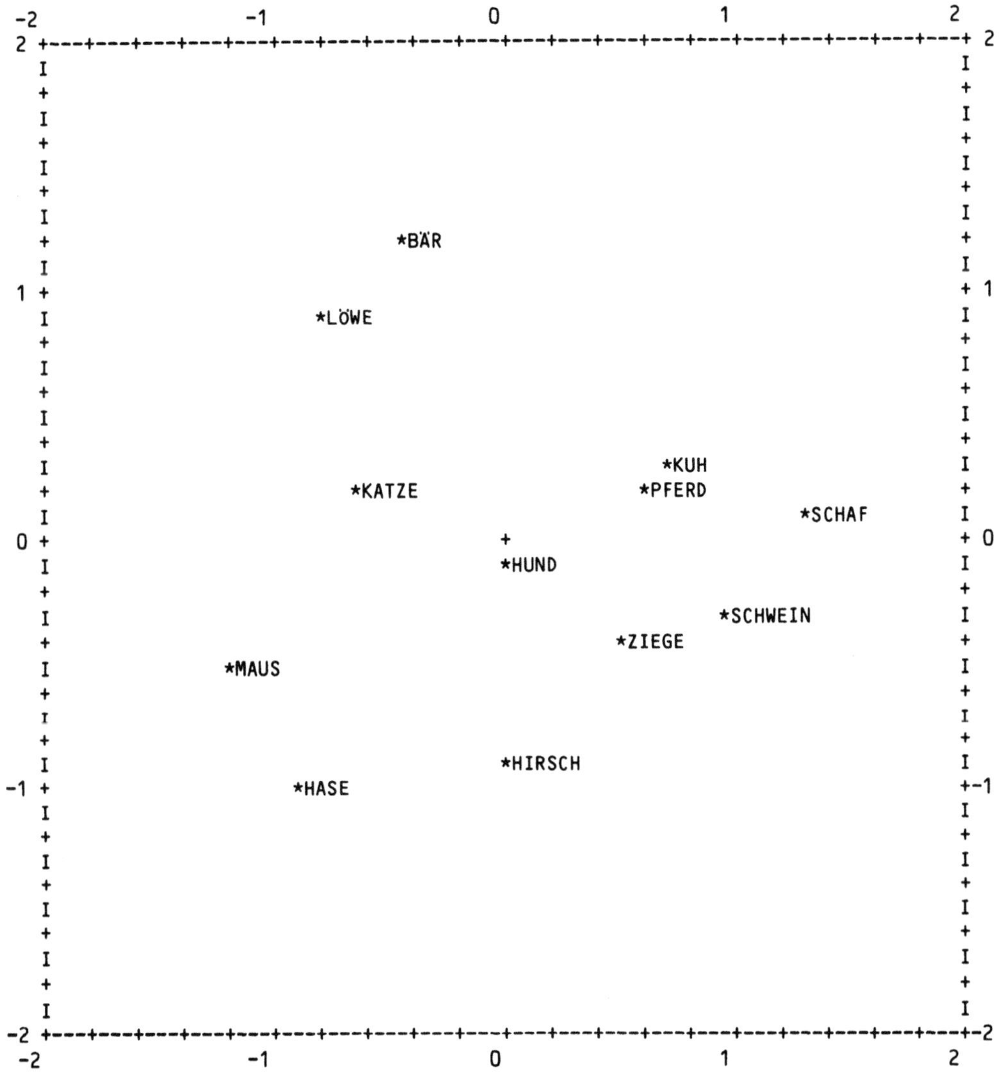

Abb. 30 a wie in Abb. 12 sind (a) die Haustiere, (b) "Katze", "Maus" und "Hund", und (c) "Bär", "Hase" und "Hirsch" einander räumlich angenähert. Demgegenüber finden wir in Abb. 30 b die Struktur der Ähnlichkeitsurteile (Abb. 14) wieder, wobei lediglich die Plazierung von "Hund" nicht völlig in die Gruppierung der Ähnlichkeitsurteile paßt: (a) Raubtiere: "Bär", "Löwe", "Katze", "Hund", (b) Huftiere: "Kuh", "Pferd", "Schaf", "Schwein", "Ziege", "Hirsch", (c) Nagetiere: "Maus" und "Hase". Wir dürfen also feststellen, daß die in Kapitel 4 hergeleiteten Strukturprinzipien für die freien Assoziationen und die Ähnlichkeitsurteile von den jeweils entsprechenden Perspektiven des Modells vorzüglich angenähert werden.

Doch nicht nur dem Augenschein nach stimmen empirische und Modellstruktur überein; auch eine Clusteranalyse auf der Grundlage der Korrelationen zwischen den aus Kapitel 4 und 5 bekannten Aufgabenstellungen und den unter den vier Modellperspektiven generierten Strukturen bestätigt das Ergebnis. Wie Abb. 31 zeigt, gliedern sich die Strukturen in zwei große Gruppen:

(1) Beschreibung und Beurteilung: semantisches Differential, ausgewertet nach Faktorwerten und nach Profildistanzen; Ähnlichkeitsurteile anhand von Paaren von Tieren; freie Tierdeskriptionen; strategische Perspektive Nr.3 (an Objektmerkmalen orientiert). Dabei zeigt sich, daß die Auswahl der in Perspektive Nr.3 vereinigten Merkmale zu einer Struktur führt, die mit der aus direkten Ähnlichkeitsurteilen recht genau übereinstimmt (die - nicht abschwächungskorrigierte, daher eher unterschätzte - Korrelation beträgt 0.62).

(2) Assoziation: die allesamt Kontextmerkmale berücksichtigenden Perspektiven Nr.1, 2 und 4; freie Assoziationen; freie Situationsbeschreibungen (von Situationen, in denen ein bestimmtes Tier vorkommt); und schließlich die

Aufzählungen (Auswahl der elf mit allen Methoden erfaßten Tiere).

Abbildung 31: Clusteranalyse (HCS, max. Distanzen) der unter verschiedenen Aufgabenstellungen und Modellstrategien generierten Distanzmatrizen.

```
JOHNSON´S (1967) HIERARCHICAL CLUSTERING SCHEME - MAXIMAL DISTANCES

GROUPING OF METHODS FOR 11 ANIMALS


SEM.DIF.PROFILE         **
                  0.024  *
SEM.DIF.FACTORS         ***********************************
                  0.725                                   *
STRAT3                  *******************               *
                  0.379                   *               *
RATING                  ************************************************
                  1.002                                                *
DESCRIPTION             ***********************************************************
                  1.232                                                           *
ASSOCIATION             *******************                                       *
                  0.375                   *                                       *
SITUATION               ******************************                            *
                  0.623                              *                            *
STRAT1                  ****************             *                            *
                  0.317                *             *                            *
STRAT2                  ******************           *                            *
                  0.364                  *           *                            *
STRAT4                  **************************************                    *
                  0.786                                      *                    *
NAMING                  ***********************************************************
```

Aus der ungegliederten Menge der in unserem Modellgedächtnis vorhandenen Merkmalslisten haben sich also tatsächlich unterschiedliche Strukturen generieren lassen - und zwar im wesentlichen dieselben, die von Versuchspersonen unter verschiedenen Aufgabenstellungen produziert wurden.

Zur Generalisierbarkeit des Modells

Das Simulationsmodell in der hier vorgestellten Form weist zweifellos viele Beschränkungen auf. Selbst für die zur Simulation intendierte Aufgabenstellung, das Aufzählen von Exemplaren einer Kategorie, berücksichtigt es eine Reihe nicht nur denkbarer, sondern nach unseren Analysen in Kapitel 4 und 5 auch von Versuchspersonen verwendeten Auswahlstrategien nicht, beispielsweise linguistische Strategien wie die, durch Wortzusammensetzungen eine Antwort zu vervielfältigen (vgl. den Verlauf in Abb. 29 c: "Specht", "Schwarzspecht", "Buntspecht", "Grünspecht"). Außerdem ist schon die Datenbasis des Modellgedächtnisses reduziert auf "richtige" Antworten - wohl kaum eine realistische Annahme. Und schließlich enthalten die Merkmalslisten recht konkrete und spezifische Merkmale, deren Auswahl sich zwar stützt auf empirisches Material (nämlich die freien Tier- und Situationsbeschreibungen), die aber kaum den Anspruch erheben dürfen, so etwas zu sein wie grundlegende "semantische Merkmale", wie sie etwa Bierwisch (1970) versucht hat, in Analogie zu den apriorischen Kategorien Kants zu formulieren.

Angesichts dieser Restriktionen funktioniert unser Modell bemerkenswert gut. Es ist wohl vorstellbar, daß es sich gleichermaßen für andere Kategorien wird realisieren lassen. Um allerdings freies Assoziieren zureichend damit zu simulieren, müßte man die Datenbasis um Größenordnungen verbreitern - etwa, wie im "Thesaurus" von Kiss (1975), auf achttausend Eintragungen. Dann wiederum würde sich verschärft die Frage stellen, wie in halbwegs empirisch kontrollierter Weise die Merkmale der Gedächtniseintragungen definiert werden sollen. Im Prinzip freilich ist das Modell durchaus auf freies Assoziieren anwendbar.

Urteile. Von wesentlicher Bedeutung ist, daß das vorliegende Modell geeignet ist, Urteile über die Ähnlichkeit von Konzepten als einen Prozeß auf der Grundlage derselben Datenbasis zu ermöglichen. Die Datenbasis implementiert ja die von Tversky (1977) für Ähnlichkeitsurteile als zureichend erwiesene Metrik (nämlich als Verhältnis von Mächtigkeit des Durchschnitts zur Mächtigkeit der Vereinigung von Merkmalsmengen). Das Modell fügt diesem grundlegenden Prozeß den wichtigen Gesichtspunkt der Selektion durch eine Perspektive hinzu. Diese Perspektive ist zu begreifen als Vergleichsbasis, als "Gesichtspunkt, unter dem ein Urteil abgegeben wird".

Der Prozeß des Urteilens erfordert damit, ebenso wie das Assoziieren, den strategischen Prozeß der Wahl einer Perspektive und den automatischen Prozeß der Ähnlichkeitsbestimmung unter der gewählten Perspektive, wobei diese auf den Vergleich zweier Merkmalslisten im Kontext der übrigen Gedächtniseintragungen zielt. Die bei Urteilen zu beobachtende Abhängigkeit nicht nur der Perspektive, sondern auch des abgegebenen Urteils selbst vom Kontext der insgesamt für den Vergleich in Frage kommenden Objekte, läßt uns vermuten, daß - wie beim Assoziieren - parallel für alle Eintragungen die Ähnlichkeit bestimmt wird, so daß die relative Höhe der Ähnlichkeit zweier Merkmalslisten bekannt ist und Grundlage des geäußerten Urteils werden kann.

Unsere Ergebnisse zeigen ferner, daß die für die Beurteilung der Ähnlichkeit von Tieren untereinander (zumindest für die zwölf Tiere der Stichprobe) verwendete Perspektive ähnlich der Modellperspektive Nr.3 sein muß ($r = 0.62$).

(Selbstverständlich gibt es auch mit Perspektive Nr.4, die neben einigen Kontextmerkmalen die zoologische Klassifikation enthält, eine substantielle Korrelation von r = 0.54). Das bedeutet, daß Ähnlichkeitsurteile vornehmlich auf einer Auswahl deskriptiver Objektmerkmale beruhen; insbesondere aber, wie schon in Kapitel 5 betont wurde, daß beim Vergleich von Konzepten bzw. Objekten deren situativer Kontext keine Rolle spielt.

Insgesamt ist es gelungen, unsere theoretischen Ideen über das, was "hinter" dem beobachtbaren Verlauf des Assoziierens steht, umzusetzen in ein funktionsfähiges Simulationsmodell. Wie mehrfach betont wurde, ist dies kein "Beweis" für die Richtigkeit unserer Theorie. Aber wir dürfen behaupten, daß die in Gestalt des Simulationsprogramms erfolgte Spezifizierung unserer theoretischen Vorstellungen in sich widerspruchsfrei und überdies in der Lage ist, in der Tat assoziative Verläufe zu generieren, die mehr als bloß oberflächliche Ähnlichkeit mit "echten" Verläufen aufweisen. Das hier vorgelegte Modell ist das bisher einzige Modell des Assoziierens, das sowohl zeitliche als auch inhaltliche Charakteristika des Assoziationsverlaufs einschließt, und es besitzt den weiteren Vorzug, auf einer Datenstruktur zu fußen, auf deren Grundlage auch ganz andere Aufgaben, beispielsweise der Vergleich von Objekten, durchführbar sind.

Distribuierte Assoziativspeicher

Das im vorigen Kapitel entwickelte Simulationsmodell macht Angaben über Zahl, Art und Ineinandergreifen verschiedener automatischer und strategischer Prozesse beim Erinnern; auch trifft es Festlegungen eher prinzipieller Art hinsichtlich der Verarbeitungszeit, die den einzelnen Prozessen zugemessen wird. Die dabei zugrundegelegten strategischen Prozesse (einschließlich der auf strategisch gesetzten Kriterien sich beziehenden automatischen Prozesse) wurden in Kapitel 9 diskutiert. Noch wenig aber wurde bisher gesagt über die autoassoziative Grundfunktion des Gedächtnisses. Bisher wurde lediglich die Datenstruktur von Gedächtniseintragungen definiert als Menge von Merkmalslisten, und die Funktion des basalen Suchprozesses wurde definiert als "Ziehung" einer Eintragung gemäß ihrer Ähnlichkeit mit dem Suchreiz (Cue) unter einer gewählten strategischen Perspektive. Überdies wurde vorausgesetzt, daß dieses Gedächtnis parallel arbeite und die Dauer der "Suche" also nicht vom Umfang der insgesamt gespeicherten Information abhängt. Darüber, auf welche Weise diese Selektion einer Antwort aus den vielen Inhalten des Gedächtnisses zustandekommt, ist bisher noch nichts gesagt worden. In diesem Kapitel sollen deshalb einige neuere Ansätze dargestellt werden, die geeignet sind, die Grundfunktion eines assoziativen Gedächtnisses, wie unser Modell es voraussetzt, näher zu beleuchten.

Von einem Prozeßmodell, das diese Gedächtnisfunktion generiert, muß zunächst Verträglichkeit mit der angenommenen Datenstruktur verlangt werden. Dies allein bedeutet schon, daß die Mehrzahl der in den letzten zehn bis fünfzehn Jahren vorgelegten Gedächtnismodelle nicht in Frage kommen. Denn es ist der wesentliche Unterschied zwischen diesen, als semantisches Netzwerk konstruierten Modellen und dem hier entwickelten, daß sie alle direkte Verknüpfungen postulieren, mithin assoziative Modelle im engeren Sinn darstellen. In Kapitel 1 ist dieser Ansatz anhand eines repräsentativen Beispiels skizziert worden. Wie man aus der dortigen Abbildung 1 ersieht, müssen alle jemals auffindbaren Beziehungen zwischen Einheiten des Gedächtnisses schon vorgeformt, müssen als wiederauffindbare Verbindungen gespeichert sein; andere Verbindungen zu schaffen als die explizit gespeicherten ist nur durch deren ebenfalls explizite Eintragung in den Speicher möglich ("connect lion to animal with isa" müßte das im Modell von Rumelhart & Norman, 1975, heißen). Möglich bleibt also nur die Auswahl aus den fest gespeicherten Verknüpfungen.

Dieser prinzipielle Gegensatz beider Modelltypen kann freilich auf einem höheren Niveau der Abstraktion aufgehoben werden. Wenn man nämlich die Merkmalsmengen selbst als Listenstrukturen definiert (wie es beispielsweise die Programmiersprachen LISP und Prolog nahelegen) und ferner Regeln für die Prüfung von Relationen einführt, dann kann etwa auch die Ähnlichkeit von "Einheiten" des Gedächtnisses bestimmt werden - nicht anders haben Smith et al. (1974) ihr Modell der Kategorialentscheidung konzipiert (s.o., Kap. 10).

Bestehen bleibt dann aber ein anderer grundsätzlicher Unterschied: Das sequentielle Absuchen von Merkmalslisten oder die von Vertretern semantischer Netze unterstellte Ausbreitung von Aktivation im Netzwerk (Collins & Loftus, 1975; Anderson, 1983) kostet mehr Zeit, als sich mit der Forderung nach einem parallel arbeitenden Gedächtnis verträgt. (Von unserem Modellgedächtnis wird dabei lediglich verlangt, daß die erste Stufe des Merkmalsvergleichs im Modell von Smith et al., 1974, durch einen parallelen Prozeß realisiert wird.)

Bestehen bleibt auch die Differenz, daß semantische Netzwerke auf einer eher abstrakten und konzeptuellen Beschreibungsebene formuliert sind, wohingegen parallele Operationen auf Merkmalsmengen "näher" an wahrnehmungspsychologischen und physiologischen Modellen sind. Ausgehend von Ansätzen, wie sie Hebb (1949) formulierte, hat sich geradezu eine eigene Tradition von Modellen der Informationsverarbeitung entwickelt, in der Wert gelegt wird auf die neurophysiologische und neuroanatomische Plausibilität von Modellen der Informationsverarbeitung.

Parallele Speicher als neuronale Modelle

Die Bausteine neuronaler Verarbeitungsmodelle sind "formale" Neuronen - Einheiten, die in ihrer Funktion der Nervenzelle nachgebildet sind. Verzichtet wird dabei auf viele Details; nachgebildet wird nur die prinzipielle Funktion. Ein solcher Baustein wird, da er zuerst in einer Arbeit von McCulloch und Pitts (1943) vorgeschlagen wurde, auch als "McCulloch-Pitts-Neuron" bezeichnet.

Wie seine Vorbilder, die echten Neuronen, besitzt ein solches formales Neuron eine Anzahl $\underline{n}$ von Eingängen (inputs, afferente oder dendritische Synapsen), die zu jedem Zeitpunkt entweder aktiv sind (Wert = 1) oder inaktiv (Wert = 0). Diese Eingänge wirken in unterschiedlich starker Weise erregend (excitatorisch) oder hemmend (inhibitorisch) auf das Neuron. Wir können diese unterschiedliche Wirkung durch ein (für Erregung positives und für Hemmung negatives) Gewicht $\underline{m}$ für jeden Eingang darstellen. Dann erhalten wir die Gesamtheit der zu einem bestimmten Zeitpunkt an den Zelleingängen anliegenden Erregung über alle Eingänge $\underline{x}$ von x_1 bis x_n zu

$$y' = m_1x_1 + m_2x_2 + ... + m_nx_n.$$

Die dem formalen Neuron zugeführte Gesamterregung ergibt sich also als Linearkombination aus den Eingangswerten $\underline{x}$ mit den entsprechenden Gewichten $\underline{m}$. Stellen wir die Reihe der Eingangswerte und ebenso die der Gewichte als Vektoren dar, so erhalten wir $\underline{y}'$ als Skalarprodukt dieser Vektoren:

$$y' = \mathbf{m} * \mathbf{x}.$$

Wie bei echten Nervenzellen gilt auch für das McCulloch-Pitts-Neuron, daß die am einzigen, dem Axon entsprechenden Ausgang der Zelle meßbare Aktivität $\underline{y}$ davon abhängt, ob $\underline{y}'$ einen für die jeweilige Zelle typischen Schwellenwert, $\underline{\theta}$, erreicht oder nicht. Es gilt also:

$y = 1$ für y' größer oder gleich θ, und
$y = 0$ für y' kleiner θ.

Aus so einfachen Bausteinen, die doch im wesentlichen die Funktion von Nervenzellen nachbilden, läßt sich jede noch so komplizierte logische Schaltung (mithin jeder Computer) aufbauen (Muroga, 1971). Durch "Verschalten" solcher Einheiten zu Verbänden neuroanatomisch plausibler Größe ("cell assemblies", vgl. Braitenberg, 1978) entstehen Systeme, die parallel arbeiten und grundlegende Funktionen wie z.B. Mustererkennung (Minsky & Papert, 1969; Spinelli, 1970), oder eben assoziative Speicherung ausführen können. Der Nachweis entsprechend aufgebauter neuroanatomischer Formationen (vgl. Szentagothai & Arbib, 1974) schlägt - mittels des gemeinsamen Verarbeitungsprinzips - eine Brücke zwischen Modellen des Gedächtnisses und solchen für Teilbereiche der Wahrnehmung und der Bewegungssteuerung. Wooldridge (1979) hat auf der Grundlage formaler Neuronen das visuelle Wahrnehmungssystem rekonstruiert; Grossberg (1973 und in vielen weiteren Arbeiten) die damit verbundenen Prinzipien und Probleme theoretisch eingehend behandelt.

Gedächtnismodelle auf der Grundlage formaler Neuronen haben in den letzten Jahren zunehmend an Attraktivität gewonnen. Dominierten bis vor fünf Jahren aussagenlogische Modelle vom Netzwerk-Typ, so läßt sich in führenden psychologischen Fachzeitschriften inzwischen eine wachsende Zahl von Publikationen erkennen, in welchen der "neuronale" Modelltyp vertreten wird (in "Psychological Review" z.B. Anderson, Silverstein, Ritz & Jones, 1977; Ratcliff, 1978; Grossberg, 1980; Murdock, 1982; Metcalfe-Eich, 1982). Im folgenden soll eines dieser Modelle (Kohonen, 1977; Kohonen, Lehtiö & Oja, 1981) dargestellt und kurz mit einigen Alternativen verglichen werden. Dabei wird die Frage im Vordergrund stehen, wie dieses Modell in unser Modell des Erinnerns integriert werden kann und welche Veränderungen dazu notwendig sind.

Ein Speichermodell

Bei der von Kohonen (1977) entwickelten Variante eines parallel arbeitenden Assoziativspeichers handelt es sich in mehrerer Hinsicht um ein stark vereinfachtes Modell: (1) Das Gedächtnis wird als eine einzige Aneinanderreihung vieler formaler Neuronen verstanden; die Existenz und die dann notwendige Koordination verschiedener Subsysteme der Speicherung ist nicht vorgesehen. (2) Das Modell ist strikt linear. Das soeben besprochene McCulloch-Pitts-Neuron arbeitet nichtlinear insofern, als es einen Schwellenwert vorsieht, der zur Aktivierung der Zelle erreicht werden muß. Kohonens formale Neuronen dagegen zeigen eine kontinuierliche Variation ihrer Ausgangsaktivität, die einfach der zugeführten Gesamterregung gleichgesetzt wird: $\underline{y} = \underline{y}'$. (3) Die Inhalte des Modellgedächtnisses von Kohonen werden als je völlig verschiedene (d.h. linear voneinander unabhängige oder sogar orthogonale Merkmalsvektoren) konstruiert. Das entspricht zwar der Intention Kohonens, einen möglichst fehlerfrei funktionierenden

Datenspeicher zu bauen (vgl. auch Kohonen, 1980), aber kaum der Forderung, daß es Inhalte des Gedächtnisses von verschiedener Ähnlichkeit zueinander geben müsse.

Es wird sich jedoch zeigen, daß das Funktionsprinzip eines so einfachen Modells ausreicht, um den wesentlichen Forderungen zu genügen, und daß es nur einiger Änderungen bedarf, um ein zu unserem Prozeßmodell des Erinnerns konsistentes Speichermodell zu erhalten. Auch Anderson und Silverstein (1978) betonen die Brauchbarkeit linearer Modelle, die unter Umständen durch "simple non-linearities" zu ergänzen sind; Befunde aus der Psychophysik (z.B. Gigerenzer & Strube, 1983) weisen in dieselbe Richtung.

Die Architektur des Speichers

Der Speicher des Modells stellt eine Anreihung gleichartiger Bauteile dar. Diese wiederum sind formale Neuronen ohne Schwellwert, die eine endliche Zahl von Eingängen aufweisen und einen einzigen Ausgang. Die Eingänge entsprechen also den

---

Abbildung 32: Speicher mit Matrix-Architektur

$$\begin{array}{lcccccccc}
x_1 & \text{----------} & m_{11} & \text{----} & m_{12} & \text{----} & \ldots & \text{----} & m_{1n} \\
 & & \mathrm{I} & & \mathrm{I} & & & & \mathrm{I} \\
x_2 & \text{----------} & m_{21} & \text{----} & m_{22} & \text{----} & \ldots & \text{----} & m_{2n} \\
 & & \mathrm{I} & & \mathrm{I} & & & & \mathrm{I} \\
\ldots & & \ldots & & \ldots & & & & \ldots \\
 & & \mathrm{I} & & \mathrm{I} & & & & \mathrm{I} \\
x_n & \text{----------} & m_{n1} & \text{----} & m_{n2} & \text{----} & \ldots & \text{----} & m_{nn} \\
 & & \mathrm{I} & & \mathrm{I} & & & & \mathrm{I} \\
 & & y_1 & & y_2 & & \ldots & & y_n
\end{array}$$

afferenten (dendritischen) Synapsen einer Nervenzelle, während der Ausgang die am Axon meßbare Aktivität angibt. (Vgl. das Buch von Palm, 1982, für eine vergleichende Darstellung neuroanatomischer und kybernetischer Modellstrukturen.) Zellaktivitäten werden als kontinuierlich variierend definiert (analog zur Frequenz, mit der eine Nervenzelle Aktionspotentiale aufweist).

Da gleichartige Bauteile aneinandergereiht werden, läßt sich die Struktur des Speichers als Matrix darstellen. Abbildung 32 zeigt das Bauprinzip eines solchen Speichers, der aus n Zellen (= Spalten der Matrix) besteht. Jede Zelle erhält n afferente Signale, x_1 bis x_n. Die Stärke der afferenten synaptischen Verbindung und ihre Art - erregend oder hemmend - wird durch die Kopplungskoeffizienten der Matrix, m_{11} (1. Eingang der 1. Zelle) bis m_{nn} (n-ter Eingang der n-ten Zelle) angegeben. Die Ausgangsaktivitäten der Zellen sind als y_1 bis y_n bezeichnet. Dabei wird nun die Ausgangsaktivität einer Zelle i als Linearkombination aus den Eingängen dargestellt, die mit den Kopplungskoeffizienten gewichtet werden:

$$y_i = m_{i1}x_1 + m_{i2}x_2 + \ldots + m_{in}x_n$$

Abgekürzt können wir die Gesamtheit der Eingänge als Vektor $\mathbf{x}$, die Gesamtheit der Ausgänge ebenfalls als Vektor, nämlich $\mathbf{y}$, und die Koppelungskoeffizienten als n-mal-n Matrix $\mathbf{M}$ darstellen:

$$\mathbf{y} = \mathbf{M}\,\mathbf{x}$$

Gegenüber dem in Kapitel 10 dargestellten Modell, in dem die Items als (ungeordnete) Merkmalsmengen definiert wurden, haben wir es jetzt also mit einem Spezialfall von Merkmalsmengen zu tun: Es wird angenommen, daß die Zahl der Merkmale für alle Items gleich ist, und daß es sich um geordnete Merkmalsmengen handelt. Unter diesen Einschränkungen ist es möglich, die Merkmalsmengen als Vektoren darzustellen.

Kernstück dieses einfachen Modells sind die Kopplungskoeffizienten. Man erkennt hieran die Tradition Hebbs: Die Speicherung im Langzeitgedächtnis, so vermutete Hebb (1949), erfolge durch dauerhafte Modifikation an synaptischen Übergängen. Verschiedene (in Abb. 32 nicht dargestellte) zusätzliche Details des Modells lassen eine solche Modifikation zu. Kohonen et al. (1981) oder Grossberg (1980) geben darüber Auskunft, sowie vor allem Palm (1982) und die mit sehr anschaulichen Demonstrationen versehene Arbeit von Reimann (1980). Wir beschränken uns hingegen auf die Reproduktionsleistung eines solchen Speichers, d.h. wir unterstellen für die weitere Darstellung vereinfachend, daß die Kopplungskoeffizienten das Ergebnis bereits abgeschlossener Lernvorgänge sind und sich beim Erinnern nicht mehr verändern.

Die autoassoziative Funktion

Das Modell Kohonens und ähnliche Modelle (vgl. den von Anderson & Hinton, 1981, herausgegebenen Band) stehen für den allgemeinen Fall eines assoziativen Speichers. In einem solchen Speicher werden Reizmuster mit Reaktionsmustern verknüpft; die Rekonstruktion einfacher Konditionierungsvorgänge gehört daher zu den Standardleistungen solcher Modelle (vgl. auch Grossberg, 1978). Im Gegensatz dazu haben wir in Kapitel 10 lediglich bestimmt, daß auf der "Ebene der elementaren Gedächtnisprozesse" eine autoassoziative Funktion gewährleistet sein soll, eine "Suche per Ähnlichkeit".

Autoassoziation stellt den Spezialfall einer assoziativen Verbindung dar, in dem ein Element (hier: ein Merkmalsvektor) mit sich selbst verknüpft ist. Dieser Fall erscheint zunächst trivial und praktisch unbedeutend; er gewinnt Bedeutung erst dadurch, daß ein autoassoziativer Speicher in der Lage ist, fehlerhafte oder unvollständige Merkmalsvektoren an

Abbildung 33: Autoassoziative Funktion
am Beispiel eines Matrixspeichers, der 100 Bilder
mit je 3024 Bildpunkten enthält (aus: Kohonen, 1977, S. 73)

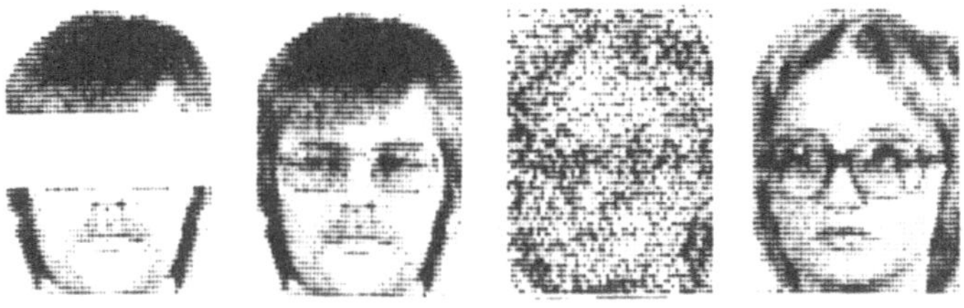

input output input output

(a) (b)

seinem Eingang dem ursprünglichen Muster anzunähern, so daß am Ausgang des Speichers im Idealfall das ursprüngliche Muster erscheint. Kohonen (1977) demonstriert dies eindrucksvoll an einer Simulation mit Paßbildern als Items, die durch Vektoren von jeweils 3024 Bildpunkten repräsentiert sind. Wie Abbildung 33 zeigt, können fehlerbehaftete oder fragmentarische Eingangsmuster durch einen derartigen Mechanismus vervollständigt werden zum ursprünglichen, gespeicherten Muster.

In der Sprache des linearen Modells wäre dies so zu formulieren, daß das Ausgangsmuster **y** ein bester Schätzwert für den Eingangsvektor **x** ist. (Dies ist die Konsequenz vorangegangener "Lernprozesse", durch die die Merkmalsvektoren mit sich selbst verknüpft worden sind.) Bei p Items ergibt sich dann (das hochgestellte "T" bezeichnet den transponierten Vektor):

$$\mathbf{M} = \mathbf{x}^{(1)}\mathbf{x}^{(1)T} + \mathbf{x}^{(2)}\mathbf{x}^{(2)T} + \ldots + \mathbf{x}^{(p)}\mathbf{x}^{(p)T}$$

Diese Gleichung gilt auch für den allgemeinen Fall nicht-orthogonaler Vektoren **x**. Jedoch ist es nur für wechselseitig orthogonale Vektoren **x** möglich, zu völlig fehlerlosen Reproduktionen eines Items zu gelangen (Kohonen, 1977).

Ein besseres Verständnis des Funktionsprinzips erschließt sich, wenn wir diese Gleichung in Vektorschreibweise fassen und in die allgemeine Modellgleichung einsetzen; wir erhalten dann (vgl. Kohonen et al., 1981, S. 115):

$$\mathbf{y} = \sum_{i=1}^{p} \mathbf{x}^{(i)} \mathbf{x}^{(i)T} \mathbf{x} ,$$

wobei $\mathbf{x}^{(i)T}\mathbf{x}$ nichts anderes ist als das innere Produkt zwischen dem am Eingang des Speichers anliegenden Vektor **x** und dem gespeicherten Item $\mathbf{x}^{(i)}$. Das innere Produkt können wir jedoch als Ähnlichkeitsmaß interpretieren; insbesondere gilt für den Fall standardisierter Merkmalsvektoren, daß es proportional ist der Produkt-Moment-Korrelation der beiden Vektoren. Bezeichnen wir dieses innere Produkt kurz mit r_{xi}, so erhalten wir den Ausgangsvektor des Speichers zu

$$\mathbf{y} = r_{x1}\mathbf{x}^{(1)} + r_{x2}\mathbf{x}^{(2)} + \ldots + r_{xp}\mathbf{x}^{(p)} .$$

Aus dieser Darstellung wird unmittelbar ersichtlich, daß ein autoassoziativer Matrixspeicher bei nicht-orthogonalen Merkmalsvektoren dem Ausgangsvektor Anteile anderer gespeicherter Merkmalsvektoren beimischt, und zwar umso stärker, je ähnlicher diese Merkmalsvektoren dem am Systemeingang anliegenden Merkmalsvektor sind. Dies gilt selbst für den Fall, daß der Eingangsvektor mit einem der gespeicherten Merkmalsvektoren identisch ist, also kein fehlerhaftes, sondern ein perfektes Muster darstellt. Das Resultat strikt autoassoziativer Verknüpfungen im Speicher ("**x**:=**x**") ist eine nur noch angenähert autoassoziative Funktion.

Die Eigenschaften dieses Systems lassen sich folgendermaßen zusammenfassen:

(1) Wenn die zu speichernden Items als Vektoren aus n Komponenten dargestellt werden, genügt eine n-mal-n Matrix, um diese Vektoren für eine spätere Reproduktion zu speichern. Die Elemente der Matrix entsprechen dabei keinesfalls den ursprünglichen Merkmalsvektoren, sondern stellen Summen aus den Produkten der Komponenten der Merkmalsvektoren dar. Das bedeutet, daß die einzelnen Items nicht an einem bestimmten Ort gespeichert sind, sondern daß sie über die ganze Matrix verteilt sind. Der Matrix-Speicher stellt also ein distribuiertes Gedächtnis dar.

(2) Wenn am Eingang des Speichers ein (in der Regel unvollständiger) Merkmalsvektor anliegt, so produziert das System am Ausgang einen Merkmalsvektor, der eine Linearkombination aus allen gespeicherten Items darstellt, die gemäß ihrer Ähnlichkeit mit dem Eingangsvektor gewichtet sind. Im speziellen Fall orthogonaler und normierter Items bedeutet das, daß am Ausgang genau der am Eingang anliegende Merkmalsvektor reproduziert wird. Das heißt, daß der Speicher ein autoassoziatives Gedächtnis darstellt.

(3) Als neurales Analogon zum Matrix-Modell kann ein Zellverband dienen, dessen n Zellen n afferente Synapsen aufweisen, deren Übertragungscharakteristik durch die Elemente der Matrix repräsentiert wird. Ein solches System kann die unter (2) dargestellte Funktion parallel ausführen.

Wir haben es also mit einem lokal distribuierten, parallel arbeitenden Speicher zu tun, dessen Leistung die eines autoassoziativen Gedächtnisses ist - mithin ein Speicher von der Art, die wir in Kapitel 10 unterstellt haben. Problematisch ist nur, daß der Ausgangsvektor dieses Systems nicht mit einem der gespeicherten Items identisch ist, sondern eine Linearkombination aus allen Items darstellt.

Dieser Umstand kann zunächst durch die Einführung von Nichtlinearitäten in das Modell abgemildert werden: Wenn gefordert wird, daß ein gespeichertes Item nur dann zum Ausgangsvektor beiträgt, wenn seine Korrelation (Ähnlichkeit) zum Eingangsvektor einen festgelegten Mindestwert übersteigt, so stellt der Ausgangsvektor sich bereits als Kombination nur mehr der zum Input ähnlichen Gedächtnisinhalte dar. (Das in Kap. 10 beschriebene Simulationsmodell benützt ja einen solchen Mindestwert, nämlich min_similarity.)

Zur eindeutigen Identifikation eines Items genügt diese Vorkehrung aber noch nicht. Hierzu bedarf es eines weiteren Systems, das den Ausgangsvektor des Matrix-Speichers einem Wort zuordnen kann - ein Lexikon also.

Das Lexikon

Dem als "Merkmalsgedächtnis" fungierenden Matrix-Speicher sei ein System nachgeordnet, welches in der Lage ist, einem an seinem Eingang anliegenden Merkmalsvektor (das ist der am Ausgang des Speichers sich ergebende Vektor) ein phonetisches Schema zuzuordnen - ein Wort. Die Aufgabe dieses Systems, das wir als Lexikon bezeichnen wollen, ist also die Abbildung eines Merkmalsvektors auf eine Menge diskreter Einheiten; mithin eine Leistung, die auch als Kategorisierung oder als Mustererkennung bezeichnet werden kann.

Eine Formulierung nach Art des Matrix-Modells - jetzt freilich nicht als autoassoziativer Speicher, sondern als Speicher von Zuordnungen - hat allerdings den oben beschriebenen Nachteil, entweder keine eindeutige Zuordnung zu liefern, oder, sofern man zusätzlich Rückkopplungsschleifen in das Modell einbaut und einen iterativen Prozeß unterstellt, in Richtung des größten Eigenvektors der Matrix zu konvergieren.* Wie auch immer: Lineare Modelle führen zu einer einzigen (wenn auch nicht notwendig eindeutigen) Lösung, wohingegen das in Kapitel 10 dargestellte Modell des Erinnerns verlangt, daß eindeutig ein Wort ausgewählt werde, und zwar nach dem Kriterium der Ähnlichkeit des ihm zugeordneten Merkmalsvektors zum eingangsseitigen Merkmalsvektor des Modellgedächtnisses.

Als Alternative wäre ein nichtlineares System denkbar, das aus k gleichförmigen Subsystemen besteht, die den Wörtern (oder algemein: den Kategorien) zugeordnet sind. Alle Subsysteme werden parallel vom Ausgang des Assoziativspeichers her mit dem (zusammengesetzten) Merkmalsvektor versorgt, der klassifiziert werden soll. Es wird weiter angenommen, daß jedes dieser Subsysteme seinen Eingang (d.h. den Merkmalsvektor) bezüglich der darin enthaltenen Merkmale vergleicht mit den fest im Subsystem gespeicherten kennzeichnenden Merkmalen der Kategorie.

Im Prinzip ähnelt ein solches Klassifikationssystem dem von Ratcliff (1978) entworfenen Modell zum Erkennen von Items im Kurzzeitgedächtnis (für die Daten des Sternberg-Paradigmas und ähnlicher Versuchsanordnungen). Auch Metcalfe-Eich (1982), die ebenfalls den Speicher als lineares System konzipiert (wenn auch auf andere Art, nämlich mittels der Funktio-

---

*) Diese Eigenschaft wird in iterativen Verfahren zur schrittweisen Bestimmung der Eigenvektoren einer Matrix ausgenützt. Sie stellt auch die Grundlage des Kategorisierungssystems von Anderson et al. (1977; Anderson & Mozer, 1981) dar.

nalen Konvolution und Korrelation), und deren Modell CHARM ebenfalls unterschiedliche Ähnlichkeit der Eintragungen im Gedächtnis vorsieht, schlägt ein "semantisches Gedächtnis" gemäß dem Modell Ratcliffs vor.

Die Vergleichsprozesse sollen parallel in jedem Subsystem des Lexikons erfolgen. Ob sie allerdings - wie in Ratcliffs Modell - merkmalssequentiell verlaufen, erlauben die in unseren Assoziationsexperimenten gemessenen Antwortzwischenzeiten nicht zu entscheiden. Faute de mieux haben wir daher in Kap. 10 angenommen, daß der gesamte Basisprozess des Erinnerns, also die Suche im Speicher samt der Identifizierung eines Items, parallel ablaufe. Wie sich gleich zeigen wird, hindert diese Annahme den Erfolg der Klassifikation keineswegs.

Der Vergleichsprozeß insgesamt ist nichtlinear, weil eine Unter- und eine Obergrenze der Merkmals-Übereinstimmung den Vergleich begrenzt: Wird eine bestimmte Übereinstimmung erreicht (Obergrenze), so terminiert der Vergleich mit positivem Ergebnis; wird in allen Einzelvergleichen die Untergrenze unterschritten, so endet der Vergleich negativ.

Ratcliff konzipiert den Vergleich als stochastischen Prozeß, und zwar als einen sequentiellen Diffusionsprozeß, dessen Geschwindigkeit von der "relatedness" zwischen Item und Kategorie bestimmt wird: "so that, for example, the greater the probe-memory-set item relatedness, the faster the match boundary is reached" (1978, S. 64). Dabei versteht er unter "relatedness", was wir als Ähnlichkeit definiert haben, nämlich das Verhältnis von übereinstimmenden Merkmalen zur Zahl der Merkmale insgesamt. Ein solches Modell würde sicherlich die uns erwünschte Funktion zeigen und ein bestimmtes Wort (=Kategorie) mit einer Wahrscheinlichkeit selegieren, die von der Ähnlichkeit zwischen dem am Ausgang des Speichers anliegenden Merkmalsvektor und dem die Kategorie kennzeichnenden Merkmalsvektor abhängt. Es fällt aber schwer, sich ein neurales System vorzustellen, welches eine sofortige und parallele Ähnlichkeitsbestimmung durchführt und diese dann zur Steuerung eines neuerlichen jetzt aber sequentiellen Merkmalsvergleichs verwendet. (Für die von Ratcliff zur empirischen Prüfung herangezogenen Daten verhält es sich anders; beim Itemvergleich im Kurzzeitgedächtnis kann ein sequentieller Prozeß sehr wohl statthaben.)

Wie können aber parallel ablaufende Vergleichsprozesse mit einer eindeutigen Klassifikation enden? Hierzu müssen wir eine neue Systemkomponente einführen und uns außerdem auf die Funktionsweise des Neurons besinnen:

(1) Es wird angenommen, daß zwischen den Subsystemen des klassifizierenden Systems <u>inhibitorische Verbindungen</u> bestehen. Sobald eines der Subsysteme stärker aktiviert ist als die übrigen, hemmt es diese: Dasjenige Subsystem, in dem am schnellsten eine Identifizierung stattgefunden hat, unterdrückt also alle übrigen. (Das ist nichts anderes als das aus der Neurophysiologie wohlbekannte Prinzip der lateralen Hemmung.) Somit ist eine eindeutige Identifizierung möglich, wenn nur die parallelen Vergleichsprozesse verschieden schnell ablaufen.

(2) Die Vergleichsprozesse laufen tatsächlich verschieden schnell ab aufgrund der Arbeitsweise von Neuronen. Wir haben angenommen, daß an jedem Subsystem der zu klassifizierende Merkmalsvektor anliegt. Im einfachsten Fall besteht das Subsystem aus einem einzigen formalen Neuron, dessen afferente Synapsen excitatorisch sind für alle die Kategorie kennzeichnenden Merkmale, und inhibitorisch für alle übrigen Merkmale. Aufgrund der summativen Arbeitsweise einer solchen Zelle wird sie umso schneller aktiviert, je besser der afferente Merkmalsvektor mit dem synaptisch gespeicherten Muster der Zelle

übereinstimmt. "Das Rennen gewinnen" wird also die Kategorie, für welche die Übereinstimmung am größten ist.

Wenn wir nun noch berücksichtigen, daß die neuronale Aktivierung zeitlich nicht exakt determiniert ist, sondern zufälligen Schwankungen unterliegt, dann genügt die Funktion des Klassifikationssystems genau unseren Anforderungen. Dann nämlich setzt eine Kategorie sich durch mit einer Wahrscheinlichkeit, die proportional ist der Ähnlichkeit zwischen dem die Kategorie kennzeichnenden Merkmalsmuster und dem vom Speicher ausgegebenen zusammengesetzten Merkmalsvektor.

Dies ist die knappe Skizze einer möglichen Realisierung der im Modell des Assoziierens (Kap. 10) geforderten Gedächtnisfunktion. Sie soll das Modell "nach unten" abrunden, indem mögliche Verbindungen zwischen den Ebenen neurophysiologischer und psychologischer Modellbildung aufgezeigt werden. Beweiskraft kommt der obigen Darstellung nicht zu - allzu vielfältig sind die Möglichkeiten, distribuierte und parallel arbeitende Assoziativspeicher zu konstruieren, und noch mangelt es an Techniken, solche Modelle vergleichend einer empirischen Prüfung zu unterziehen. So kann lediglich in Anspruch genommen werden, daß die obigen Ausführungen den gegenwärtigen Diskussionsstand widerspiegeln, und auch das nur in Ausschnitten.

Die in diesem Kapitel dargestellten Modellansätze gestatten aber zu behaupten, daß unser Modell des Assoziierens verträglich ist mit dem, was wir heute über die Funktion des Zentralnervensystems wissen. Auch wenn dies nicht das entscheidende Kriterium für psychologische Modelle sein kann, ist es doch kein unwesentlicher Gesichtspunkt.

Zur Theorie des assoziativen Gedächtnisses

Die in Kapitel 10 vorgestellte Simulation des Aufzählens von Beispielen der Kategorie "Tiere" hat insofern demonstrativen Charakter, als dabei nur eine spezielle Aufgabe aus dem Bereich des Assoziierens modelliert wird. Wir konnten darin jedoch unsere anhand der Verlaufsanalysen empirischer Assoziationsverläufe entwickelten theoretischen Vorstellungen auf die Probe stellen. Der Erfolg dieser Simulation ermutigt dazu, die zum Aufbau des Modells herangezogenen Prinzipien zu verallgemeinern und die Konzeption eines nach Merkmalsmengen strukturierten Gedächtnisses, einschließlich eines parallelen, durch strategische Perspektiven kontrollierten Suchprozesses im Vergleich mit konkurrierenden Modellvorstellungen auf ihre allgemeinen gedächtnistheoretischen Implikationen hin zu untersuchen. Dies soll anhand dreier Aspekte geschehen, die unser Modell auszeichnen: (1) die Einbeziehung des Kontexts (und damit die Frage nach der Unterscheidung von "semantischem" und "episodischem" Gedächtnis), (2) die Definition der Gedächtnisspur als Merkmalsmenge (und also das Problem der Spezifikation von Merkmalen), schließlich (3) die Betonung strategischer Prozesse (samt der Frage nach deren Verhältnis zu metakognitiven Strategien).

Über die Bedeutung des situativen Kontexts

Der klassische Assoziationismus pflegte "ideas" oder, was dasselbe ist, "Vorstellungen" als die Elemente anzugeben, welche miteinander verknüpft werden. Besonderes Gewicht wurde dabei, wie James Mill (1829) herausstellt, den einfachen, sozusagen atomaren Vorstellungen zugedacht. Es ist klar, daß bei einem derartigen Ansatz kontextuelle Inhalte nur auf dem Wege ebenso komplexer wie indirekter Verknüpfungen an einfache, zentrale Vorstellungen gebunden werden können. Aber auch netzwerkartige oder propositionale Strukturen, wie sie von modernen Theoretikern (z.B. Kintsch, 1974; Norman & Rumelhart, 1975) vorgeschlagen worden sind, erlauben schon wegen der Identität ihrer Grundbestandteile (z.B. Knoten des Netzwerks) mit sprachlichen Einheiten (Wörtern oder syntaktischen Relationen) nur die arbiträre Anbindung von Kontextaspekten: Kontextuelle Merkmale sind in solchen Systemen entbehrlich, d.h. nicht notwendiger Bestandteil von Gedächtnisinhalten. Demgegenüber sieht unser Modell vor, daß kontextuelle und gegenstandsbezogene Merkmale sozusagen gleichberechtigt zur Definition eines "Elementes" des Gedächtnisses beitragen. Sind die propositionalen Modelle demnach - was sie beanspruchen - solche eines " semantischen", kontextfreien Gedächtnisses, ist unser Modell das eines notwendig kontextbehafteten, eines "episodischen" Gedächtnisses?

Semantisches und episodisches Gedächtnis

Den Begriff des "semantischen" Gedächtnisses hat Tulving (1972) zufolge Quillian als erster gebraucht (in seiner Dissertation von 1966, gekürzt in: Quillian, 1968) und zugleich in das erste ausgearbeitete Computermodell des Gedächtnisses umgesetzt. Was unter dem semantischen Gedächtnis zu verstehen sei, hat Tulving konzis definiert:

"Semantic memory is the memory necessary for the use of language. It is a mental thesaurus, organized knowledge a person possesses about words and other verbal symbols, their meaning and referents, about relations among them, and about rules, formulas, and algorithms for the manipulation of these symbols, concepts, and relations. (...) The semantic system permits the retrieval of information that was not directly stored in it, and retrieval of information from the system leaves its contents unchanged..." (1972, 386)

Vom semantischen Gedächtnis sei nun, so schlägt Tulving als "Arbeitshypothese" vor, das episodische Gedächtnis zu unterscheiden, worin nicht allgemeines, sondern unser spezifisches Wissen um nach Ort und Zeit lokalisierbare Ereignisse ("episodes") repräsentiert sei. Diese Unterscheidung ist in der Gedächtnispsychologie von so gut wie allen übernommen worden. Dabei haben sich zwei nicht ganz identische Auffassungen vom episodischen Gedächtnis entwickelt: Einmal werden die herkömmlichen psychologischen Laborexperimente zum "verbal learning" als Experimente aufgefaßt, die dem episodischen Gedächtnis gelten. Zum anderen werden persönliche Erinnerungen als Inhalt des episodischen Gedächtnisses verstanden. So erscheint allein die Repräsentation spezifischer Umstände (vor allem Zeit und Ort von Ereignissen) als Charakteristikum des episodischen im Verhältnis zum semantischen Gedächtnis.

Dieser Definition zufolge stellt der Wortassoziations-Versuch eine Aufgabe dar, die eindeutig die Ressourcen des semantischen Gedächtnisses beansprucht, nämlich unsere Kenntnis der Wörter und der durch sie bezeichneten Dinge. Andererseits war schon um die Jahrhundertwende (vgl. den Ausschnitt aus Ziehen, 1898, zu Beginn von Kap. 3) bekannt - und auch Galton (1879) berichtet davon -, daß die introspektive Rekonstruktion des Assoziationszusammenhangs fast immer persönliche Erinnerungen zutage fördert: Nicht zuletzt deshalb konnte sich das freie Assoziieren als Methode klinischer Diagnostik etablieren. Auch unsere inhaltlichen Analysen in Kapitel 3-5 erbrachten eindeutige, statistisch gesicherte Hinweise auf die vornehmlich episodische Organisation der assoziativen Produktion - allerdings in Gestalt eines nicht notwendig biographischen, ja nicht einmal an Zeit- und Ortsbestimmung gebundenen "situativen Kontexts", sondern eher in Art eines "typischen" Kontexts, der als Verdichtung einzelner Erfahrungen der spezifischen Lokalisierung enthoben und so zum "semantischen" Bestand des Gedächtnisses geworden sein kann.

Deutet sich darin bereits eine Überwindung des Gegensatzes "semantisches vs. episodisches Gedächtnis" an, so läßt die Datenstruktur unseres Modellgedächtnisses diese Gegenüberstellung als lediglich quantitativen Gegensatz erscheinen: Wenn die Kontextmerkmale integraler Bestandteil der Gedächtniseinheiten sind, so können diese Einheiten als Repräsentation eines "state of mind" (Minsky, 1981) betrachtet werden, die wir vereinfacht in der Form (Item + Kontext) darstellen können. Mehrere "Episoden", in denen dasselbe "Item" figuriert, werden aufgrund der autoassoziativen Funktionsweise dieses Modellgedächtnisses automatisch zueinander in Beziehung gesetzt (sie werden einander sogar lokal überlagert, wenn wir einen Matrixspeicher unterstellen, wie er in Kap. 11 beschrieben wurde). Eine solche Überlagerung wird dazu führen, daß ab einer gewissen Zahl unterschiedlicher Kontexte kein spezifischer Kontext mehr reproduzierbar sein wird, wohingegen beim Vorherrschen einiger weniger, immer wieder vorkommender Kontexte diese als sozusagen typische Kontextmerkmale reproduzierbar bleiben.

Einen anschaulichen Vergleich zu dieser eigentümlichen Funktionsweise unseres Modellgedächtnisses (und, so vermuten wir, auch der Funktion des menschlichen Gedächtnisses) gewinnen wir, wenn wir uns vorstellen, daß viele Diapositive (etwa Paßfotos einer Person) aufeinandergelegt würden. Wenn der Hintergrund ("Kontext") stets wechselt, wird allein das Bild der Person erkennbar sein. Wenn aber auch der Hintergrund immer derselbe ist, wird er ebenfalls erkennbar bleiben. (Wir wollen dabei aber nicht die Inhalte des Gedächtnisses als Fotografien mißverstehen, sondern mit Tulving, 1972, als "cognitive referents of input signals" betrachten.)

Eine weitere Möglichkeit, unser Modellgedächtnis mit seinen kombinierten Merkmalsmengen funktionell wahlweise als "semantisches" oder "episodisches" Gedächtnis erscheinen zu lassen, bietet die Wahl der strategischen Perspektive. Wir haben ja in Kapitel 4 und 5 gesehen, daß Ähnlichkeitsurteile offenbar ohne Rückgriff auf Episodisches zustandekommen. (Auch eine soeben fertiggestellte Diplomarbeit von Hejj, 1983, bestätigt diese Ansicht.) Die Distanzstruktur solcher Urteile läßt sich aber aus dem Modell reproduzieren, wenn eine allein die Merkmale des Gegenstands berücksichtigende Perspektive gewählt wird (vgl. Kap. 10, Abb. 30b).

Beide dargestellten Möglichkeiten sprechen für die Ansicht, daß "semantisches" und "episodisches" Gedächtnis keine autonomen Subsysteme des Gedächtnisses seien, sondern bestenfalls eine heuristische Unterscheidung darstellen (als welche Tulving diese Terminologie ja eingeführt hat). Eine solche Position wird neuerdings auch von Autoren vertreten, die eher traditionellen Formulierungen des feature-list-Modells (McCloskey & Santee, 1981), oder auch Netzwerkmodellen (Anderson & Ross, 1980) verpflichtet sind.

Kontext und Erinnerung

Über den sozusagen "typischen" Kontext hinaus, der sich in den von uns untersuchten Assoziationsaufgaben als so wichtig erwiesen hat, sind spezifische Kontexte als wesentlich in allen Studien zum (episodischen) Gedächtnis erkannt worden. Selbstverständlich ist dies für persönliche Erinnerungen, zu deren konstituierenden Bestandteilen situationsbezogene Information ja gehören muß. Weniger selbstverständlich und doch einleuchtend ist die Wichtigkeit des experimentellen Kontexts bei Aufgaben zum verbalen Lernen, etwa dem freien Reproduzieren einer Wortliste, wo die Kenntnis der Wörter ohnehin vorausgesetzt wird und es beim Reproduzieren zu erinnern gilt, welche der vielen bekannten muttersprachlichen Wörter im Kontext der dargebotenen Liste vorgekommen sind. In beiden Fällen handelt es sich um kontextuelle Aspekte, deren Bedeutsamkeit für das Erinnern gar keine empirische Frage ist, sondern deduziert werden kann.

Darüber hinaus haben Lernexperimente ergeben, daß sogar aufgabenirrelevante Kontextaspekte bemerkenswerten Einfluß auf die Erinnerungsleistung haben. Godden und Baddaley (1975) demonstrierten dies am Beispiel der Lernumgebung für Taucher, die eine Liste von 36 Wörtern lernen mußten: War diese Wortliste unter Wasser gelernt worden, so wurde sie dort auch besser reproduziert als an Land, und umgekehrt für die Versuchspersonen, welche dieselbe Liste an Land gelernt hatten (Erinnerungsleistung 35% bei konkordanter Lern- und Erinnerungssituation; 23.5%, wenn die Situation wechselte).

Ähnliches gilt für den "inneren" Kontext, also beispielsweise emotionale Zustände. Bower (1981) ließ Versuchspersonen Freude oder Trauer hypnotisch induzieren, bevor sie verbales Material lernen bzw. erinnern sollten; auch er erhielt bessere Lernleistungen bei konkordanten Stimmungslagen. Eich, Weingartner, Stillman und Gillin (1975) ließen ebenfalls Wortlisten lernen und reproduzieren, wobei sie ihren Versuchspersonen entweder Marihuana oder ein Placebo verabreichten. Auch sie erhielten dasselbe Ergebnis.

Über die Wirkung spezifischer emotionaler Zustände auf das Assoziieren teilt Bower mit, daß sie beachtlich sei: "... a subject who was happy was given the stimulus word <u>life</u> and gave as chained free associates (d.h. fortgesetztes Assoziieren; d. Verf.) the words <u>love</u>, <u>freedom</u>, <u>fun</u>, <u>open</u>, and <u>joy</u>. Another subject, who was angry, responded to <u>life</u> with the associates <u>struggle</u>, <u>toil</u>, <u>fight</u>, and <u>compete</u>. Not all responses were so obvious, but many were." (1981, 138)

Die Lösung allerdings, die Bower vorschlägt, um Emotionen in einem Gedächtnismodell zu repräsentieren, ist nicht unproblematisch: Ausgehend von einem semantischen Netzwerk herkömmlicher Art, stellt er Emotionen auf gleiche Ebene mit "verbal labels" oder "events" und fügt dem Netzwerk eben zusätzliche Knoten ein, die dann beispielsweise "joy" oder "sadness" heißen. Damit erhalten Emotionen den gleichen Status wie Wissensbestände. Dies wirft Schwierigkeiten auf, auch wenn man davon ausgeht, daß Emotionen "cognitive referents" haben.

Hingegen erlaubt die in unserem Modell realisierte Entkoppelung von Datenstruktur und der Organisation gedächtnisbezogener Produktionen, die Wirkung von Emotionen auf die Funktion des Gedächtnisses einzubeziehen, ohne Emotionen zu bloßen Inhalten des Gedächtnisses machen zu müssen. Der Einfluß emotionaler Faktoren wäre dann auch bei der Determination der Perspektive anzusiedeln. Auf der Ebene der Datenstruktur genügten affektive Bedeutungsmerkmale (auch als Merkmale des situativen Kontexts), an Zahl deutlich weniger als die Fülle sprachlich differenzierbarer Emotionen. - Doch ist dies nur Hinweis für eine mögliche Weiterung unseres Modellansatzes und noch in keiner Weise durchgeführt.

Zusammenfassend stellen wir fest, daß kontextuelle Aspekte offenbar aus der Encodierung von Lernmaterial nicht wegzudenken sind ("encoding specifity": Tulving & Thomson, 1973). Es scheint daher nur recht und billig, sie als integrale Bestandteile der Gedächtnisspur zu betrachten.

Die Gedächtnisspur

Die Idee, die Inhalte des Gedächtnisses als Merkmalsmengen aufzufassen, ist nicht neu. Bower (1967) legt dar, daß unter der Annahme geordneter Merkmalsmengen und je unabhängiger Vergessenskurven für die einzelnen Merkmale das Nachlassen der Erinnerungsleistung mit der Zeit besser beschrieben werden kann als mit einem der damals populären "Alles-oder-Nichts"-Modelle. Auch Tulving hat die Vorstellung einer aus mehreren Komponenten zusammengesetzten Gedächtnisspur aufgegriffen und elaboriert (z.B. Tulving & Watkins, 1975). Demgegenüber sind die Einheiten der bekannten komplexen Strukturmodelle des Gedächtnisses, vor allem der "semantischen Netze", elementar, sozusagen atomisch. Wie verhalten sich diese Ansätze zueinander?

Merkmalsmengen und Netzwerkmodelle

Der überwiegende Teil bislang vorliegender Modelle des Gedächtnisses ist als semantisches Netzwerk formuliert worden. Einige grundlegende Aspekte solcher Modelle wurden bereits in Kapitel 1 erörtert: Netzwerke bestehen im wesentlichen aus Elementen ("Knoten", "nodes"), die über Relationen mit anderen Knoten verknüpft sind. Gelegentlich haben wir in den vorangehenden Kapiteln auch die vermutlich zu direkte physiologisch-psychologische Interpretation und die wohl zu flexible (also nicht mehr prüfbare) Ausarbeitung eines dieser Modelle kritisiert (Collins & Loftus, 1975). Generell haben wir uns (in Kap. 10) gegen Netzwerke als Datenstruktur entschieden, unter anderem deshalb, weil mit Hilfe von Merkmalsmengen eine unmittelbare Realisierung der Ähnlichkeitsrelation möglich wird. Indes sind beide Klassen von Modellen bei genügend großem Grad an Abstraktion einander gleichwertig und eventuell ineinander überführbar sind.

Es wäre denkbar, die "Merkmale" unseres Modells darzustellen als relationale Verknüpfungen. Geeignete Bezeichnungen zur Charakterisierung solcher Verbindungen wären dann ist (groß, wild usw.), ist ein (Säugetier etc.), hat (Augen, Beine, Flügel...), lebt in (Wald, Wüste usw.). Die "strategische Perspektive" hätte dann die Selektion bestimmter Klassen von Verbindungen zur Folge, etwa lebt in als einer für eine kontextorientierte Perspektive wichtigen Relation. Somit wäre eine formale Äquivalenz zwischen beiden Arten von Modellen herstellbar. Fraglich bleibt indes, ob ein unserem Merkmalsmodell formal äquivalentes Netzwerk denn inhaltlich noch viel gemein hätte mit den geläufigen, an Propositionaldarstellungen und Kasusgrammatik (Fillmore, 1968) orientierten Netzwerkmodellen des semantischen Gedächtnisses. Gerade bei einer Generalisierung des Merkmalsmodells in Richtung einer Repräsentation von "states of mind", wie sie in den vorigen Punkten angedeutet worden ist, kämen wir zu inhaltlich völlig anders ausgefüllten Netzwerken.

Die formale funktionelle Äquivalenz beider Modellklassen kann neben der inhaltlichen auch deren strukturelle Differenz nicht verdecken. Die Struktur des Netzwerkes besteht aus allen herstellbaren Verknüpfungen der im Netzwerk enthaltenen Knoten. Die Struktur unseres Modells besteht aus Merkmalsmengen, die untereinander völlig unverbunden sind und der "Zutat" von Prozessen bedürfen, um Verbindungen zu schaffen. (Lediglich die "Item"-"Kontext"-Beziehung ist Bestandteil der Datenstruktur.) Eine strategische Perspektive, die kontextorientiert ist, schafft andere Verbindungen als eine objektorientierte Perspektive.

Das bedeutet, daß eine der Struktur unseres Modells formal äquivalente Netzwerkstruktur nicht als Struktur vorhandener Verknüpfungen zu interpretieren ist, sondern als die Menge aller potentiellen Verknüpfungen, die jeweils nur zum Teil durch verschiedenste Perspektiven erzeugt werden können.

Der m.E. wesentliche Aspekt der Schaffung von Verbindungen im Lichte einer strategischen Perspektive wird also von der in Merkmalsmengen organisierten Struktur unmittelbar hervorgehoben, während er in einem Netzwerkmodell unter der Fülle potentiell erzeugbarer Verbindungen verborgen bleibt und zu Fehlinterpretationen Anlaß gibt. Einer solchen, nicht seltenen Fehlinterpretation, nämlich der Verdinglichung der Verknüpfungen des Netzwerks, hat die Implementierung solcher Modelle in Computern sicherlich Vorschub geleistet: Dabei ist es nämlich üblich (vgl. Abb. 1), aus der Gesamtheit aller möglichen Verknüpfungen eine Art Datenbank aufzubauen. Demgegenüber betont unser Modell den konstruktiven Charakter der beim Erinnern wirksamen Prozesse.

Codierung und Repräsentationsform

Seit Paivios (1969; 1971) Formulierung einer "dual-code"-Theorie, derzufolge neben einer abstrakt-semantischen eine weitere Form der gedächtnismäßigen Repräsentation, nämlich eine ikonische oder visuelle, anzunehmen sei, ist die Diskussion um Art und Anzahl möglicher Codierungsarten für die Inhalte des Gedächtnisses nicht abgerissen. Vorgetragen wurden außer der dual-code-Theorie der Standpunkt einer einheitlichen propositionalen Repräsentationsform (z.B. Pylyshyn, 1973), aber auch Vorschläge zur Erweiterung des Code-Repertoires (Kosslyn & Schwartz, 1977; Anderson, 1978).

Über diesen Punkt macht unser Modell keine Aussage, daß es mit allen existierenden Vorschlägen vereinbar gemacht werden kann, soweit von einem einzigen Gedächtnissystem ausgegangen wird (Vorkehrungen zur Koordination verschiedener unabhängiger Subsysteme des Gedächtnisses sind jedenfalls keine getroffen). Die Betonung der Möglichkeit solcher Anpassung schließt das Eingeständnis einer Schwäche unseres Modells ein, was die Art der Merkmale angeht. Für die Simulation wurden diese Merkmale aus rein pragmatischen Gründen identifiziert mit Eigenschaften der bezeichneten Objekte (also der Tiere) oder des Kontextes, wobei ohne Bemühung um Einheitlichkeit der Beschreibungsebene diese von Adjektiven ("groß") bis zu Kategorialbegriffen ("Säugetier") oder andererseits zur puren Nennung von Körperteilen ("Ohren", "vier Beine") reichte.

Sofern aber, in Übereinstimmung mit der Intention der in Kapitel 11 vorgestellten neuronalen Speichermodelle die Repräsentation eines "state of mind" beabsichtigt ist, wird man in Betracht ziehen müssen, daß als Repräsentationen entweder Abstraktionen aus Wahrnehmungen in Frage kommen (etwa in Art "analoger" Repräsentationen: Shepard, 1982) oder Charakterisierungen der Gehirnaktivität selbst (etwa als Komponenten der Aktivitätsmuster, vgl. Spinelli, 1969, oder Edelman, 1975).

Solange diese Merkmale den repräsentierten Objekten und Kontexten zugeordnet werden können, bleibt unser Modell gegenüber der inhaltlichen Bestimmung der "Merkmale" von Gedächtniseinheiten invariant. Selbst unterschiedliche Codes wären denkbar, nicht aber getrennte Subsysteme des Gedächtnisses - beispielsweise ein "semantisches" und ein "ikonisches"; denn dazu bedürfte es einer nicht geringen Umgestaltung des Modells.

Assoziative Verknüpfungen

Von der Repräsentation durch Merkmalsmengen her wird eine weitere Eigentümlichkeit unseres Modells nahegelegt, nämlich daß assoziative "Verknüpfungen", wie sie Gegenstand der klassischen Assoziationspsychologie sind, nicht ohne weiteres in unserem Modellgedächtnis darstellbar sind.

Kohonen, Lehtiö und Oja (1981) versuchen dieses Problem dadurch zu lösen, daß sie drei unterschiedliche Abschnitte an den Merkmalsvektoren ihres Assoziativspeichers unterscheiden. Diese Abschnitte entsprechen inhaltlich einer Proposition R(A,B), wobei A und B Objekte bzw. Begriffe darstellen und durch R eine zweistellige Relation bezeichnet wird, welche die beiden Begriffe verbindet. Eine solche Lösung ist im Rahmen von Matrixmodellen des Speichers realisierbar, wirft aber Probleme auf bezüglich einer möglichen neuronalen Entsprechung.

Eine andere Lösung ist die, Verknüpfungen auf dem Wege der Objekt-Kontext-Beziehung zu repräsentieren. Ohnehin entspricht der "situative Kontext" nichts anderem als den jeweils kontingenten (und relevanten) Reizbedingungen. Wenn wir zusätzlich in der Lage sind, temporale Beziehungen, zumindest für geringe Zeitabstände, zu erfassen, dann kann unser Vorschlag eines assoziativen Speichers neben "Ähnlichkeit" und "Kontrast" (was beides per Merkmalsmengen bestens realisiert werden kann) auch dem dritten Hauptprinzip jeder Assoziationstheorie gerecht werden, der raum-zeitlichen "Nähe".

Dazu bedarf es der Möglichkeit, die Festlegung einer "Eintragung" im Speicher für eine beschränkte Zeit offenzuhalten, so daß sie um einen temporal anschließenden Kontext ergänzt werden kann. Eine solche Phase der Instabilität vor der Konsolidierung der Gedächtnisspur ist aber eine der am längsten bekannten Eigenarten des menschlichen Gedächtnisses, wie Müller und Pilzecker bereits im Jahre 1900 nachweisen konnten. Gegenüber den traditionellen Darstellungen dieses Phänomens (als Ursache von Hemmung und damit von Vergessen) gewinnt diese Eigenart des Gedächtnisses aber eine positive Würdigung: als Ermöglichungsgrund der Repräsentation temporaler Verknüpfungen im assoziativen Gedächtnis.

Die Suche nach dem Engramm

Wenn die Grundannahme der in Kapitel 11 dargestellten Speichermodelle zutrifft, wonach unterschiedliche Gedächtnisspuren einander lokal überlagert werden, dann wird auch deutlich, weshalb die jahrzehntelange Suche nach dem physiologischen Substrat des Gedächtnisses erfolglos bleiben mußte: Jede lokale Einheit (also möglicherweise synaptische Übergänge) enthält dann nämlich Anteile aller im Speicher vorhandenen Spuren. Die Reproduktion einer isolierten Spur kann nur dem System als ganzem gelingen - und auch dann erfolgt, wie in Kap. 11 gezeigt wurde, in der Regel eine Vermischung mit Anteilen ähnlicher Spuren.

Diese Eigenschaft verleiht Assoziativspeichern quasi ganzheitliche Charakteristiken: eine Tendenz der Gedächtnis-"Antwort" zum besonders stark, in vielen Spuren Repräsentierten, wenn nicht gar "Typischen". Solche Eigenschaften fehlen der computergerechten Organisation semantischer Netzwerke.

Für das Vergessen läßt sich sagen, daß in einem distribuierten Gedächtnis gespeicherte Spuren mit Sicherheit anfällig sind für Interferenz aufgrund von Überlagerung des gespeicherten Merkmalsmusters durch weitere, ähnliche Muster. Diese Eigenschaft von parallelen Gedächtnismodellen wird in der Arbeit von Reimann (1980) sehr anschaulich demonstriert. Andererseits ist auch denkbar, daß ein teilweiser Zerfall der gespeicherten Information zur Beeinträchtigung der Reproduktion führt. Wie aus der von Kohonen (1976) durchgeführten Simulation jedoch ersichtlich ist, führt eine solche Störung weniger zur Verhinderung einer Reproduktion als zu deren Vergröberung (so daß etwa Details nicht mehr reproduzierbar sind).

Strategische Prozesse und gedächtnisbezogene Strategien

Der wesentlichste Gesichtspunkt des hier vorgestellten Gedächtnismodells ist ohne Zweifel eine Berücksichtigung strategischer Prozesse, die über den Umfang des "Metakognition" Genannten weit hinausgeht. Zugespitzt formuliert: Die "Organisation" des Gedächtnisses ist das Resultat gedächtnisbezogener Kontrollprozesse. Bisher haben wir (in Kap. 9 und 10) nur die im engeren Sinn das Erinnern steuernden Prozesse betrachtet. Angedeutet wurde aber, daß diese wiederum von höherer Ebene kontrolliert werden. Die Setzung von Kriterien (etwa das Abbruchkriterium für die maximale Zahl vergeblicher Versuche beim Reproduzieren) ist ein Beispiel dafür. So sollen abschließend der Bereich der gemeinhin unter "Motivation" gerechneten Prozesse und die gedächtnisbezogenen Strategien im engeren Sinn ("metamemory") kurz diskutiert werden.

Motivationale Faktoren

Bereits in Kapitel 1 ist anhand der Ach-Lewin-Kontroverse darauf hingewiesen worden, daß die motivationale Kraft assoziativer Verknüpfungen bezweifelt werden kann, und daß zumindest neben der "Macht der Gewohnheit" der Einfluß willentlicher Faktoren wirksam ist. Solche Faktoren sind von Ach (1905) als "determinierende Tendenzen" und von Lewin (1922) als "Tätigkeitsbereitschaft" beschrieben worden. Als aktivierende Wirkung sind solche motivationalen Faktoren sogar in ein Netzwerkmodell des semantischen Gedächtnisses eingeführt worden (Collins & Loftus, 1975).

In unserem Prozeßmodell des Assoziierens sind motivationale Faktoren zwar nicht direkt repräsentiert, aber in ihrer Wirkung gegenwärtig: Unsere "strategischen Perspektiven" können durchaus als "von den Willensvorgängen bestimmte Nachwirkung" gedeutet werden, als welche Ach (1910, 3) die "Determination" definiert. Mehr noch: Diese motivationalen Faktoren erweisen sich als konstitutiv für den Prozeß des Assoziierens. Sie sind notwendig am Zustandekommen der assoziativen Produktion beteiligt.

Ein wesentlicher Grund dafür (jedenfalls im Rahmen unseres Modells) liegt wiederum in der Überlagerung der Gedächtnisinhalte in einem lokal distribuierten Assoziationsspeicher. Wie wir ausgeführt haben, erschwert die Existenz mehrerer unter der jeweils gewählten Perspektive ähnlicher Eintragungen die Reproduktion. Die Abwesenheit jeglicher strategischen Perspektive würde dazu führen, daß sehr viele gespeicherte Inhalte dem Stimuluswort (key) "ähnlich" wären; beobachtbare Hemmungen sollten die Folge sein.

In der Tat werden solche Phänomene von Lewin (1922; s. Kap. 9) berichtet, und ebenso von Koffka: "I called out a word to my subjects, who were instructed to listen and passively wait for anything that might come to their consciousness. (...) The passive attitude proved to be very unstable, tending to be quickly replaced by a definite active attitude, often unknown to the subject. But before such an attitude developed my subjects were as much at sea as Lewin's: nothing would come to their minds, and the experience of passive waiting was distinctly painful." (1935, 562 f.)

Dem entspricht auch das "Gesetz der speziellen Determination", das Ach formuliert hat: "Nach ihm geschieht die Verwirklichung dessen, was wir wollen, um so rascher und sicherer, je spezieller die Willenseinstellung ist." (Ach, 1910, 9). Unsere experimentellen Befunde zum freien Assoziieren unter spezifischen Instruktionen (z.B. das Gegenteil eines als Stimulus dienenden Adjektivs nennen, s. Kap. 9) belegen darüber hinaus eine Wechselwirkung zwischen der Spezifität der Einstellung und den Inhalten des Gedächtnisses.

(Die Suche nach dem Gegenteil eines Adjektivs ist eine Ähnlichkeitsbestimmung, linguistisch zu fassen als Abstraktion vom letzten, "markierten" semantischen Merkmal, und kann also - wenn wir annehmen wollen, daß die Gedächtnisstruktur solche Merkmale enthält - schlecht Ergebnisse liefern für Adjektive, die nicht markiert sind.)

Wir können demnach die früheren Befunde ergänzen: Motivationale Faktoren sind nicht nur zur Aktivierung durch "Assoziationen" prinzipiell ermöglichter Verbindungen notwendig, sondern sogar unabdingbar zur Rückgewinnung der im Gedächtnis gespeicherten Information. Aufgrund der in den vorigen Kapiteln dargestellten Ergebnisse dürfen wir sogar behaupten, daß "assoziative Verknüpfung" alleine noch nicht einmal für den Wortassoziations-Versuch eine zureichende Grundlage darstellt. Umso mehr gilt dies für komplexere Aufgabenstellungen, wo das Gewicht von Einprägungs- und Abrufstrategien dasjenige des Speichers eindeutig überwiegen dürfte (Kail, 1979; Paris & Lindauer, 1982).

Metakognition

Solche Strategien - gedächtnisbezogenes Handlungswissen also und sein Gebrauch - haben als Spezialfall gedächtnisbezogener Kognitionen in den letzten Jahren starke Aufmerksamkeit gefunden ("metamemory": Flavell & Wellman, 1977). Wenn auch die Beziehung zwischen dem Verfügen über solches Wissen und der meßbaren Gedächtnisleistung nicht immer eindeutig ist (vgl. Schneider, i. Dr.), muß doch die Existenz gedächtnisbezogener Metakognition von einem Gedächtnismodell berücksichtigt werden können.

Für das von uns vorgeschlagene Modell steht außer Frage, daß eine solche Einbeziehung möglich ist: Ohnehin erachtet es strategische Prozesse als konstitutiv für die Erinnerung.

Somit stellen metakognitive Strategien, die auf selbstreflexive Wissensbestände rekurrieren und so den Namen "Strategie" erst voll verdienen, sich dar als ausgezeichneter Fall strategischer Prozesse; sie machen den bewußt intendierten Anteil der von uns allgemein als "strategische Prozesse" bezeichneten kognitiven Steuerung beim Erinnern aus.

Neben solchen Abrufstrategien ("retrieval strategies") sind natürlich auch diejenigen zu berücksichtigen, die der Einprägung von Material dienen und daher nicht Gegenstand unseres Erinnerungsmodells sein können: Techniken, die vom einfachen Üben durch Wiederholung ("rehearsal") bis hin zur Bildung propositionaler oder imaginativer Elaborierungen reichen, also bis hin zur schon von Aristoteles behandelten "Mnemotechnik".

Im Rückblick: Aristoteles

Zwei Fragen haben wir am Ende von Kapitel 1, anknüpfend an die Diskussion von Aristoteles' Theorie des Erinnerns, gestellt: die nach dem Verhältnis von Struktur und Prozeß, und die nach der Natur der Assoziationen.

Was Struktur und Prozeß angeht, so scheinen sich behavioristische Habit-Theorien und ebenso kognitivistische Netzwerkmodelle zunächst besser im Einklang mit den Vorstellungen des Aristoteles zu befinden als die in dieser Arbeit vorgetragenen Anschauungen. Denn als eine Verkettung von Erinnerungen stellt Aristoteles die Voraussetzungen dar, aufgrund derer Erinnern möglich ist. Wichtig ist dann die Auswahl der "richtigen" Verbindungen (bei Aristoteles durch die Wahl des "Startpunktes").

Ich zögere zu glauben, daß Aristoteles nach der "Wahl des Startpunkts" eine Einbahnstraße assoziativer Verbindungen annimmt. Wenn man seine Beispiele wörtlich nimmt, redet er davon, daß man "von einem zum nächsten kommt" - das kann auch heißen, wie man auf großen Steinen vorwärts kommt, die im Wasser liegen: von einem zum nächsten, aber die allgemeine Richtung wird von dem bestimmt, der von Stein zu Stein hüpft. Das hier vorgelegte Modell des Assoziierens zeigt auf der Ebene der Datenstruktur zunächst nichts anderes als einzelne Steine: Merkmalsmengen, die untereinander unverbunden sind. Erst unter einer strategischen Perspektive (das muß nicht, kann aber eine Absicht sein) entstehen Verbindungen, und zwar je nach Perspektive unterschiedliche. Damit wird den Prozessen die größere Bedeutung eingeräumt, wenigstens was die Darstellung angeht (vgl. die obigen Ausführungen über Netzwerkmodelle). Eine solche Ansicht steht m.E. nicht im Widerspruch zu denen des Aristoteles, aber gewiß zu den Ansichten jener, die ihn mechanistisch interpretiert haben.

Für Erörterungen über die Natur der Assoziationen impliziert dieser Standpunkt, daß unterschieden werden muß zwischen "Assoziation" als Erklärungsprinzip (also strukturell gegebener Verknüpfungsmöglichkeit), und der aktuell beim Assoziieren in Interaktion mit kognitiven Prozessen realisierten Verbindung. Unser Modell hebt dies mit Nachdrücklichkeit hervor.

Der Lauf unserer Erinnerung wird nach Aristoteles bestimmt "vom Ähnlichen oder Gegenteiligen, oder von dem, was (raumzeitlich) nahe ist". (Wohlgemerkt spricht Aristoteles an dieser Stelle vom Gang unserer Gedanken beim Erinnern und nicht von den "primary Laws of Association" wie Thomas Brown!) Der Output unseres Modells stimmt ganz mit diesen Angaben überein, ist ja danach geformt: Auf Ähnlichkeit (wozu wir, in Übereinstimmung mit den Beschreibungsmodellen der Linguisten, den Gegensatz zählen dürfen) der Objektrepräsentationen und auf den raumzeitlichen Kontext sind die strategischen Perspektiven unseres Modells gerichtet, welches das

Aufzählen von Tieren simuliert. Das funktioniert, weil die Datenbasis Merkmale des Kontexts wie der Objekte enthält und so beiden Perspektiven Ansatzpunkte liefert. Die getrennte Aufführung von Objekt- und Kontextmerkmalen in der Datenstruktur unseres Modells soll aber nicht vergessen lassen, daß die Unterscheidung beider Ergebnis menschlicher Informationsverarbeitung, nicht deren Voraussetzung ist. Das Wahrnehmungsobjekt ist nicht möglich ohne die Invarianzleistungen des Wahrnehmungssystems, die es identifizieren und vom Kontext unterscheiden. Insofern erscheint - von einer Ansicht über die menschliche Wahrnehmung, die man die "ökologische Perspektive" genannt hat - eine prinzipielle Trennung von (Objekt)-Ähnlichkeit und Kontext kaum vertretbar.

Wie hat es dann (zuerst bei Locke, später in der Assoziationspsychologie ebenso wie im Behaviorismus) dazu kommen können, das Moment der Kontingenz allein für assoziative Verbindungen verantwortlich zu machen? - Bei Locke zumindest ist klar, daß er Assoziation im Gegensatz sieht zur hellen Klarheit der Ratio, daß er Assoziation als ein Prinzip braucht zur Erklärung dessen, was der das Wesen der Dinge analysierende Verstand nicht zusammenfügen kann. Dazu will allerdings passen, daß es sich die Assoziationspsychologen, von Ebbinghaus an, angelegen sein ließen, "Sinnloses" zu verknüpfen; ebenso war man in den Konditionierungsexperimenten bemüht, vor allem nie gehabte Verknüpfungen herzustellen: Wie hätte man per Ähnlichkeit neue Verbindungen schaffen können?

Erst die "kognitive Wende" in der Psychologie hat diese methodologischen Beschränkungen des Assoziationismus überwinden können. Seit "Assoziation" nicht mehr für ein reduktionistisches Programm steht, ist dieser Begriff als hervorragendes explikatives Konstrukt in der Gedächtnispsychologie neu zum Tragen gekommen, umfassend wie in deren Anfängen: bei Aristoteles.

L i t e r a t u r

Ach, N.: Über die Willenstätigkeit und das Denken. Göttingen: Vandenhoeck, 1905.

Ach, N.: Über den Willen. Leipzig: Quelle & Meyer, 1910.(a)

Ach, N.: Über den Willensakt und das Temperament. Leipzig: Quelle & Meyer, 1910.(b)

Ach, N.: Analyse des Willens. In: E. Abderhalden, (Hg.): Handbuch der biologischen Arbeitsmethoden (Bd. 6). Berlin: Urban & Schwarzenberg, 1935.

Albert, D.: Freies Reproduzieren von Wortreihen als stochastische Entleerung eines Speichers. Zeitschrift für experimentelle und angewandte Psychologie, 1968, 23, 439-450.

Albert, D., & Murch, G. M.: Eichung von sinnlosen Silben. Zeitschrift für experimentelle und angewandte Psychologie, 1968, 15, 381-403.

Anderson, J. A., & Hinton, G. E.: Models of information processing in the brain. In: G. E. Hinton & J. A. Anderson (Hg.): Parallel models of associative memory. Hillsdale, NJ: Lawrence Erlbaum Associates, 1981.

Anderson, J. A., & Mozer, M. C.: Categorization and selective neurons. In: G. E. Hinton & J. A. Anderson (Hg.): Parallel models of associative memory. Hillsdale, NJ: Lawrence Erlbaum Associates, 1981.

Anderson, J. A., & Silverstein J. W.: Reply to Grossberg. Psychological Review, 1978, 85, 597-603.

Anderson, J. A., Silverstein, J. W., Ritz, S. A., & Jones, R. S.: Distinctive features, categorical perception, and probability learning: Some applications of a neural model. Psychological Review, 1977, 84, 413-451.

Anderson, J. R.: Language, memory, and thought. Hillsdale, NJ: Lawrence Erlbaum Associates, 1976.

Anderson, J. R.: Arguments concerning mental representations for mental imagery. Psychological Review, 1978, 85, 249-277.

Anderson, J. R.: Acquisition of cognitive skill. Psychological Review, 1982, 89, 369-406.

Anderson, J. R.: A spreading activation theory of memory. Journal of Verbal Learning and Verbal Behavior, 1983, 22, 261-295.

Anderson, J. R., & Bower, G. H.: Human associative memory. Washington: Winston, 1973.

Anderson, J. R., & Reder, L. M.: An elaborative processing explanation of depth of processing. In: L. S. Cermak & F. I. M. Craik (Hg.): Levels of processing in human memory. Hillsdale, NJ: Lawrence Erlbaum Associates, 1979, 385-403.

Anderson, J. R., & Ross, B. H.: Evidence against a semantic-episodic distinction. Journal of Experimental Psychology: Human Learning and Memory, 1980, 6, 441-466.

Arbib, M. A.: The metaphorical brain: An introduction to cybernetics, as artificial intelligence and brain theory. New York: Wiley, 1972.

Aristoteles: Parva Naturalia, ed. D. Ross. Oxford: Clarendon Press, 1955.

Aschaffenburg, G.: Experimentelle Studien über Associationen. Psychologische Arbeiten, 1895, 1, 209-299.

Aschaffenburg, G.: Experimentelle Studien über Associationen. Psychologische Arbeiten, 1897, 2, 1-83.

Atkinson, R. C., & Shiffrin, R. M.: Human memory: A proposed system and its control processes. In: Spence, Spence (Hg.): Advances in the psychology of learning and motivation (Bd. 2). New York: 1968, 89-195.

Bartlett, F. C.: Remembering. Cambridge: Cambridge University Press, 1932.

Beare, J. I. (Transl.): De memoria et reminiscentia (On memory and reminiscence). In: W. D. Ross (Hg.): The Works of Aristotle (Bd. 3). Oxford: Clarendon Press, 1931.

Beutel, P., Küffner, H., & Schubö, W.: SPSS 8. Statistik-Programmsystem für die Sozialwissenschaften (3. Aufl.). Stuttgart: Gustav Fischer, 1980.

Bever, T. G., Fodor, J. A. & Garrett, M. A.: A formal limitation of associationism. In: T. R. Dixon & D. L. Horton (Hg.): Verbal behavior and general behavior theory. Englewood Cliffs: Prentice-Hall, 1968.

Bierwisch, M.: Semantics. In: J. Lyons (Hg.): New horizons in linguistics. Harmondsworth: Penguin, 1970, 166-184.

Bock, M.: Zur Repräsentation bildlicher und sprachlicher Informationen im Langzeitgedächtnis - Strukturen und

Prozesse. In: L. J. Issing & J. Hannemann (Hg.): Bilder und kognitive Prozesse, 1980.

Borg, I.: Anwendungsorientierte multidimensionale Skalierung. Berlin: Springer, 1981.

Bousfield, W. A.: The occurrence of clustering in the recall of randomly arranged associates. Journal of General Psychology, 1953, 49, 229-240.

Bousfield, W. A.: The problem of meaning in verbal learning. In: C. N. Cofer (Hg.): Verbal learning and verbal behavior. New York: McGraw-Hill, 1961, 81-91.

Bousfield, W. A., & Rosner, S. R.: Free vs unhibited recall. Psychonomic Science, 1070, 20, 75-76.

Bousfield, W. A., & Sedgewick, C. H.: An analysis of sequences of restricted associative responses. Journal of General Psychology, 1944, 30, 149-165.

Bousfield, W. A., Sedgewick, C. H. W., & Cohen, B. H.: Certain temporal characteristics of the recall of verbal associates. American Journal of Psychology, 1954, 67, 111-118.

Bower, G. H.: A multicomponent theory of the memory trace. In: K. W. Spence & J. T. Spence (Hg.): The psychology of learning and motivation (Bd. 1). New York: Academic Press, 1967, 229-325.

Bower, G. H.: Analysis of a mnemonic device. American Scientist, 1970, 58, 496-510.

Bower, G. H.: Mood and memory. American Psychologist, 1981, 36, 129-148.

Braitenberg, V.: Cell assemblies in the cerebral center. In: R. Heim, & G. Palm (Hg.): Theoretical approach to complex systems. Berlin: Springer, 1978, 171-188.

Bredenkamp, J.: Der Signifikanztest in der psychologischen Forschung. Frankfurt: Akademische Verlagsgesellschaft, 1972.

Broadbent, D. E.: Task combination and selective intake of information. Acta Psychologica, 1982, 50, 253-290.

Brown, R. & McNeill, D.: The "tip of the tongue" phenomenon. Journal of Verbal Learning and Verbal Behavior, 1966, 5, 325-337.

Brown, T.: Lectures on the Philosophy of the Human Mind. Edinburgh: 1820.

Caramazza, A., Hersh, H., & Torgerson, W. S.: Subjective structures and operations in semantic memory. Journal of Verbal Learning and Verbal Behavior, 1976, 15, 103-117.

Caroll, J. D., & Chang, J. J.: Analysis of individual differences in multidimensional scaling via an N-way generalization of 'Eckart-Young' decomposition. Psychometrika, 1970, 35, 283-319.

Carver, C. S., & Scheier, M. F.: Control theory: A useful conceptual framework for personality-social, clinical, and health psychology. Psychological Bulletin, 1982, 92, 111-135.

Cattell, J. McK.: Experiments on the association of ideas. Mind, 1887, 1, 68-74.

Chomsky, N.: Verbal behavior. A review. Language, 1959, _35_, 26-58.

Chomsky, N.: Aspects of the Theory of Syntax. Cambridge, Mass.: MIT-Press, 1965.

Clark, H. H.: On the use and meaning of prepositions. Journal of Verbal Learning and Verbal Behavior, 1968, _7_, 421-431.

Clark, H. H.: Word associations and linguistic theory. In: J. Lyons (Hg.): New Horizons in Linguistics. Harmondsworth: Penguin, 1970, 271-286.

Cofer, C. N.: Verbal learning. In: M. H. Marx (Hg.): Learning: Processes. London: Macmillan, 1969, 299-378.

Collins, A. M., & Loftus, E. F.: A spreading-activation theory of semantic processing. Psychological Review, 1975, _82_, 407-428.

Collins, A. M., & Quillian, M. R.: Retrieval time from semantic memory. Journal of Verbal Learning and Verbal Behavior, 1969, _8_, 240-247.

Conrad, C.: Cognitive economy in semantic memory. Journal of Experimental Psychology, 1972, _92_, 149-154.

Cramer, P.: Word association. New York: Academic Press, 1968.

Dawes, R. M.: Fundamentals of attitude measurement. New York: Wiley, 1972.

Deese, J.: On the structure of associative meaning. Psychological Review, 1962, _69_, 161-175.

Deese, J.: The structure of associations in language and thought. Baltimore: John Hopkins Press, 1965.

Degerman, R. L.: The geometric representation of some simple structures. In: R. N. Shepard et al. (Hg.): Multidimensional Scaling (Bd. 1). New York: Seminar Press, 1972, 193-211.

Deppe, W.: Formale Modelle in der Psychologie. Stuttgart: Kohlhammer, 1977.

Dewey, J.: The reflex arc concept in psychology. Psychological Review, 1896, 3, 357-370.

Dodd, S. C., Rainboth, E. D., & Nehnevajsa, J.: Revere studies on interaction. US Air Force Report. Washington: Public Opinion Laboratory, 1952.

Ebbinghaus, H.: Grundzüge der Psychologie (Bd.1). Leipzig: Quelle & Meyer, 1905.

Ebbinghaus, H.: Über das Gedächtnis (1885). Darmstadt: Wiss. Buchgesellschaft, 1971.

Edwards, A. L.: Techniques of attitude scale construction. New York: Appleton-Century-Crofts, 1957.

Eich, J. E., Weingartner, H., Stillman, R. C., & Gillin, J. C.: State-dependent assessment of retrieval cues in the retention of a categorized list. Journal of Verbal Learning and Verbal Behavior, 1975, 14, 408-417.

Feigenbaum, E. A.: The simulation of verbal learning behavior. In: E. A. Feigenbaum & J. Feldman (Hg.): Computers and thought. New York: McGraw-Hill, 1963, 207-309.

Feyerabend, P. K.: Wider den Methodenzwang. Skizze einer anarchistischen Erkenntnistheorie. Frankfurt: Suhrkamp, 1976.

Fillmore, C. J.: The case for case. In: E. Bach & R. T. Harms (Hg.): Universals in linguistic theory. New York: Holt, Rinehart & Winston, 1968, 1-90.

Fitzgerald, J. M.: A developmental study of recall from natural categories. Developmental Psychology, 1983, 19, 9-14.

Flavell, J. H., & Wellmann, H. M.: Metamemory. In: R. V. Kail & J. W. Hagen (Hg.): Perspectives on the development of memory and cognition. Hillsdale, NJ: Lawrence Erlbaum Associates, 1977, 3-33.

Fodor, J. A.: Could meaning be an r(m)? Journal of Verbal Learning and Verbal Behavior, 1965, 4, 73-81.

Freud, S.: Tatbestandsdiagnostik und Psychoanalyse. In: S. Freud (Hg.): Gesammelte Werke (Bd. 6). London: Imago Press, 1941, 3-15.

Friendly, M. L.: Proximity analysis and the structure of organization in free recall. Technical Report RB 72-3. Princeton: Educational Testing Service, 1972.

Gaensslen, H., & Schubö, W.: Einfache und komplexe statistische Analyse. München: Reinhardt, 1973.

Galton, F.: Psychometric experiments. Brain, 1879, 1, 149-162.

Galton, F.: Inquiries into Human Faculty and its Development. London: Macmillan, 1883.

Gardiner, J. M., & Klee, H.: Memory for remembered events. An assessment of output monitoring. Journal of Verbal Learning and Verbal Behavior, 1976, 15, 227-233.

Geyer, M.: Über das Erinnern des Nächstliegenden. Universität Bielefeld: phil. Diss., 1979.

Gigerenzer, G.: Messung und Modellbildung in der Psychologie. München: Reinhardt, 1981.

Gigerenzer, G., & Strube, G.: Zur Revision der üblichen Anwendung dimensionsanalytischer Verfahren. Zeitschrift für Entwicklungspsychologie und pädagogische Psychologie, 1978, 10, 75-86.

Gigerenzer, G., & Strube, G.: Are there limits to binaural additivity of loudness? Journal of Experimental Psychology : Human Perception and Performance, 1983, 9, 126-136.

Glass, A. L., & Holyoak, K. J.: Alternative conceptions of semantic memory. Cognition, 1975, 3, 313-339.

Glaze, J. A.: The association value of non-sense syllables. Journal of General Psychology, 1928, 35, 255-269.

Godden, D. R., & Baddeley, A. D.: Context-dependent memory in two natural enviroments: On land and under water. British Journal of Psychology, 1975, 66, 325-331.

Graesser, A. II., & Mandler, G.: Limited processing capacity constrains the storage of unrelated sets of words and retrieval from natural categories. Journal of Experimental Psychology: Human Learning and Memory, 1978, 4, 86-100.

Greeno, J. G., Carlton, G. T., da Polito, F., & Polson, P. G.: Associative learning: A cognitive ananlysis. Englewood Cliffs, NJ: Prentice Hall, 1978.

Gregson, R. A. M.: Psychometrics of similarity. New York: Academic Press, 1975.

Grossberg, S.: Pavlovian pattern learning by nonlinear neural networks. Proceedings of the National Academy of Science, 1971, 68, 828-831.

Grossberg, S.: Contour enhancement, short term memory, and constancies in reverberating neural networks. Studies in Applied Mathematics, 1973, 52, 213-257.

Grossberg, S.: Do all neural models really look alike? Psychological Review, 1978, 85, 592-596.

Grossberg, S.: How does the brain build a cognitive map? Psychological Review, 1980, 87, 1-57.

Gruenewald, P. J., & Lockhead, G. R.: The free recall of category examples. Journal of Experimental Psychology: Human Learning and Memory, 1980, 6, 225-240.

Guttman, L.: A structural theory for intergroup beliefs and attitude. American Sociological Review, 1959, 24, 318-328.

Guttmann, L.: A new approach to factor analysis: the radex. In: P. F. Lazarsfeld (Hg.): Mathematical Thinking in the Social Sciences. Glencoe, Ill.: Free Press, 1954.

Hartley, D.: Observations on man, his fame, his duty, and his expectations. London: 1749.

Hebb, D. O.: The organization of behavior. New York: Wiley, 1949.

Henley, N. M.: A psychological study of the semantics of animal terms. Journal of Verbal Learning and Verbal Behavior, 1969, 8, 176-184.

Herbart, J. F.: Psychologie als Wissenschaft, neugegründet auf Erfahrung, Metaphysik und Mathematik. In: Sämtliche Werke (Bd.5): Leipzig: Voss, 1850.

Hersh et. al.: siehe Caramazza, A., Hersh, H., & Torgerson, W. S.. 1976.

Hill, W. F.: Learning (2. Aufl.). London: Methuen, 1972.

Hiltmann, H.: Wortassoziation und verbale Ergänzungsverfahren. In: R. Heiß (Hg.): Psychologische Diagnostik (Handbuch der Psychologie, (Bd. 4). Göttingen: Hogrefe, 1964, 533-555.

Hinton, G.E., & Anderson, J. A.: Parallel models of associative memory. Hillsdale, NJ: Lawrence Erlbaum Associates, 1981.

Hinz, H.-J., & Deppe, W.: Vergleichende Analyse von Theorien zum zeitlichen Verlauf gesteuerter Assoziationen. In: Universität des Saarlandes (Hg.): Arbeiten der Fachrichtung Psychologie (Bd. 44). Saarbrücken: 1977.

Hull, C. L.: Principles of behavior. New York: Appleton Century Crofts, 1943.

Hume, D.: A treatise of human nature, being an attempt to introduce the experimental method of reasoning into moral subjects (Vol. 1). London: 1739.

Hörmann, H.: Meinen und Verstehen. Grundzüge einer psychologischen Semantik. Frankfurt: Suhrkamp, 1976.

Hörmann, H.: Psychologie der Sprache (2. Aufl.). Berlin: Springer, 1977.

Hörmann, H.: On the difficulties of using the concept of a dictionary - and the impossibility of not using it. In: G. Rickheit & M. Bock (Hg.): Psycholinguistic studies in language processing. Berlin/New York: Walter de Gruyter, 1983, 3-16.

Indow, T., & Togano, K.: On retrieving sequences from long-term memory. Psychological Review, 1970, 77, 317-331.

Jenkins, J. J.: The 1952 Minnesota word association norms. In: L. Postman & G. Keppel (Hg.): Norms of Word Association. New York: Academic Press, 1970, 1-38.

Jensen, K., & Wirth, N.: PASCAL User Manual and Report. New York: Springer, 1975.

Johnson, J. M., Johnson, R. C., & Mark, A. L.: A mathematical analysis of verbal fluency. Journal of General Psychology, 1951, 44, 121-128.

Johnson, S. C.: Hierarchical clustering schemes. Psychometrika, 1967, 32, 241-254.

Jung, C. G., & Riklin, F.: Diagnostische Assoziationsstudien. Journal für Psychiatrie und Neurologie, 1904, 3, 193-215.

Jung, J.: Experimental studies of factors affecting word association. Psychological Bulletin, 1966, 66, 125-133.

Kahneman, D.: Attention and effort. Englewood Cliffs, NJ: Prentice Hall, 1973.

Kail, R.: The development of memory in children. San Francisco: Freeman, 1979.

Katz, J. J., & Fodor, J. A.: The structure of a semantic theory. Language, 1963, 39, 170-210.

Kelso, J. A.: Human motor behavior. Hillsdale, NJ: Lawrence Erlbaum Associates, 1982.

Kent, H. G., & Rosanoff, A. J.: A study of association in insanity. American Journal of Insanity, 1910, 67, 37-96; 317-390.

Kintsch, W.: The representation of meaning in memory. Hillsdale, NJ: Lawrence Erlbaum Associates, 1974.

Kiss, G. R.: An associative thesaurus of English: Structural analysis of a large relevance network. In: A. Kennedy & A. Wilkens (Hg.): Studies in long term memory. London: Wiley, 1975, 103-121.

Koeck, R., & Strube, G.: Beobachtung und Befragung. In: G. Strube (Hg.): Binet und die Folgen (Die Psychologie des 20. Jahrhunderts) (Bd. 5). Zürich: Kindler, 1977, 151-212.

Koffka, K.: Principles of Gestalt psychology. New York: Harcourt Brace, 1935.

Kohonen, T.: Associative memory. A system-theoretical approach. Communication & Cybernetics. New York: Springer, 1977, 17.

Kohonen, T.: Content-adressable memories. Berlin: Springer, 1980.

Kohonen, T., Lehtiö, P., & Oja, E.: Storage and processing of information in distributed associative memory systems. In: G. E. Hinton & J. A. Anderson (Hg.): Parallel models of associative memory. Hillsdale, NJ: Lawrence Erlbaum Ass., 1981, 105-143.

Kolman, L.: Gedächtnis und Erkennen. Ein Beitrag zur semantischen Theorie der Erkennungsprozesse. In: W. Matthäus (Hg.): Glottometrika 3 (Quantitative Linguistics) (Bd. 5). Bochum: Brockmeyer, 1980, 105-197.

Kosslyn, S. M.: Scanning visual images: Some structural implications. Perception & Psychophysics, 1973, 14, 90-94.

Kosslyn, S. M.: A simulation of visual imagery. Cognition, 1977, 1, 265-295.

Kraepelin, E.: Experimentelle Studien über Associationen. Bericht über die 56. Versammlung Deutscher Naturforscher und Ärzte, 1884, 258-259.

Krippendorff, K.: Content analysis. An introduction to its methodology. Beverly Hills: Sage Foundation, 1980.

Kuhl, J.: Emotion, Kognition und Motivation I. Auf dem Wege zu einer systhemtheoretischen Betrachtung der Emotionsgenese. Sprache und Kognition, 1983, 2, 1-27.

Kuhl, J.: Motivation, Konflikt und Handlungskontrolle. Berlin: Springer, 1983.

Kuhn, T. S.: The structure of scientific revolutions. Chicago: University of Chicago Press, 1962.

Köhler, W.: Gestalt psychology. New York: 1929.

Lachman, R., Lachman, J. L., & Butterfield, E. C.: Cognitive psychology and information processing: An introduction. Hillsdale, NJ: Lawrence Erlbaum Associates, 1977.

Laffal, J., & Feldman, S.: The structure of single word and continous word association. Journal of Verbal Learning and Verbal Behavior, 1962, 1, 54-61.

Lea, G.: Chronometric analysis of the method of loci. Journal of Experimental Psychology, 1975,104, 95-104.

Lewin, K.: Das Problem der Willensmessung und das Grundgesetz der Assoziation. Teil I. Psychologische Forschung, 1922, 1, 191-302.

Lewin, K.: Das Problem der Willensmessung und das Grundgesetz der Assoziation. Teil II. Psychologische Forschung, 1922, 2, 65-140.

Locke, J.: An essay concerning humane understanding (4. Aufl.). London: Four Books, 1700.

Loftus, E. F.: Leading questions and the eyewitness report. Cognitive Psychology, 1975, 7, 560-572.

Loftus, G. R. & Loftus, E. F.: Human memory. Hillsdale: Lawrence Erlbaum Associates, 1976.

Luria, A. R.: The mind of a mnemonist. New York: Basic Books, 1968.

Mandler, G., & Dean, P. J.: Seriation: Development of serial order in free recall. Journal of Experimental Psychology, 1969, 81, 207-215.

Marshall, G. R., & Cofer, C. N.: Associative indices as measures of word relatedness: A summary and comparison of ten methods. Journal of Verbal Learning and Verbal Behavior, 1963, 1, 408-421.

Marx, W.: Die Messung der assoziativen Bedeutungsähnlichkeit. Zeitschrift für experimentelle und angewandte Psychologie, 1976, 23, 62-76.(a)

Marx, W.: Die statistische Sicherung des Überlappungskoeffizienten. Zeitschrift für experimentelle und angewandte Psychologie, 1976, 23, 267-270.(b)

Marx, W.: Assoziationsmechanik. Habilitationsschrift, Universität München, 1978

Marx, W.: Eine Methode zur geometrischen Darstellung des Clusterings bei Free-Recall-Daten. Archiv der Psychologie, 1980,132, 165-173.

Marx, W., & Strube, G.: The butterfly revisited. A re-analysis of Deese's study 'On the structure of associative meaning'. In: W. Matthäus (Hg.): Glottometrika 3 (Quantitative Linguistics) (Bd. 5). Bochum: Brockmeyer, 1980, 97-104.

Matthäus, W.: Theoretische und experimentelle Untersuchungen zum verbalen Assoziieren. Bochumer pädagogische und psychologische Studien. Bochum: Brockmeyer, 1980, 5.

McAdams, D. P.: Experience of intimacy and power: Relationship between social motives and autobiographical memory. Journal of Personality and Social Psychology, 1982, 42, 292-302.

McCloskey, M., & Santee, J.: Are semantic memory and episodic memory distinct systems? Journal of Experimental Psychology: Human Learning and Memory, 1981, 7, 66-71.

McCulloch, W. S., & Pitts, W. H.: A logical calculus of ideas immanent in nervous activity. Bulletin of Mathematical Psychology, 1943, 5, 45-133.

McGill, W. J.: Stochastic latency mechanisms. In: R. D. Luce, R. B. Bush & E. Galanter (Hg.): Handbook of Mathematical Psychology (Bd. 1). New York: Wiley, 1963, 309-360.

McLeod, D.: A dual task response modality effect: Support for multiprocessor models of attention. Quarterly Journal of Experimental Psychology, 1977, 29, 651-667.

McNeill, D.: The conceptual basis of language. Hillsdale, NJ: Lawrence Erlbaum Associates, 1979.

McNemar, Q.: Psychological statistics. New York: Wiley, 1962.

Metcalfe-Eich, J.: A composite holographic associative recall model. Psychological Review, 1982, 89, 627-661.

Metzger, W.: Psychologie (4. Aufl.). Darmstadt: Steinkopff, 1968.

Meyer, D. E.: On the representation and retrieval of stored semantic information. Cognitive Psychology, 1970, 1, 242-300.

Mill, J.: Analysis of the phenomena of the human mind. London: 1829.

Miller, G. A.: The magical number Seven, plus or minus Two: Some limits on our capacity for processing information. Psychological Review, 1956, 63, 81-96.

Miller, G. A.: The organization of lexical memory: Are word associations sufficient? In: G. A. Talland, & N. C. Waugh (Hg.): The pathology of memory. New York: Academic Press, 1969.

Miller, G. A., Galanter, E., & Pribram, K. H.: Plans and the structure of behavior. New York: Wiley, 1960.

Minsky, A.: A framework for representing knowledge. In: P. H. Winston (Hg.): The Psychology of Computer Vision. New York: McGraw-Hill, 1975, 211-277.

Minsky, M.: K-lines: A theory of memory. In: D. A. Norman (Hg.): Perspectives on cognitive science. Hillsdale, NJ: Lawrence Erlbaum Associates, 1981, 87-103.

Minsky, M., & Papert, S.: Perceptrons. Cambridge, MA: MIT Press, 1969.

Murago, S.: Threshold logic and its applications. Huntington: Krieger, 1971.

Murdock, B. B.: A theory for the storage and retrieval of item and associative information. Psychological Review, 1982, 89, 609-626.

Münsterberg, H.: Prinzipien der Psychologie. Leipzig: 1900.

Noble, C. E.: An analysis of meaning. Psychological Review, 1952, 59, 421-430.

Norman, D. A.: Categorization of action slips. Psychological Review, 1981, 88, 1-15.

Norman, D. A., & Rumelhart, D. E.: Explorations in cognition. San Francisco: Freeman, 1975.

Osgood, C. E.: Comments on Prof. Bousfield's paper. In: C. N. Cofer (Hg.): Verbal Learning and Verbal Behavior. New York: McGraw-Hill, 1961.

Osgood, C. E.: Studies on the generality of affective meaning systems. American Psychologist, 1962, 17, 10-28.

Osgood, C. E.: On the whys and wherefores of E, P, and A. Journal of Personality and Social Psychology, 1969, 12, 194-199.

Osgood, C. E.: Lectures on language performance. Language and Communication. New York: Springer, 1981, 7.

Osgood, C. E., May, W. H., & Miron, W. S.: Cross-cultural universals of affective meaning. Urbana, Ill.: University of Illinois Press, 1975.

Osgood, C. E., Suci, G. J., & Tannenbaum, P. H.: The Measurement of Meaning. Urbana, Ill.: University of Illinois Press, 1957.

Paivio, A.: Mental imagery in associative learning and memory. Psychological Review, 1969, 76, 241-263.

Paivio, A.: Imagery and verbal processes. New York: Holt, Rinehart & Winston, 1971.

Palermo & Jenkins: siehe Jenkins, J. J... 1952.

Palm, G.: Neural assemblies. An alternative approach to artificial intelligence. Berlin: Springer, 1982.

Paris, S. G., & Lindauer, B. K.: The development of cognitive skills during childhood. In: B. B. Wolman (Hg.): Handbook of developmental psychology. Englewood Cliffs, NJ: Prentice Hall, 1982.

Pawlow, I. P.: Physiologie und Psychologie beim Studium der höheren Nerventätigkeit der Tiere. Psychiatrische Zeitung, 1917, 141-146.

Pollio, 1965: s. Pollio, 1966

Pollio, H. R.: The structural basis of word association behavior. Den Haag: Mouton, 1966.

Popper, K. R.: Logik der Forschung (3. Aufl.). Tübingen: Mohr, 1969.

Powers, W. T.: Behavior: The control of perception. Hawthorne, NY: Aldine, 1973.

Pribram, K. H.: The neurophysiology of remembering. Scientific American, 1969,220, 437-470.

Pylyshyn, Z.: What the mind's eye tells the mind's brain: A critique of mental imagery. Psychological Bulletin, 1973, 80, 1-24.

Quillian, M. R.: Semantic memory. In: M. Minsky (Hg.): Semantic information processing. Cambridge, Mass.: MIT-Press, 1968, 227-270.

Raaijmakers, J. G. W., & Shiffrin, R. M.: SAM: A theory of probabilistic search of associative memory. In: G. H. Bower (Hg.): The psychology of learning and motivation (Bd. 14). New York: Academic Press, 1980, 208-262.

Raaijmakers, J. G. W., & Shiffrin, R. M.: Search of associative memory. Psychological Review, 1981, 88, 93-134.

Rapaport, D., Schafer, R., & Gill, M.: Diagnostic psychological testing (2 vols.). Chicago: Year Book Publishers, 1945.

Rapoport, A.: Spread of information through a population with sociostructural bias.I. Assumption of transitivity, II. Various models with partial transitivity. Bulletin of Mathematical Biophysics, 1953, 15, 523-533,535-543.

Rapoport, A.: Mathematical models of social interaction. In: R. D. Luce, R. R. Bush & E. Galanter (Hg.): Handbook of mathematical psychology (Bd. 2). New York: Wiley, 1963, 493-579.

Ratcliff, R.: A theory of memory retrieval. Psychological Review, 1978, 85, 59-108.

Reder, S., & Shiffrin, R. M.: Theoretical note on models for retrieving items from long-term memory. Communications in mathematical psychology. New York: Rockefeller University, 1971.

Reimann, H.: Gedächtnis als Informationsspeicher: Entwicklung und Prüfung eines Modells (Diplomarbeit, Universität Hamburg). Hamburg: Universität, 1980.

Rips, L. J., Shoben, E. J., & Smith, E. E.: Semantic distance and the verification of semantic relations. Journal of Verbal Learning and Verbal Behavior, 1973, 12, 1-20.

Rolfes, E. (Übers.): Aristoteles' kleine naturwissenschaftliche Schriften. (Philosophische Bibliothek, Bd.6). Leipzig: Felix Meiner, 1924.

Rosch, E.: On the internal structure of perceptual and semantic categories. In: T. E. Moore (Hg.): Cognitive development and the acquisition of language. New York: Academic Press, 1973.

Rosch, E.: Cognitive representations of semantic categories. Journal of Experimental Psychology: General, 1975,104, 192-233.

Rumelhart, D. G., & Norman, D. A.: The computer implementation. In: D. A. Norman & D. E. Rumelhart (Hg.): Explorations in cognition. San Francisco: Freeman & Company, 1975, 159-178.

Russell, W. A.: The complete German language norms for responses to 100 words form the Kent-Rosanoff word association test. In: L. Postman & G. Keppel (Hg.): Norms of word association. New York: Academic Press, 1970, 53-94.

Schafer, R.: Psychoanalytic interpretation in Rorschach testing. New York: Grune & Stratton, 1954.

Schank, R. C., & Abelson, R. P.: Scripts, plans, goals, and understanding. Hillsdale: Lawrence Erlbaum Ass., 1977.

Schneider, W.: Developmental trends in the metamemory-memory behavior relationship: An integrative review. In: D. L.

Forrest-Pressley, G. E. MacKinnon, & T. G. Waller (Hg.): Cognition, metacognition and performance. New York: Academic Press, im Druck.

Schulz, U., & Albert, D.: Das Reproduzieren und seine Beendigung: Eine Klasse von Zählermodellen. Zeitschrift für experimentelle und angewandte Psychologie, 1976, 23, 678-699.

Selz, O.: Über die Gesetze des geordneten Denkverlaufs. Stuttgart: Spemann, 1913.

Shallice, T.: The dominant action system: An information processing approach to consciousness. In: K. S. Pope & J. L. Singer (Hg.): The stream of consciousness. Scientific investigatiomns into the flow of human experience. New York: Wiley, 1978, 117-157.

Shepard, R. N.: Perceptual and analogical bases of cognition. In: J. Mehler, E. C. T. Walker & M. Garrett (Hg.): Perspectives on mental representation. Hillsdale: Lawrence Erlbaum Ass., 1982, 49-67.

Shiffrin, R. M.: Memory search. In: D. A. Norman (Hg.): Models of human memory. New York: Academic Press, 1970, 375-447.

Siegel, S.: Nonparametric statistics for the behavioral sciences. New York: McGraw-Hill, 1956.

Skinner, B. F.: On the conditions of elicitation of certain eating reflexes. Proceedings of the National Academy of Science, 1930, 16, 433-438.

Skinner, B. F.: Science and human behavior. New York: Macmillan, 1953.

Skinner, B. F.: Verbal behavior. New York: Appleton Century Crofts, 1957.

Smith, E. E., Shoben, E. J., & Rips, L. J.: Structure and process in semantic memory: A featural model for semantic decisions. Psychological Review, 1974, 81, 214-241.

Sneath, P. H. A., & Sokal, R.R.: Numerical taxonomy. San Francisco: Freeman, 1973.

Spinelli, D. N.: OCCAM: A computer model for a content addressable memory in the central nervous system. In: K. H. Pribram & D. E. Broadbent (Hg.): Biology of memory. New York: Academic Press, 1970, 293-306.

Sternberg, S.: High-speed scanning in human memory. Science, 1966,153, 652-654.

Storm, C.: The semantic structure of animal terms: A developmental study. International Journal of Behavioral Development, 1980, 3, 381-407.

Strube, G.: Wortbedeutung als psychologisches Problem. Zur Konkurrenz von Forschungsprogrammen in der Sprachpsychologie. Phil. Diss. München: Universität, 1977.

Strube, G.: Associative meaning and its analysis. In: R. Grotjahn (Hg.): Glottometrika 2 (Quantitative Linguistics) (Bd. 3). Bochum: Brockmeyer, 1980, 158-197.

Strube, G.: The latent semantics of verbal association. In: M. Bock & G. Rickheit (Hg.): Psycholinguistic studies in language processing. Berlin: de Gruyter, 1983, 56-69.

Strube, G.: Techniken der empirischen Wortfeldanalyse. In: A. v. Eye & W. Marx (Hg.): Semantische Dimensionen. Göttingen: Hogrefe, 1984, 107-152.

Szalay, L. B., & Deese, J.: Subjective meaning and culture. An assessment through word associations. Hillsdale, NJ: Lawrence Erlbaum Associates, 1978.

Szentagothai, J., & Arbib, M. A.: Conceptual models of neural organization. Cambridge, MA: MIT Press, 1974.

Thorndike, E. L.: Animal intelligence. New York: Macmillan, 1911.

Thorndike, E. L.: The psychology of wants, interests, and attitudes. New York: Appleton Century Crofts, 1935.

Thumb, A., & Marbe, K.: Experimentelle Untersuchungen über die psychologischen Grundlagen der sprachlichen Analogiebildung. Leipzig: Engelmann, 1901.

Torgerson, W. S.: Theory and methods of scaling. New York: Wiley, 1958.

Trautscholdt, M.: Experimentelle Untersuchungen über die Association der Vorstellungen. Philosophische Studien, 1883, 1, 213-250.

Tulving, E.: Subjective organization in free recall of 'unrelated' words. Psychological Review, 1962, 69, 344-354.

Tulving, E.: Episodic and semantic memory. In: E. Tulving & W. Donaldson (Hg.): Organization of memory. New York: Academic Press, 1972, 382-403.

Tulving, E., & Thomson, D. M.: Encoding specifity and retrieval processes in episodic memory. Psychological Review, 1973, 80, 352-373.

Tulving, E., & Watkins, M. J.: Structure of memory traces. Psychological Review, 1975, 82, 261-275.

Tversky, A.: Features of similarity. Psychological Review, 1977, 84, 327-352.

Underwood B. J. & Schulz, R. W.: Meaningfulness and verbal learning. Philadelphia: Lippincott, 1960.

Watson, J. B.: Psychology as the behaviorist views it. Psychological Review, 1913, 23, 158-177.

Watson, J. B.: Behaviorism (2. Aufl.). New York: Norton, 1930.

Wertheimer, M., & Klein, J.: Psychologische Tatbestandsdiagnostik. Archiv für Kriminalanthropologie und Kriminalistik, 1904, 15, 72-113.

Willshaw, D.: Holography, associative memory, and inductive generalization. In: G. E. Hinton & J. A. Anderson (Hg.): Parallel models of associative memory. Hillsdale, NJ: Lawrence Erlbaum Associates, 1981, 83-104.

Wippich, W.: Erinnerungen erinnern: Ein automatischer Vorgang? Zeitschrift für experimentelle und angewandte Psychologie, 1982, 29, 517-530.

Wirth, N.: Algorithmen und Datenstrukturen (2. Aufl.). Stuttgart: Teubner, 1979.

Wood, G.: Organizational processes in free recall. In: E. Tulving & W. Donaldson (Hg.): Organization of memory. New York: Academic Press, 1972, 49-91.

Woodworth, R. S.: Experimental psychology. New York: Holt, Rinehart & Winston, 1938.

Woodworth, R. S., & Schlosberg, H.: Experimental psychology. New York: Holt, Rinehart & Winston, 1954.

Wooldridge, D. E.: Sensory processing in the brain: An exercise in neuroconnective modeling. New York: Wiley, 1979.

Wundt, W.: Grundzüge der Physiologischen Psychologie. Bd. 3. (5. Aufl.). Leipzig: Engelmann, 1903.

Ziehen, Th.: Die Ideenassoziation des Kindes. Berlin: Reuther & Reichard, 1898.

S a c h r e g i s t e r

Lehr- und Forschungstexte Psychologie

Herausgeber: **D. Albert, K. Pawlik, K.-H. Stapf, W. Stroebel**

Die Reihe **Lehr- und Forschungstexte Psychologie** zielt darauf ab, aktuelle Entwicklungen in allen Gebieten psychologischer Forschung auf hohem wissenschaftlichen Niveau Lehrenden, Forschenden und Studierenden schnell und zu akzeptablen Preisen zugänglich zu machen. Die einzelnen Bände sind thematisch in sich abgeschlossen und eigenständig. Dabei kann es sich handeln um: Berichte über eigene Forschungsergebnisse, Bände mit Arbeiten mehrerer Autoren, Monographien vom Typ „Lehrbuch für Fortgeschrittene" oder „Einführendes Lehrbuch für ein Spezialgebiet". Darüber hinaus sind die Manuskripte so abgefaßt und illustriert, daß auch ein gut ausgebildeter Nichtspezialist dem Inhalt ohne Quellenstudium mit Verständnis folgen kann. Auch hierin unterscheiden sich die Bände dieser Reihe von Zeitschriftenartikeln, die üblicherweise sehr komprimiert abgefaßt sind.

Band 1
I. Borg
Anwendungsorientierte multidimensionale Skalierung
1981. VI, 553 Seiten. DM 39,80. ISBN 3-540-11079-8

Band 2
F. Rösler
Hirnelektrische Korrelate Kognitiver Prozesse
1982. XI, 471 Seiten. DM 54,–. ISBN 3-540-11886-1

Band 3
F. Rohrmeier
Langzeiterfolge psychosomatischer Therapien
1982. XII, 289 Seiten. DM 42,–. ISBN 3-540-11887-X

Band 4
H. Rochel
Planung und Auswertung von Untersuchungen im Rahmen des allgemeinen linearen Modells
1983. VI, 262 Seiten. DM 36,–. ISBN 3-540-13032-2

Band 5
Fortschritte der Experimentalpsychologie
Hamburger Nachmittagsvorlesungen 1983
Herausgeber: **K. Pawlik**
1984. Approx. 70 pages (approx. 17 pages in German)
DM 24,–. ISBN 3-540-13252-X

Springer-Verlag
Berlin
Heidelberg
New York
Tokyo

GPSR Compliance

The European Union's (EU) General Product Safety Regulation (GPSR) is a set of rules that requires consumer products to be safe and our obligations to ensure this.

If you have any concerns about our products, you can contact us on ProductSafety@springernature.com

In case Publisher is established outside the EU, the EU authorized representative is:

Springer Nature Customer Service Center GmbH
Europaplatz 3
69115 Heidelberg, Germany

Batch number: 10854269

Printed by Printforce, the Netherlands